질문을 알면 면접이 보인다

FAQ

면접 하루 전에 읽는
면 접 전 략 서

시대
인

취업의 마지막 관문 "면접"

현업에서 취업컨설팅을 하면서 취업준비생을 보면 이력서, 자기소개서
준비에는 많은 시간을 투자하지만 의외로 면접을 준비하는 시간은 많지
않다. 왜 그럴까? 서류에 붙지 않은 상태에서 면접 준비를 한다는 것이
취업준비생들에겐 부담이 될 수도 있고, 실제로 1차 서류가 통과하고 나
서 1달, 2달의 시간을 주는 게 아니라 기업에선 3~10일 정도 시간을 주
고 바로 면접을 보다 보니 면접 준비를 급하게 서두르는 경우가 많다.
그리고 어렵게 붙은 서류와 필기시험이 면접으로 인해 무용지물이 되는
경우도 다반사다.

짧은 시간 안에 면접 기술을 향상시키기란 쉽지 않지만, 잘 보는 비법이
하나 있다. 면접 질문에 대한 이해다. 면접 질문에 대한 이해가 잘 되면
질문에 대한 방향을 쉽게 잡을 수 있다. 그리고 면접 질문마다 요구하는
방향이 있고 면접관이 듣고 싶어 하는 말이 있다. 대부분의 면접자가 면
접관이 듣고 싶어 하는 대답이 무엇인지, 면접을 어떻게 준비해야 하는지
몰라서 난감해 한다. 면접을 잘 보려면 면접 질문의 기본 패턴을 알아야
한다.

1. 면접의 시작과 끝은 분명 있다.
2. 회사에 관심이 있는 면접자를 좋아한다.
3. 면접의 핵심, 직무에 대해 꼭 알고 가야 한다.
4. 직장에 관련된 상황질문을 한다.
5. 인성 질문으로 그 사람의 됨됨이를 파악한다.
6. 당황스러운 질문을 하기도 한다.

위의 여섯 가지 패턴은 어떤 면접에도 적용되므로 나만의 패턴을 만들기 위한 준비 과정이라 생각하고 적용한다면 면접관이 듣고 싶어 하는 대답을 할 수 있는 자질을 갖출 수 있을 것이다.

나폴레옹이 말하길 "준비가 없으면 승리가 없다"라고 했다. 철저한 준비를 통해 면접의 승리자가 되어 보자.

이성호, 최명의

03. 면접의 핵심, 직무에 대해 꼭 알고 가야 한다

• 취업의 기본은 직무에서 시작된다.
• 직무에 대한 질문은 연결 질문으로 나오는 경우가 많다.

04. 직장에 관련된 상황질문을 한다

목차
contents

05. 인성 질문으로 그 사람의 됨됨이를 파악한다

I

"면접" 알아야 하는 기본이 있다

면접 종류, 아는 만큼 보인다
(인성면접부터 AI면접까지)

과거에 비해 면접의 종류는 아주 많아졌고 다양해졌다. 하지만 면접에서 물어
보는 질문은 예전과 크게 다르지 않다. 면접은 크게 집단 면접과 개별 면접으
로 나뉘고, 그 안에 다양한 방식의 면접이 존재한다.

[면접의 종류]

기관이나 기업마다 면접 유형이 다르고, 어떤 기업에서는 면접을 선택해서 보는 경우도 있다. 이처럼 면접의 종류가 다양하기 때문에 유형별 면접의 특징을 알고 있다면 면접 준비가 훨씬 수월해질 것이다. 대표적으로 인성면접과 역량면접, 상황면접, 임원면접 정도만 알아 둬도 충분히 면접 준비는 가능해진다.

1. 인성면접

기업에서 말하는 인성면접은 인간으로서 가져야 하는 기본적인 도덕성, 사회성, 감성을 보는 면접이라고 할 수 있다. 기업마다 중요하게 보는 부분은 조금씩 차이가 있지만 어느 기업이든 인성을 중요하게 생각하지 않는 곳은 없다. 즉, 인성은 사람이 가져야 하는 기본 됨됨이므로 개인이 가지고 있는 기본 가치관을 알 수 있는 중요한 면접이다. 인성면접은 인사담당자 같은 회사 관계자가 보는 게 보편적이다.

- 가장 존경하는 인물은?
- 살아오면서 가장 힘들었던 경험은?
- 살아오면서 가장 행복했던 경험은?
- 행복의 기준은?
- 성격의 장점과 단점은?

2. 상황면접

최근 면접의 추세이다. 상황을 제시하고 본인이 생각하는 문제에 대한 개념, 상황대처능력을 같이 보기 때문에 인성과 역량을 함께 평가한다고 볼 수 있다. 특히 상황면접은 직무에 연관성이 매우 높을 뿐 아니라 면접자의 직장에 대한 생각을 자연스럽게 들어 보면서 조직에 융화가 잘될 수 있는 인재인지를 판단하기 위해 과거에 비해 최근에 더 많이 적용하는 면접 유형이다.

상황면접과 비슷한 면접이 있는데, 바로 '인바스켓 면접'이다. 인바스켓(In-Basket)은 서류함 기법이라고 하는데 상황을 제시하여 직무역량을 평가하는 면접 유형이다. 기획력, 문제해결, 상황판단, 업무조정능력, 분석능력, 전략적 사고, 창의적 아이디어 등 모든 영역의 역량을 평가하는 면접으로 상황면접을 한 단계 업그레이드한 면접이다. 과제를 제시하고 종이에 작성하도록 하거나 한글, PPT 등을 이용해 파일을 작성하여 면접관에게 제출하고 발표하기도 한다. 상황면접 질문을 잘 파악하면 인바스켓 면접에도 도움이 된다.

- 조직에서 직속상관과 의견 충돌이 생길 경우 어떻게 하겠는가?
- 고객이 무리하거나 부당한 것을 요구할 경우 어떻게 하겠는가?
- 입사 후 동기도 많은데 본인에게만 과도하게 업무를 시킨다면?
- 입사 후 3개월 만에 직속상관의 사고로 인해 중요한 프로젝트를 본인이 맡게 된다면?
- 현재 ○○기관의 문제점과 발전시킬 수 있는 방법에 대해 말해 보세요.
- 인터넷채팅(카톡)으로 회의하는 것을 선호하는 상사와 대면 회의를 선호하는 상사가 있다. 본인과 반대 성향의 상사를 만난다면 어떻게 하겠는가?

3. 임원면접

면접의 최종 관문은 임원면접이다. 임원면접은 말 그대로 임원(부서장, 전무 등)이 보는 면접이다. 임원면접까지 간 면접자는 모두 합격해도 문제가 없는 면접자들이지만 기업과 적합한지를 비중 있게 보기 때문에 최대한 기업의 입장에 맞게 답변 준비를 해야 한다. 임원이라는 직책의 무게감은 있지만 보통 인성과 역량질문에 비해 더 강도 높은 질문을 하지는 않는다.

- 자기소개
- 입사 후 포부
- 기업에 어떤 사람이 되고 싶은가?
- 직장의 의미는?
- 좌우명은?

4. AI면접

코로나19로 인해 많은 기업에서 AI면접을 도입하였으나, 현재는 점점 줄어드는 추세이다. AI면접은 인공지능을 활용하여 지원자의 역량을 빅데이터 기반으로 평가하는 면접이다. 특히 요즘 직무능력 중심의 채용 경향이 늘다 보니 AI로 지원자의 직무역량을 파악하는 경향이 있고, 지원자가 가지고 있는 강점과 역량이 얼마나 기업과 연결이 되는지 알아본다.

AI 기반의 데이터를 차후 면접에서 활용하거나 관리가 용이한 부분도 장점일 수 있다. 그리고 사람이 면접을 보면 아무래도 개인의 주관적인 생각이 반영될 수 있지만 AI가 판단함으로써 채용에 대한 공정성이 높다고 보기도 한다. 기관마다 AI면접을 활용하는 방법과 내용에는 차이가 있지만 사전에 기본 진행 방식만 숙지해도 면접을 보는 데 도움이 될 것이다.

AI면접의 판단 기준

얼굴의 68가지 포인트를 인식하여 안면 표정과 움직임, 감정 분석

심장박동, 혈류량, 혈압에 따른 맥박의 변화, 얼굴색 변화 분석

음성 1/1000초까지 추출, 톤/크기/속도/음색 등 분석

음성을 텍스트로 변환(STT), 핵심 키워드와 긍정적/부정적 단어 분석

AI면접의 문제 유형

1) 기본질문 2) 감정질문 3) 탐색질문 4) 경험 상황질문 5) 심층구조화 질문
6) 뇌과학 게임 7) N-Back 게임

AI면접의 진행 순서

상황파악(기본질문) → 전략게임 → 상황대처(심층구조화 질문/경험 상황질문)
→ 면접자 AI 평가

💬 **기본질문**

1. 1분 자기소개
2. 지원동기(회사/직무)
3. 성격의 장점과 단점
4. 학창시절 가장 기억에 남는 활동

💬 **심층구조화 및 경험 상황질문**

• 상사의 발표 자료를 검토하다가 잘못된 것을 발견하면 상사께 어떻게 말하겠습니까?
• 약속에 항상 늦는 친구와 만나기로 약속했는데 또 늦는다고 하면 어떻게 말하겠습니까?
• 10년 만에 만난 동창생이 보험에 가입해 달라고 권유한다면 어떻게 얘기하겠습니까?
• 중요한 일이 있는데 팀장님이 회식을 하자고 합니다. 팀장님께 어떻게 이야기하겠습니까?
• 친하지 않은 친구가 갑자기 연락해서 300만 원을 빌려 달라고 한다면 어떻게 얘기하겠습니까?

AI면접에서 중요하게 보는 판단 기준은 빅데이터를 기반으로 하기 때문에 기본적인 태도, 시선, 표정, 목소리 등을 세심하게 고려해야 한다. 상황질문이라든가 심층구조화 질문을 진행할 때는 실제로 대화하는 것처럼 당황하지 말고 자연스럽게 답을 한다. AI로 검증한 결과로 추천, 비추천으로 나뉘고, 평균점수, 성과역량, 성장역량, 관찰 특성을 A, B, C, D 점수로 매겨 면접자를 평가하여 기업에 참고자료로 활용하고 있다. AI면접으로 면접자의 탈락 여부를 정하기보다 추후 면접의 기본 자료로 활용하고, 면접자에게 맞는 면접 질문을 구성하는 단계로 여기는 기업들이 많다.

5. 화상면접

화상면접 역시 코로나19로 인해 시작되었으나, AI면접과는 달리 코로나19 이후에도 대면면접 전 사전점검의 개념으로 지속적으로 도입하는 기업도 있다. 대표적으로 쿠팡에서는 1:1 인터뷰 형식의 비대면 면접을 진행하는 사례가 있다. "화상면접과 AI면접 중 어느 쪽이 더 쉬운가?" 물어보면 대다수가 화상면접이 쉽다고 말한다. 직접 면접관을 만나는 긴장감을 줄일 수 있고, 편한 장소에서 면접을 보기 때문에 좀 더 안정감을 느끼기도 한다. 어떤 면접자는 의사전달의 한계가 있으며 현장감이 없다고 하지만 면접자가 어떤 마음가짐으로 면접에 임하느냐에 따라 달라질 수 있다.

화상면접과 비슷한 면접으로 영상면접이 있는데, 영상면접은 기업에서 제시하는 면접 질문에 대한 답변을 사전에 영상으로 찍어 보냄으로써 면접자의 능력과 면접 태도, 신뢰도 등을 파악한다. 영상면접의 장점도 있지만 아직까지는 면접이 직접 얼굴을 보면서 상대방이 어떤 사람인지 알아보는 과정이라는 인식이 많다 보니 영상면접보다는 화상면접을 활용한다. 화상면접은 화상이라는 기술을 이용하기는 하지만 대면면접과 크게 다르지 않고, 다수(2~3명)의 면접관이 한 명의 면접자를 보는 경우가 많으므로 다른 면접자의 답변에 신경을 쓸 필요 없이 자신 있게 본인을 보여 주면 된다.

시간과 장소의 구애가 없는 온라인면접인 화상면접을 통해 1차 면접을 진행하는 기업이 많아지고 있다. 이스트소프트, 현대자동차, 네이버, 동부제철, 롯데, 국민은행, 중소기업유통센터, 한국수력원자력, CJ, ㈜신세계푸드, 인천국제공항공사, 금호건설 등의 기업에서 화상면접을 진행했고, LG전자는 경력직 지원자에 대한 1차 실무면접을 화상면접으로 진행하기도 했다.

과거에 화상면접은 기술적인 부재로 오히려 장점보다 단점이 많았지만, 환경의 변화로 인해 급속도로 기술이 발달된 케이스라 화상면접은 면접의 새로운 방향을 제시하기도 했다. 결국 비대면 최적의 솔루션이기도 하고, 오프라인 방식의 면접을 위한 사전 탐색 진행을 온라인 방식으로 진행한다는 데 있어 최소의 비용으로 최적의 효과를 낼 수 있다고 기업에서 전하고 있다.

💬 **화상면접의 장점**

1. 지역과 장소 구애 없이 진행
2. 시간과 비용까지 절약
3. 오프라인 방식을 온라인 그대로 진행
4. 면접 시 사전탐색용으로 진행

면접자를 당황하게 하는 질문보다는 인성면접에 가까운 질문을 한다.

- 1분 자기소개
- 지원동기
- 성격의 장점과 단점
- 지원한 직무가 무엇인지?
- 지원한 직무에 가지고 있는 자질은?
- 지원한 직무를 해 본 경험이 있는지?
- 학창시절 가장 기억에 남는 활동은?
- 삶에서 가장 힘들었던 경험은?
- 좌우명은?
- 화상면접을 하는 소감은?

화상면접 또한 하나의 면접 과정이라고 인식하고 준비한다면 큰 문제는 없다. 오히려 면접관과 대면하는 것보다 한결 더 수월하게 느끼는 경우도 많으니, 친구들과 화상프로그램을 이용해서 연습한다면 훨씬 자연스러운 접근이 가능할 것이다.

02

취업 트렌드
"역량면접"에서 결정난다

역량(力量) : 어떤 일을 해낼 수 있는 힘

직장생활을 잘하기 위해선 '역량'이 필요하다. '역량'을 쉽게 말하자면 '직무를 잘할 수 있게끔 갖춰야 할 자질'이다. 회사에서는 지원자에게 현재 지원한 일에 대한 어떤 자질이 있는지를 알고 싶어 하고 검증하려고 한다. 특히 산업현장에서 직무를 수행하기 위해선 '지식, 기술, 태도'를 중요시하는데 이것은 NCS(National Competency Standards : 국가직무능력표준)를 기반으로 한 것으로, 현장 중심의 인재를 양성하고 실제 해야 할 일에 대한 역량을 갖춘 인재를 채용하기 위함이다.

"최근 취업 트렌드는 '일을 얼마나 잘할 수 있냐?'에 초점을 두고 있다"

역량면접은 현업에서 실무를 책임지는 팀장이나 실장급이 보는 면접으로 직무에 대해 얼마나 잘 알고, 잘할 수 있는지 측정 및 평가를 통해 취업준비생의 역량을 파악한다. 다양한 면접 평가 중에서도 가장 중요하게 여기는 면접이 역량면접이고, 직무 관련 질문 또한 나날이 비중이 높아지고 있다. 그만큼 현장에 바로 투입하여 자기 역할을 해낼 수 있는지 그 역량을 확인하고자 하는 것이 추세이다.

기업에서는 기업과 직무에 대해 얼마나 이해하고 있는지를 면접 자리에서 알아보기 위해 아래와 같은 질문을 한다.

1. 지원한 기업이 무엇을 하는 기업인지?
2. 지원한 기업에 어떤 보탬을 줄 수 있는지?
3. 본인이 하고자 하는 직무에 대해 알고, 이에 대한 역량을 갖추기 위해 노력했는지?

이 질문에 답할 수 있는지를 가장 중요하게 여기고, 입사 당락의 결정에 영향을 줄 수 있는 중요한 과정으로 본다. 그리고 최근 역량질문은 그룹면접이든 개별면접이든 시작 시 가장 먼저 묻고 있으므로, 면접자는 이 부분을 제대로 준비해야 성공 면접에 가까이 갈 수 있다는 것을 알아야 한다. 최근 SK하이닉스의 연구직 면접에서 자신이 연구한 분야와 논문에 관해 물어봤으며, '열전소자가 무엇이냐?' 같은 업무에 필요한 지식을 물어본 경우도 많았다.

1. 학교에서 배운 전공, 실습, 프로젝트, 논문 등
2. 직무에 필요한 자격증
3. 직무 관련 인턴 경험
4. 직무 관련 아르바이트 경험
5. 직무 관련 블로그, 페이스북, 유튜브 운영

특히 취업준비생은 아직은 경력직이 아닌 신입이기 때문에 직무 역량이 많을 수는 없다. 그러나 인턴이나 실습과 같은 직무 관련 경험의 기회를 활용할 수는 있다. 그중에서도 직무 관련 인턴은 점점 더 중요하게 여겨지고 있으며 수많은 취업준비생이 국내 또는 국외에서 인턴 경험을 하거나 연수를 받아 자신이 일을 잘할 수 있다는 것을 보여주고자 한다. 만약 인턴 경험이 없더라도 직무에 대한 역량을 찾아 면접 자리에서 당당하게 말을 해야 하며 자신이 발전가능성이 있다는 확신도 줘야 한다.

1. 직무에 관련된 일을 얼마나 아는가?
2. 지원한 직무를 잘하기 위한 능력과 차별점은?
3. 이 일을 통해 본인이 기업에 어떤 이득을 줄 것인지?
4. 차후 직무에서 어떤 발전 가능성을 보여줄 수 있는지?

결국 기업에서 1순위로 평가하고자 하는 것은 '지원한 직무에 대해 얼마나 파악하고 있는가'이며, 이러한 직무역량은 자신이 하는 일에 대한 적성과 흥미에도 관련이 있다는 것을 꼭 알아야 한다. 자신이 가지고 있는 직무역량에 대해 정리해 보는 것이 중요하며 부족한 역량은 무엇인지, 앞으로 키워야 할 역량은 무엇인지 파악하게 된다면 분명 역량면접에 도움이 될 것이다.

역량면접에서 자주 등장하는 질문 BEST 10

1. 왜 이 직무에 지원하게 되었나요? (일에 대한 동기)
2. 지원한 직무는 무엇이며 어떤 일을 하는 직무인가? 어떤 일을 하고 싶은가?
3. 본인이 가지고 있는 직무역량 3가지를 말해 보세요. (역량파악)
4. 남들과 다른 차별화된 자질(직무역량)은?
5. 해당 직무에서 가장 중요하게 여겨야 하는 자질 중 본인이 가지고 있는 자질은?
6. 우리 회사의 문제점과 해당 문제를 어떻게 발전시킬 것인가? (문제점 및 개선사항)
7. OOO에 대해 아시나요? (전공이나 시사 질문)
8. 본인은 몇 점짜리 인재인지?
9. 직무를 통해 무엇을 보여줄 것인지?/10년 후의 본인의 모습은? (포부)
10. 부족한 직무역량은 무엇이고 최근 자기 계발을 하고 있는지?

면접 질문,
많이 공부한다고 좋은 게 아니다

면접을 준비하다 보면 기업마다 어떤 질문이 나왔는지 다양한 사이트에서 찾아보고 준비하기 마련이다. 그렇게 자료를 모으다 보면 질문의 수는 많지만 유형별로 볼 때 결국 비슷한 질문들이 많다는 걸 알게 된다. 유형별로 분류하여 30~50개 정도의 면접 질문만 제대로 준비해도 상황에 따라 적용, 조합하여 다양한 질문에 대응할 수 있다. 면접을 잘 보기 위해선 면접 질문에 대한 이해가 가장 중요하지만, 이해보다 외워서 어떤 상황에서나 바로 자연스럽게 나와야 하는 면접 질문이 있다. 그것이 바로 자기소개, 지원동기, 마지막 하고 싶은 말이다. 이 세 가지 질문은 자다가 깨워도 입에서 바로 나올 정도로 외워야 한다.

'자기소개', '지원동기' 같은 경우는 면접의 시작과도 같은 질문이기 때문에 이 질문에 대한 답변을 편안하게 시작하면 2번째, 3번째 나오는 질문도 편안하게 답할 수 있다. 그리고 마지막을 멋지게 마무리하고 싶다면 '마지막 하고 싶은 말'을 남들과 다르게 준비하는 것도 중요하다.

"면접 질문 30~50문제만 준비 잘해도 면접은 수월하다"

면접 준비를 충분히 할 수 있다면 좋지만 취업준비생들은 그럴 시간이 많지 않다. 그렇기 때문에 최소 50문제만이라도 제대로 준비하고 연습한다면 면접에 대한 두려움을 줄이고 큰 무리 없이 면접을 준비할 수 있다. 온갖 질문을 읽고 외운다고 다 소화하여 내 이야기를 할 수는 없다. 질문의 패턴을 읽고, 본인의 상황에 맞게 내용을 조합해서 말하는 능력을 키워야 한다. 이런 상황조합능력이 있다면 면접을 준비하는 질문의 수는 줄어들 수 있다.

이 책의 파트2에서 제시하는 50개의 면접 질문만 이해하고 준비를 잘하면 대부분의 면접 대비가 충분히 가능하며, 실전에 임하는 자세로 연습을 해야 한다. 면접에서 가장 많이 나왔던 면접 질문이니 자신만의 내용을 잘 정리하여 준비한다면 분명 좋은 결과가 있을 것이다.

이력서와 자기소개서를 자세히 읽어라

취업 준비의 시작은 이력서와 자기소개서이다. 과거에 비해 이력서와 자기소개서만 보고 뽑는 경향은 많이 줄기는 했다. 특히 대기업, 공기업 같은 경우 이력서와 자기소개서만으로 무조건 뽑는 게 아니라 '직업기초능력평가'라는 시험을 통해 보완하여 진행하고 있는 추세이다. 그렇다고 해서 이력서, 자기소개서를 등한시하면 절대 안 된다. 준비된 기본 질문을 면접자 한 명 한 명에게 물어보기도 하지만 면접자의 이력서나 자기소개서를 보고 개별적인 질문을 하는 경우도 아주 많다.

"이력서와 자기소개서는 나의 역사를 적어 놓은 서류이다"

면접관은 면접자에 대해 심도 있게 알아봐야 한다. 이력서를 보면 취업준비생의 간략한 인생을 간접적으로 알 수 있고, 이력서는 한 개인을 알리는 홍보지와 같은 역할을 하기도 한다. 요즘은 과거의 이력서와 다르게 NCS를 접목시키거나 출신지역, 학교, 사진, 주소 등 편견이 개입될 수 있는 요소를 제외한 이력서를 사용하기도 한다.

이력서의 항목 중 경력의 경우 경력 공백 기간이 있다면 관련 질문을 받을 가능성이 높다. "2년간 공백 기간이 있는데 혹시 무엇을 했나요?"라고 물어보는 경우도 있으니, 면접장에서 당황하지 않으려면 지원하는 기업과 본인의 상황을 고려하여 사실에 기반하되, 최대한 감점 요인이 되지 않도록 그럴 듯한 답변을 준비해야 한다. 그리고 이력서에 기본적인 경험과 경력에 관해 적혀 있더라도 다시 한번 물어보는 경우가 태반이다.

또한 취업 서류에서 말하는 경력은 돈을 받고 일을 한 것을 말하며, 경험은 돈을 받지 않고 해 본 일을 말한다. 예를 들어, 공모전에 가서 수상을 하여 상금을 받은 것은 경력이 아니고 경험에 해당되는 내용이다. 그리고 인턴을 한 경우는 경력에 해당될 수 있고, 관련된 내용을 물어본다.

"해당 기관에서 구체적으로 어떤 일을 하셨나요?"
"일을 하면서 가장 기억에 남는 상사는?"
"왜 그 기업을 그만두셨나요?"
"일을 하면서 배운 것은 무엇이 있나요?" 등

그리고 장기간 어학연수, 프로젝트, 자격증 등 특이한 경험을 가진 면접자에게는 다음과 같은 질문을 하기도 한다.

"영어를 어느 정도 하나요?"
"영어로 자기소개 해 보실래요?"
"프로젝트를 하면서 느낀 점은 무엇인가요?"

"프로젝트가 지원한 직무에 어떤 도움을 줄 수 있나요?"
"이 프로젝트 말고 다른 프로젝트를 진행한 것이 있나요?"
"다른 지원자에 비해 자격증(취업활동)이 적네요."

그러니 작성한 서류를 제출한 후 작성하면서 봤다고 대충 넘기지 말고, 자신의 경력과 경험이 무엇이 있는지 철저하게 읽고 어떤 질문이 나올지 한번쯤 고민해 봐야 한다. 그리고 이력서와 자기소개서를 읽어 보면서 나올 만한 면접 질문을 유추하고, 직접 말해 본다면 아주 좋은 면접 준비가 될 것이다.

대답만 잘해도 기본은 간다

대답이라 하면 면접의 질문에 대한 대답을 말하는 것이라 생각할 수 있다. 하지만 여기서 말하는 대답은 면접자를 부를 때 하는 대답을 말한다. 쉽게 말해 "반응"이라고 생각해도 된다. 직장생활에서 직원을 부를 때 그 대답에 자신감이 없는 신입직원들이 있기 마련이다. 그리고 말끝을 흐리는 경우도 태반이다. 그렇다 보니 대답을 잘해도 호감이 가고 소통이 잘된다고 생각하는 경우도 있다.

면접관의 부름에 "예"라고 답하는 것은 보편적인 대답이지만 적절한 상황과 목소리로 답할 때 면접관의 마음까지 흔드는 위력을 가질 수도 있다. 목소리와 대답도 태도를 반영하기 때문이다. 대답 시 양끝 어금니가 닿듯 입꼬리를 살짝 올리고 말하면 좀 더 진중한 느낌이 든다. 어렵게 들릴 수 있지만 면접자 역시 들어 보면 차이가 있다는 것을 알 수 있다.

면접관 : 알겠어요?
면접자 : 예, 알겠습니다.

면접관 : 맞아요?
면접자 : 예, 맞습니다.

이상입니다.
감사합니다.
잘 모르겠습니다.

대답 또한 면접의 한 부분이며 답변에 집중하게 하는 방법 중 하나라는 것을 유념하고, 자신감 있고 당당한 대답으로 면접관에게 호감을 줄 수 있어야 한다.

그리고 면접자가 많은 다대다 면접일 경우 본인의 대답이 끝났다면 "이상입니다"라고 말을 하는 것도 좋다. 간혹 대답이 끝났는데 끝나지 않은 느낌이 나는 면접자가 있다. 그때는 "이상입니다"라고 말함으로써 마무리를 지어 면접관이 끝났다고 생각하고 계속 진행할 수 있도록 한다. 면접관이 칭찬할 경우에는 "감사합니다", 면접 질문에 대해 잘 모르는 경우에는 "잘 모르겠습니다"라고 말할 수 있는 면접자가 되어야 한다.

06

목소리와 태도에 따라
면접 분위기는 달라진다

사람의 이미지 중 겉모습을 보고 평가하는 부분이 의외로 많다는 연구 결과가 있다. 그리고 하버드 대학의 연구에서도 청중의 80% 이상은 말하는 사람의 목소리만 듣고 신체적, 성격적 특징을 규정짓고 알 수 있다고 한다. 이만큼 목소리는 아주 중요하게 작용하고, 면접 자리에서도 그 사람을 평가하는 중요한 잣대가 된다. 최근 AI면접을 시행하는 기업들이 많아지고 있는데 AI면접에서도 면접자의 시선 처리, 답변의 길이, 목소리 크기, 말 빠르기, 말 떨림, 긴장도 등이 면접 결과에 영향을 미친다고 한다.

목소리에서 중요한 건 '정확하게 말하는 발음'과 '자신감 있는 음성연출인 발성', 이 두 가지이다. 20년 넘게 고착된 목소리가 한순간에 바뀌기는 어렵다. 특히 '목소리 떨림' 때문에 고민하는 면접자도 있을 텐데, 결국은 실전 같은 연습밖에 길이 없다. 혼자서 질문을 던지고 혼자서 답하는 방법으로 어느 정도 완화가 된다. 그리고 본인이 어떻게 말하는지 목소리를 듣고 모습을 거울로 보거나 휴대폰으로 녹화, 녹음을 하면서 부족한 점을 점검하는 것이 좋다.

💬 자신감 있는 목소리 연출 방법

1. 아랫배에 힘을 주고
2. 입을 크게
3. 또박또박
4. 목소리는 크게
5. 시선은 앞을 보고

이렇게만 연습해도 한결 목소리가 개선되고 대답을 할 때 힘이 실린다. 누구나 면접 자리에서 자연스럽게 말하는 것은 쉽지 않다. 인위적인 느낌이 덜 나도록 대화하듯이 말하는 것이 좋고, 그러기 위해선 결국 연습밖에 방법이 없다.

<면접에서 말하는 말하기 세부 구성 요인 및 점검표>

구성 요인		측정 항목	해당 항목 (v)
언어적 요인	음성적 요인	1. 안정되고 떨림 없는 소리를 낸다. (발성)	
		2. 명료하고 바르게 발음한다. (발음)	
		3. 대화하듯이 자연스러운 억양으로 말한다. (억양)	
		4. 말의 속도가 적절하다. (속도)	
		5. 말하는 중간중간에 적당한 곳에서 멈추거나 쉰다. (쉼)	
		6. 상황에 따라 적절하게 힘을 주고 강조한다. (크기, 강세)	
	내용	7. 말하기 전 철저하게 조사하고 준비를 많이 한다. (조사)	
		8. 내용을 명확하게 구분한다. (분석, 분류)	
		9. 자신의 생각의 근거나 주장을 제시한다. (논리)	
		10. 내용을 짜임새 있게 구성한다. (체계)	
		11. 순간적으로 내용을 잘 제시한다. (순발력)	

비 언 어 적 요 인	외 형	12. 면접 시 옷차림이 단정하고 적절하다. (외형 이미지)	
	몸 짓 언 어	13. 자세가 안정적이며 바르고, 적절하게 제스처로 말한다. (자세, 제스처)	
		14. 얼굴 표정이 자신감 있으며 밝다. (표정)	
		15. 면접관의 눈을 잘 맞추고 당당한 눈빛으로 바라보며 말 한다. (눈 맞추기)	

자신에게 해당되는 언어적 요인과 비언어적 요인을 스스로 평가 및 점검해 보는 것도 좋다. 자신에게 부족한 부분이 있을 경우 고친다는 생각보다 개선한다는 마음으로 해 보면 한결 부담이 덜할 것이다.

07

구조화 질문이 대세다

면접자는 구조화 질문에 대해 알고 대응해야 한다. 구조화 질문이 도대체 무엇일까?

> 💬 **구조화 면접(構造化面接)**
>
> 질문 내용, 질문 방법에 관한 지침이나 기준이 표준화된 형식으로 미리 정해진 상태에서 진행되는 면접

첫째, 구조화 질문은 지원자별 동일한 개수와 동일한 유형으로 물어본다.

구조화 면접은 질문 내용, 질문 방법에 관한 지침이나 기준이 표준화된 형식을 말한다. 과거엔 지원자에게 즉흥적으로 다양한 질문들을 제시하였지만 현재는 모든 지원자에게 계획적, 체계적인 흐름을 지닌 질문 유형으로 지원자를 세심하게 알아보기 위한 면접 유형이기도 하다. 그리고 구조화 질문 내용이 압박면

접같이 느껴질 수도 있다.

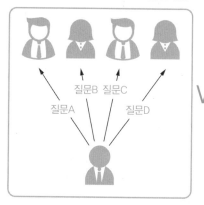 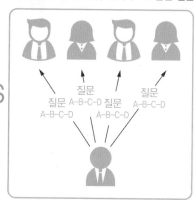

둘째, 질문을 파생적으로 던진다.

흔히 구조화 면접은 꼬리물기 질문이라고도 말한다. 질문에 대한 후속 질문을 던지는 방식으로 면접관이 질문에 대해 세부적으로 꼬치꼬치 물어보고 파생적으로 물어봄으로써 면접자를 당황하게 만든다.

특히 파생적으로 물어보는 건 한 가지의 질문에 대해 경험을 깊게 파고 들어가 면접자의 해당 경험이 직무에 연관이 있는지 또는 적합한지를 연결시키면서 순간적으로 말해야 하기 때문에 어렵기도 하다.

1. 주 질문

지원한 직무가 무엇인가?

2. 꼬리 질문

1) 지원한 직무에 필요한 자질이 있는가?
2) 지원한 직무에 대한 경험이 있으면 말해 보아라.
3) 그 경험을 통해 배우거나 깨달은 점은 있는가?
4) 해당 경험을 통해 이런 상황이 있을 수도 있는데, 그때는 어떻게 할 것인가? (가정의 상황을 제시)

주 질문을 통해 꼬리를 무는 질문으로 면접자를 곤혹스럽게 한다. 구조화 질문은 면접자의 면접 대답을 확인하는 확인면접이라고 할 수도 있고, "진짜인지? 가짜인지?"까지 알아보기 위한 의도가 숨어 있기도 하다. 구조화 질문에 잘 대응하기 위해서는 첫 번째 질문에서 끝났다고 생각하지 말고 추가적으로 나올 만한 꼬리 질문을 생각하여 준비하면 좋다.

08

면접 트렌드
'5분 스피치'로 승부하라

기업마다 면접은 다양한 형태로 진행되어 왔다. 지금은 생각하지 못할 면접이 과거에는 의외로 많았다. 술잔을 기울이면서 자연스러운 분위기를 유도하는 술자리면접이 있는가 하면 토론 면접의 경우, 선배 사원 3~5명으로 구성된 면접관이 신입사원과 같이 1개 조를 구성하여 다양한 장소에서 만나 하루 정도의 시간을 두고 자유롭게 집단토론을 하며 관찰하는 면접 방식도 있었다. 심지어 요리면접도 있었는데, 4~5명이 한 팀이 돼 주어진 재료로 조별 테마를 정해 요리를 만든다. 팀에서 만든 요리의 기획에서부터 특징, 방향 등 최종결과물에 대한 프레젠테이션을 진행해 지원자의 성향이라든가 팀워크까지 종합적으로 평가하거나 젓가락면접을 도입하여 면접관이 지원자의 식문화까지 파악하는 시간을 갖기도 했다.

"개인의 경험과 생각을 듣고 싶어 하는 5분 스피치"

MZ세대는 집단보다는 개인의 행복을 중요시하고, 상품보다는 경험을 중시하는 소비특징을 보이며 디지털 디바이스와 SNS, 플렉스 등의 신조어가 익숙한 세대다. MZ세대가 경제활동의 주류 세대가 되면서 이들에게 적합한 면접까지 나오고 있는데, '인바스켓 면접', '5분 스피치'처럼 자신의 생각을 정리해서 발표하는 방식의 면접이나 면접자의 역량 및 문제해결력 등을 평가하는 방식의 면접이 그것이다. 또한 사전에 본인에 관한 내용을 기술하여 면접 시 그 내용을 기반으로 질문하기도 한다.

공기업과 공무원 채용에서 이런 면접이 많이 이뤄지고 있는데, 사전에 발표 내용을 작성하는 시간을 주고, 5분 동안 발표를 한 뒤 그에 대한 질의응답하는 방식으로 진행된다. '직장에 대해 어떻게 생각하는지?', '직장에서 필요한 가치는?', '나아가야 하는 방향은?'과 같은 질문을 통해 면접관은 MZ세대의 생각과 표현을 듣고 싶어 한다. 이를 통해 개인의 생각을 알 수 있고, 추가 질문을 통해 어떤 식으로 문제해결을 해 나가는지까지 평가한다.

부서장과 친분이 있는 제품을 사라고 상사가 지시했지만, 규정상 500만 원이 넘는 제품은 3곳 이상의 업체를 확인하여 구매해야 한다. 규정에 따라 상사의 지시대로 일을 처리할 수 없음을 얘기하면서 처리해 나갔다. 여기서 찾을 수 있는 공익 가치와 실현방안에 관해 기술하시오.

나는 방역물품 관련 주무관으로서 방역물품 품귀현상으로 인해 방역물품을 수입하고 있다. 하지만 수입승인이 복잡해 공급이 부족한 상황이라 시민단체는 이에 승인의 간소화 또는 면제를 요구하고, 의료계는 건강의 이유로 이를 반대하는 상황이다. 어떻게 처리하겠는가?

[추가 질문]

- 상반된 갈등은 어떻게 해결하겠나?
- 수입승인 자료에는 무엇이 필요하겠나?
- 말한 자료는 어떻게 구하겠나?
- 자료는 보안 유출이 될 수 있는데 어떻게 하겠나?
- 국민의 안전에 대한 우려가 있고, 의료계는 이에 반대할 텐데 어떻게 하겠나?

5분 스피치에서는 꼬리에 꼬리를 무는 질문을 많이 한다. 생각지도 못한 질문들이 많이 나오다 보니 예상하지 못하면 당황할 수 있다. 사전에 꼬리 질문에 대비해 미리 준비한다면 불안감을 덜 수 있을 것이다. 5분 스피치 같은 경우 사전에 준비하는 시간을 준다. 사전에 어떤 질문이 나올지 찾아보고 작성 연습을 하면 도움이 많이 된다.

1. 문제해결 방안 제시 유형

현황 및 필요성을 언급 → 원인 및 해결방안 구성 → 기대효과/나아가야 할 방향

질문 : 공무원은 남을 배려하고 봉사하는 마음을 가져야 한다. 자신을 희생하면서 타인을 도운 경험이 있으면 사례와 같이 서술하시오.

1. 문제의 원인 2. 사례 (선택) 　: 하나의 타인 사례 서술 　　다양한 주변 사례 열거 3. 본인의 경험 서술 4. 해결방안 및 나아가야 할 방향	1. 사례 (선택) 　: 하나의 타인 사례 서술 　　다양한 주변 사례 열거 2. 문제의 원인 3. 본인의 경험 서술 4. 해결방안 및 나아가야 할 방향

2. 경험에 관련된 유형

내용 요약 및 정리 언급 → 경험과 느낀 점 작성 → 추후 계획 및 기대효과, 결과 및 포부

질문 : 공무원은 국가를 위해 일해야 하는 직업이기도 하다. 때문에 공무원이 갖춰야 할 덕목이 있는데, 본인이 생각하는 공무원이 갖춰야 할 덕목 3가지에 대해 본인의 경험과 같이 기술해 주세요.

1. 공무원과 사기업의 차이	1.공무원과 사기업의 차이
2. 공무원이 갖춰야 할 덕목	2. 공무원이 갖춰야 할 덕목
1) 덕목 제시 → 경험 기술	1) 덕목 제시
2) 덕목 제시 → 경험 기술	2) 덕목 제시
3) 덕목 제시 → 경험 기술	3) 덕목 제시
3. 앞으로 나아가야 할 방향 및 각오	3. 경험 기술
	4. 앞으로 나아가야 할 방향 및 각오

질문 : 감명 깊게 읽은 책을 말하고, 읽기 전과 읽은 후의 자신의 삶에 나타난 변화나 직장이나 생활에 적용한 경험을 구체적으로 서술하시오.

1. 주제 언급	1. 자신의 과거의 모습(부족한 모습)
2. 내용 제시(요약 정리)	2. 주제 언급
3. 감동 깊게 읽은 이유	3. 내용 제시(요약 정리)
4. 과거의 모습	4. 감동 깊게 읽은 이유
5. 읽고 난 후 변화된 모습	5. 읽고 난 후 변화된 모습

5분 스피치 작성 시 패턴을 가지고 작성하고 발표한다면 논리적일 뿐만 아니라 체계적으로 내용을 구성할 수 있어, 면접관이 들을 때도 이해가 쉽다.

5분 스피치를 발표할 때도 요령이 있는데, 발표 요령에 맞춰 작성해서 연습하면 내용 구성과 시간 조절에도 도움이 된다. 또한 예상되는 추가 질문에도 미리 대비할 수 있고, 문단을 나누어 전달할 수 있어 효과적이다.

3. 5분 스피치 발표 요령

음식을 만들 때도 순서가 있듯이 발표에도 순서가 있다. 5분 스피치를 시작할 때는 시작 멘트부터 해야 한다. 연결 시에는 다음은, 그리고, 끝으로 등을 넣어서 발표하면 체계적으로 보인다.

1. 시작 시

- 5분 스피치 시작하겠습니다.
- ○○○ 주제에 대해 5분 스피치 시작하겠습니다.

2. 내용

- 다음은 저의 경험에 대해 말씀드리겠습니다.
- 다음은 문제의 원인에 대해 말씀드리겠습니다.
- 그리고 저의 경험에 대해 말씀드리겠습니다.

3. 마무리

- 끝으로 ○○○ 주제에 대해 말씀드리겠습니다.
- 이상으로 발표를 마치겠습니다.
- 이상으로 5분 스피치를 마치겠습니다.

5분 스피치 주제 예시

1. 공무원이 갖춰야 할 덕목 3가지는?

2. 본인이 생각하는 청렴을 말하고, 공무원으로서 청렴이 어떻게 국가의 이익이 되는가에 대한 생각을 말해 보세요.

3. 본인이 팀장이었을 때 신입 공무원에게 바라는 3가지를 작성하시오.

4. 타인 경시와 자기중심 풍조와 관련하여 자신의 경험을 들고, 이에 대한 해결 방안을 제시하여 서술하시오.

5. 본인 혹은 타인이 자존감이 낮거나 높아 문제가 되었던 경험을 말하시오.

6. 공직에 지원한 이유를 본인의 봉사 경험과 관련지어 말씀하시오.

7. 공직과 사기업의 차이점과 본인이 공직을 선택한 이유를 기술하시오.

8. 감명 깊게 읽은 책을 말하고, 읽기 전과 읽은 후의 자신의 삶에 나타난 변화나 직장이나 생활에 적용한 경험을 구체적으로 서술하시오.

9. 가정환경이 본인의 진로결정에 어떤 영향을 미쳤는지 서술하시오.

10. 자신을 희생하면서 타인을 도운 경험이 있으면 사례까지 서술하시오.

11. 본인이 여행을 통해 얻은 다양한 경험과 그것을 토대로 ○○ 시의 홍보방안을 연결해서 서술하시오.

12. 위법한 상황이나 사회규범에 어긋나는 일을 보면 어떻게 대처할 것인가?

13. 본인의 삶에서 가장 소중한 것과 그 이유를 서술하시오.

14. 가장 존경하는 인물과 그 이유를 서술하시오.

15. 직장생활에서 가장 중요하다고 생각하는 가치는 무엇이라고 생각하는지 서술하시오.

16. 이해관계가 달라 발생했던 갈등사례와 어떻게 해결했는지, 또 이를 공직에 어떻게 적용할 것인지 서술하시오.

17. 고민 끝에 목표를 세우고 달성한 경험을 서술하시오.

18. 읍참마속(큰일을 위해 아끼는 것을 포기함)과 관련된 제갈량 이야기에서 찾을 수 있는 공직가치와 공직자로서 가져야 하는 자세에 대해 자유롭게 발표하시오.

19. 자신의 신념을 가지고 일을 추진해 목표를 달성했던 경험을 말하시오.

20. 공직 청렴도 조사 결과를 참고하여, 공직자의 청렴도를 향상시킬 수 있는 방안을 말해 보세요.

21. 내집단 외집단 갈등 해결 경험, 공무원이 됐을 때 어떻게 할 것인지?

22. 고령화 사회의 문제점과 해결방안

23. 노인 무임승차 문제 해결방안

24. 아동학대 방지용 어린이집 CCTV 설치에 대한 본인의 생각

25. 우리나라 국가경쟁력의 하락 원인 분석과 해결방안 제시

26. 지방자치제의 장단점, 개선방안

II

면접 답변을 잘하기 위해선
패턴을 알아야 한다

01
면접의 시작과 끝은 분명 있다

모든 일엔 시작과 끝이 있듯이 면접 역시 시작과 끝이 있다. 면접을 준비하는 면접자는 시작을 잘해야 면접 분위기를 주도할 수 있고, 나머지 질문에서도 편안하게 답할 수 있으며, 마무리까지 잘할 수 있다. 그러므로 면접 시작과 끝에 나오는 질문들이 무엇이 있는지 생각해 봐야 한다.

1. 자기소개를 해 보세요.

2. 지원동기에 대해 말해 보세요.

3. 성격의 장점과 단점에 대해 말해 보세요.

4. 마지막으로 하고 싶은 말이 있나요?

5. 끝으로 궁금한 질문 있나요?

6. 10년 후 자신의 모습은 어떠합니까?

준비가 없으면 승리란 없다.

– 나폴레옹 –

자기소개를 해 보세요.

면접 질문 중 꼭 준비해야 하는 3대 질문이 있다. 그건 바로 자기소개, 지원동기, 마지막 하고 싶은 말이다. 자기소개는 그 사람이 어떤 사람인지 간단하게 알 수 있는 가장 기초적인 질문으로 가장 쉬울 것 같으면서도 가장 답하기 어려운 질문이다. 나에 관한 소개를 함축적으로 해야 하므로 미리미리 준비해야 한다.

1. 면접의 첫 번째 질문은 자기소개일 가능성이 크다.

면접의 종류는 다양하다. 역량면접, 인성면접, 임원면접 등에서 그룹으로 면접을 보든 개인 면접을 보든 거의 공통으로 자주 나오는 질문이 자기소개이다. 면접관들은 지원자가 자기소개를 하는 와중에 서류를 정리한다든가, 마음의 준비를 하기도 한다. 그러다 보니 면접자가 하는 이야기를 제대로 듣지 않는 일도 있다. 그렇다고 해서 면접의 첫 질문을 소홀히 준비할 수는 없다. 그리고 무조건 첫 번째 질문이 자기소개가 아닐 때도 있으니 면접 직전 머릿속으로 해당 답변만 외우면서 기다리면 안 된다. 그러다 갑자기 "지원동기를 말해 보십시오"라고 하는 순간 당황하여 아무 말도 생각이 나지 않는 경우도 있기 때문이다.

통상적으로 '자기소개 → 지원동기'의 순서가 가장 이상적이고, 기업에서 많이 선호하는 질문 순서이기도 하다. 어떻게 나올지는 모르지만, 이 점을 참고하여 준비한다면 분명 도움이 될 것이다.

2. 자기소개는 1분 안에 끝나게 준비해라.

요즘은 자기소개를 길게 하지 않는 추세다. 공무원, 경찰직, 소방직, 공기업 등 모든 면접을 보는 곳에서는 자기소개를 짧게 하라고 직접 말한다. 그리고 너무 길면 자르는 때도 있다. 1분 자기소개를 하라고 하면 준비는 45~50초에 맞추는 것을 권한다. 말을 하다 보면 생각 외로 추가가 되기도 하고, 순간 잊어버리기도 한다. 그러므로 면접 준비 시 1분 자기소개라고 해서 1분에 딱 맞추면 의외로 1분을 초과하는 경우가 많으니 주의해야 한다.

3. 자기소개! 나만의 패턴을 만들어라.

자기소개를 할 때 바로 시작하는 것보다 인사말과 이름을 먼저 제시하는 것을 권한다. 바로 자기를 알리려고 키워드나 닉네임을 얘기하는 경우가 있는데 그러다 보면 본론인 나를 소개하려는 멘트를 잊어버리는 경우가 다반사이다.

나를 알리기 위해선 핵심 키워드를 3가지 정도 잡는 것이 좋다. 지원한 직무를 바탕으로 배움과 경험을 통해서 얻은 결과물을 생각해 보는 것이다.

핵심 나를 표현할 수 있는 중요한 사항 및 차별화 제시

1. 성격의 장점, 강점
2. 좌우명, 가훈, 부모님의 가르침
3. 학교(인생)에서 배운 지식, 철학, 봉사, 인성, 가치관 등
4. 인턴 경험
5. 남들과 차별화된 취미나 특기

1 자기소개 면접패턴 1

안녕하십니까. ○○○ 직무에 지원한 ○○○입니다.　　→ 인사 및 지원 직무 소개

저는 ○○○ 직무에 필요한 세 가지의 강점이 있습니다.　　→ 자기소개 준비(강점)

첫째,

둘째,　　→ 핵심 키워드 제시

셋째,

이런 세 가지 강점으로 필요한 인재가 되겠습니다.　　→ 방향성 및 마음가짐

안녕하십니까? 영업관리에 지원한 ○○○입니다.
저는 영업 관리에 세 가지 무기를 가지고 있습니다.

첫째, 강인한 체력이 있습니다.
저는 매일 하루도 빠지지 않고 2km 달리기로 저의 체력을 길러 왔습니다.
지금도 매일 꾸준하게 하고 있습니다.

둘째, 성실함이 있습니다.
초등학교부터 대학교 때까지 지각, 결석을 한 번도 안 했습니다.
약속 시각만큼은 누구보다 잘 지켜 왔습니다.

셋째, 책임감이 있습니다.
무료 과외 봉사, 어르신 봉사활동 같은 다양한 봉사와 아르바이트를 하면서 항상 맡은 바 책임을 다했습니다.

이런 무기를 통해 영업관리 하면 "○○○"이 떠오르도록 만들겠습니다.

안녕하십니까. 지원자 ○○○입니다. → 인사 및 소개

저는 신입사원으로 세 가지 자세를 배워 왔습니다. → 가진 자질 소개

첫째,

둘째, → 핵심 키워드

셋째,

이런 세 가지 자세로 항상 열심히, → 방향성 및 마음가짐

성실한 ○○○이 되겠습니다.

안녕하십니까? 입사지원자 ○○○입니다.
저는 현장에 강한 세 가지의 자질을 가지고 있습니다.

첫째, 원어민 수준의 중국어 실력입니다. 중국어를 전공하였고, 5년간의 중국 유학 시절 및 직장생활을 통해 누구에게도 뒤처지지 않는 실력을 갖추었습니다.

둘째, 세일즈 경험입니다. 한류종합상사, 샤넬 코스메틱, 토즈 근무 경험을 통해 저만의 판매 노하우를 쌓으며 많은 단골도 확보하였습니다.

셋째, 먼저 다가가는 성격의 소유자입니다. 남들이 다가오기 전에 제가 먼저 다가가 따뜻한 인사와 미소로 항상 사람들에게 감동을 주었습니다.

이런 세 가지의 장점은 분명 현장에 강한 면세점 MD의 모습을 보여 드릴 겁니다. 감사합니다.

내용을 보면 핵심을 통해 말하는 것이 나를 알릴 수 있는 자기소개의 방법임을 알 수 있다. 그러므로 나를 알릴 수 있는 핵심 키워드를 정하고 그에 관련된 설명이나 이유를 가볍게 서술하는 정도로 해야 1분 안에 끝날 수 있다.

비슷한 질문 유형

1. 자기 PR 해 보세요.
2. 자기 장점에 대해 말해 보세요.
3. 1분 자기소개를 해 보세요.
4. 자기의 강점 3가지를 포함해서 자기소개를 해 보세요.
5. 준비하지 않은 자기소개를 해 보세요.
6. 자신을 우리 회사 제품으로 소개해 보세요.

지원동기에 대해 말해 보세요.

"지원동기에 대해 말해 보세요" 참으로 어려운 질문이다. 사실 어떤 기업에 지원하는 동기는 대부분이 돈을 벌어 잘 먹고 잘살기 위해서다. 맞는 말이지만 실제로 그렇게 답변하는 건 그리 좋은 답변이 아니라는 것을 면접자도 알 것이다. 회사에서는 단순히 돈을 벌기 위한 지원자보다는 그 이상의 성과를 내는 직원을 더 원하기 때문이다.

지원동기를 묻는 질문은 첫 질문보다는 두 번째로 묻는 경우가 많다. 그리고 "왜 하필 우리 회사에 지원했나요?", "우리 회사를 지원한 계기가 무엇인가요?", "직무와 관련된 경험이 없는데, 왜 지원했나요?" 등 비슷한 형태로 질문한다. 많은 면접자들이 질문의 유형이 조금만 바뀌어도 별개의 질문이라 여기고 걱정하지만, 결국은 지원동기를 묻는 질문이다.

1. 시작 전에 주제 언급을 하는 게 좋다.

지원동기가 뭐냐고 물어보면 바로 본론을 말하는 경우가 있다. 하지만 긴장하면 말하고자 하는 바를 바로 정리하여 말하기 어렵기 때문에 답변을 시작할 때 "저의 지원동기는~" 또는 "제 지원동기에 대해 말씀드리겠습니다"라고 먼저 운을 떼기를 권한다. 그러면 말하는 본론 내용이 쉽게 생각나고, 자연스럽게 연결이 된다. 특히 지원동기에 대한 질문은 면접관이 합격의 당락을 결정하는 중요한 질문 중에 하나이므로, 답변을 잘 해야겠다는 부담감에 무작정 본론을 던지는 것보다 마음을 다지기 위한 쿠션용어를 하나 넣고 시작한다면 안정감 있게 답변을 이어갈 수 있다.

2. 직무 연관성이 있는 패턴을 사용하라.

회사에서 원하는 가장 이상적인 지원자는 자신이 지원한 직무에 대해 잘 알고 있고, 그 직무에 맞는 자질과 역량을 갖춘 사람이다. 대학 생활을 하는 동안 열심히 지원한 직무에 관련된 경험을 쌓아 왔고, 그 직무를 잘할 수 있다고 말한다면 이상적인 지원자의 모습을 보여 줄 수 있다. 그러므로 면접자는 지원동기를 말할 때 "지원한 직무에 대해 정확하게 말하고, 자신이 준비한 것들이 직무를 수행하는 데 도움이 된다"는 패턴으로 하는 것이 면접자와 듣는 면접관 모두에게 효과적인 답변 방법이 될 수 있다.

1 직무 연관성 패턴

가장 말하기 쉬우면서, 기업에서도 선호하는 답변 유형이다. 자신의 직무를 명확하게 알고 준비했다는 것에서 지원자의 능력을 가늠할 수 있다. 그리고 자신감 있는 어조로 이야기해야 실제로 일을 할 때도 잘할 것 같은 느낌을 줄 수 있다. 면접 코칭을 하다 보면, 어떤 면접자는 "선생님, 너무 자기 자랑하는 것 같지 않나요?"라고 물어보기도 한다. 원래 면접장은 '잘난 척'을 하는 곳이다. 내가 어떤 장점을 가지고 있는지 면접관도 알아야 그 사람을 이해하고 평가할 수 있다.

저는 법원 보안업무에 지원했습니다.
청사 내외곽과 법정 내외부의 보안업무지원을 담당하고   → 직무안내
법정 검색대 운영업무 등을 하는 업무입니다.

보안업무에 필요한 자질을 향상하기 위하여
태권도, 합기도, 검도, 용무도, 유도 등   → 자질안내(직무연관)
무도 단증을 취득하였고, 위급 시 대처할 수 있는
응급처치와 심폐소생술도 수료하였습니다.
또한, 건물관리에 필요한 소방안전관리자도 취득했습니다.

이러한 자격증 취득과 교육을 통해 보안업무를   → 마무리(마음가짐)
잘 수행할 수 있을 거라고 확신하여 지원하게 되었습니다.

2 목표와 직무를 연관한 패턴

직무목표 ➡ 직무안내 ➡ 자질안내 ➡ 마무리(마음가짐)

입사 후 회사에서 이루고 싶은 포부를 잘 말할 수 있다면 회사에서 원하는 이상적인 지원자의 모습을 보여줄 수 있다. 특히 두괄식으로 먼저 자신의 직무목표를 이야기한다면, 면접관에게 의욕적인 지원자로 깊은 인상을 줄 수 있다. 직무목표에 대해 먼저 이야기하고 직무와 관련된 나의 핵심 키워드를 말하는 것도 좋은 방법이다.

셀트리온에서 저의 직무 경험을 토대로   → 직무목표
의미 있는 일을 하고 싶어 지원하였습니다.

제가 지원한 직무는   → 직무안내
의약품 위탁개발 및 생산을 관리하는 일입니다.

저는 독일에 있는 한화L&C 유럽지사에서
고객사 발굴과 해외업체를 관리한 경험이 있으며
포스코에서 짧은 인턴 경험이지만 사내에 개선안 등을 말하며   → 자질안내
적극적인 자세로 일에 임하였습니다.   (직무연관)
그리고 무역학을 공부하면서
무역에 대한 실무와 공부에 대한 호기심으로
산업재산권학, 논리와 사고, 독어 등을 들으며 재밌게 공부하였습니다.

그리고 SAP, 독어, 영어, 엑셀, 프레젠테이션 등을 배우며
현장에 필요한 능력을 키워 왔습니다.
이런 노력은 저의 청춘의 산물이기도 합니다.

저의 이런 노력을 셀트리온의 세계 바이오 시장 선점,   → 마무리(마음가짐)
신약 개발 능력 확보를 통해, 인류의 행복한 삶에
이바지하고 싶어 지원하게 되었습니다.

지원동기에서 면접자 대부분은 본론을 말할 때 '핵심 → 설명 및 이유'를 같이
말한다. 그러다 보니 의외로 분량이 많아진다. 말을 하면서 지루한 느낌이 든
다면 좀 줄이는 것이 좋다. 줄이는 순간 한결 가볍게 들린다.

셀트리온에서 저의 직무 경험을 토대로 → 직무목표
의미 있는 일을 하고 싶어 지원하였습니다.

제가 지원한 직무는
의약품 위탁개발 및 생산을 관리하는 일인데 → 직무안내

저는 독일에 있는 한화L&C 유럽지사와
포스코에서 인턴으로 일한 경험이 있습니다. → 자질안내(직무연관)
그리고 무역학을 배우면서 무역에 대한 실무와
산업재산권학을 재미있게 공부하였습니다.
SAP, 독어, 영어, 엑셀, 프레젠테이션 등을 배우며
현장에 필요한 능력을 키워 왔습니다.
이런 노력은 저의 청춘의 산물이기도 합니다.

저의 이런 노력을 인류의 삶을 행복하게 만드는 데 → 마무리(마음가짐)
활용하고 싶어 셀트리온에 지원하게 되었습니다.

3. 직무와 연관이 없으면 솔직하게 말해라.

전공과 지원하는 직무가 다를 수도 있다. 자신의 전공과 다른 분야로 취업을
하는 경우도 의외로 많다. 국가직무능력표준(NCS; National Competency
Standards)에 대해 들어 본 적이 있을 것이다. 직무를 수행하는 데 필요한 지
식·기술·태도 등의 내용을 국가가 체계화한 것으로, 채용할 때 학력, 출신
지역 등의 차별적인 요소를 제외하고 직무에 필요한 능력을 기준으로 공정하

게 직무역량을 높이 평가하겠다는 것이다. 만약 자신의 전공과 지원하는 직무 분야가 다르다면 면접에서는 그렇게 된 계기에 대해 솔직하게 이야기하고, 자신이 지원하는 직무와 관련해 조금이라도 준비해 온 부분이 있다면 이야기하는 것이 좋다. '어설픈 변명'보다는 '진솔함'이 면접관에게 오히려 더 통할 수 있다.

제가 인생을 살면서   → 진로고민
저의 진로에 대해 많은 고민을 하게 되었습니다.

역사 및 국어국문학과를 복수전공하면서
대학원에 진학하여 교수가 되는 게 꿈이었지만   → 직무전환계기
한계가 있었습니다.
하지만 금융영업전문가 과정을 배우면서
"세상을 관통하는 것이 금융이다"라는 것을 뼈저리게
알게 되었으며 금융 관련 기사를 보면서 부동산신탁에
관련된 무궁화 신탁회사를 알게 되었습니다.

그래서 저는 입사 후 1개월 동안 매뉴얼을 숙지하고
부동산 및 신탁 관련 민법, 부동산 공법, 주택법 등을 공부하여 → 직무자질준비
업무를 원활하게 진행할 수 있도록 만들겠습니다.

그리고 공인중개사 자격증을 취득하여 전문가의 모습을 갖추고   → 나아가야
이 회사에서 고객들의 요구사항을 원만하게 해결할 수 있는   할 방향
능력 있는 사원이 되어 1년 후 저의 실력을 검증하고   (마음가짐)
후배들의 본보기가 되는 모습을 보여 드리겠습니다.

군 견역을 마면서 서의 신로에 대해 많은 고민을 하게 되었습니다. 그때 "공부를 못해도 인성이 되어라"라고 저에게 배움과 가르침을 주신 은사님 있었습니다. 은사님께서는 공직 경험담을 얘기해 주시면서 저의 성격과 행동에 맞는 공무원을 추천해 주셨고, 특히 공직생활은 마음먹기에 따라 저의 능력을 마음껏 펼칠 수 있으며 단지 저에게만 이득이 있는 게 아니라 세상의 이득까지 줄 수 있는 귀한 업이라는 생각이 들었습니다. 그래서 저의 좌우명이자 가치인 "하고 싶은 것을 하되 도움이 되자"라는 가치를 실현하는 데 가장 적합한 직업이라 생각하였고, 지원하게 되었습니다.

4. 지원동기는 무조건 물어보지는 않는다.

회사에 지원한 동기는 중요할 수 있으나 의외로 요즘은 물어보지 않는 경우도 있다. 과거에는 자기소개보다 지원한 동기를 중요하게 여겼지만, 요즘은 직무역량을 더 중요하게 생각하다 보니 일을 얼마나 잘할 수 있는지, 업무 중 일어나는 상황에 얼마나 잘 대처하고, 적응할 수 있는지를 알고 싶어 하는 경우가 많다. 그렇지만 준비는 제대로 해야 한다. 분명 어려움은 있겠지만 철저하게 연습을 통해 내 것으로 만들어야 할 것이다.

5. 먹히는 공무원 지원동기 패턴

지원동기를 준비하다 보면 의외로 공무원 지원동기가 어렵게 느껴진다. 공무원에 지원할 경우 다양한 패턴을 살펴보고, 자신과 연관성이 있는 것을 선택하여 답변을 만들어 보면 쉽게 접근이 가능하다.

💬 **공무원 지원동기 쉽게 접근하는 방법**

1. 공무원으로서 영향을 준 사람
2. 본인에게 영향을 준 부분과 느낀 점
3. 자신의 성격을 통한 공무원과의 연관성
4. 방향성

---

1. 본인이 공무원으로서 보여 줄 수 있는 성격의 장점
2. 이런 성격을 통한 공무원과 연관성
3. 마음가짐 및 각오

---

1. 진로에 대한 본인의 생각
2. 진로를 통해 이루고 싶은 가치
3. 마음가짐 및 각오

---

1. 부모님의 가르침, 교육방향
2. 본인이 배운 점
3. 마음가짐 및 각오

---

1. 지원한 직무인내
2. 직무에 가지고 있는 자질
3. 나아가야 할 방향 및 마음가짐

---

1. 공무원으로서 발전시키고 싶은 방향
2. 마음가짐 및 각오

---

1. 본인이 생각하는 공무원
2. 가지고 있는 자질, 강점, 경험
3. 마음가짐

?❓ 비슷한 질문 유형

1. 우리 회사를 알게 된 계기는 무엇인가요?

2. 왜 하필 우리 회사에 지원했나요?

3. 자신의 강점을 우리 회사에 어떻게 활용할 건가요?

4. 직무와 관련된 경험이 없는데, 왜 우리 회사에 지원했나요?

5. 경쟁사가 아닌 우리 회사에 지원한 이유가 있나요?

성격의 장점과 단점에 대해 말해 보세요.

누구나 장점과 단점이 있다. 평상시에 생각을 많이 했으면 아주 쉬운 질문이지만 대부분 그렇지 않다. 자기소개서에도 꼭 나의 장점과 그에 관련된 사례 또는 에피소드 등을 쓰라고 하고, 면접에서도 물어본다. 이런 질문을 왜 할까? 자기가 가진 장점, 즉 강점에 대해 알고 그것을 잘 활용하는 사람, 그리고 자신의 부족한 부분을 알고 그것을 개선하려고 노력하는 사람이 발전 가능성이 있다고 믿기 때문이다.

강점 : 남보다 뛰어나거나 유리한 점
장점 : 어떤 대상에게 있어서, 긍정적이거나 좋은 점

강점과 장점은 약간의 차이가 있다. 장점은 어떤 대상에게 있어서, 긍정적이거나 좋은 점이지만, 강점은 남보다 뛰어나거나 유리한 점을 말한다. 장점을 말할 때 가장 난감한 것이 다 너무 비슷비슷하다는 것이다. 어떻게 준비해야 할지 잘 모르고, 특히 그룹면접을 볼 때 앞사람이 본인과 비슷한 장점을 말해 난감해 하는 경우도 있다.

1. 장점은 다 비슷하지만 다르게 '스토리키워드화' 할 수 있다.

심리학자 마틴 셀리그만이 말하는 강점 중에 기업에서 좋아하는 강점 유형이 있다. 대표적으로 호기심, 끈기, 진솔, 책임, 조절, 신중, 통찰, 판단, 용기, 신념, 겸손, 감사, 포용, 공감, 친절, 유머, 탐구, 성실 등이 가장 이상적이며 대부분의 면접자들이 쓰는 장점이기도 하다. 흔하다 생각되지만 기업에서 좋아하는 핵심 키워드이기도 해서, 저 단어들을 제외하면 과연 쓸 내용이 있을까 싶다. 결국은 남들과 다르게 들릴 수 있도록 '스토리키워드화' 하는 것이 필요하다.

저의 장점은 열정이 있는 사람입니다.
→ 유쾌한 에너지로 주변 사람들에게 좋은 에너지를 주는 게 저의 가장 큰 장점입니다.

저의 장점은 친절함입니다.
→ 저의 장점은 남들에게 먼저 다가가는 마음입니다.

저의 장점은 책임감입니다.
→ 저의 좌우명이자 25년간 저를 지탱해 준 것은 어떤 일이든 책임감을 갖는 것입니다.

저의 장점은 호기심입니다.
→ 저의 장점은 매사를 궁금해 하고 어떤 것이든 쉽게 지나치지 않는 것입니다.

여기서 보면 다 비슷한 장점이지만 다르게 보일 수도 있다. 때문에 장점을 '스토리키워드화' 하면 자신의 장점에 대해 새로운 각도로 볼 수 있고, 한결 다르게 들리도록 할 수 있다.

2. 스토리텔링으로 나의 장점을 살려라.

장점만 단순하게 말하는 것보다 그에 맞는 사례, 즉 스토리가 있어야 한다. 새로운 것을 추구하는 것이 아니라 평범하지만 평범하지 않게, 스토리텔링으로 나의 장점을 살려야 한다.

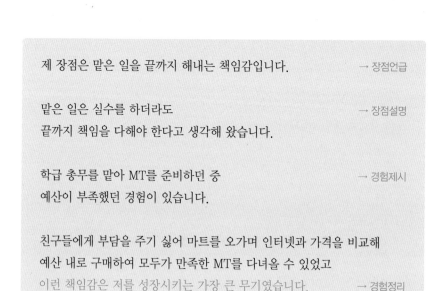

제 장점은 맡은 일을 끝까지 해내는 책임감입니다. → 장점언급

맡은 일은 실수를 하더라도
끝까지 책임을 다해야 한다고 생각해 왔습니다. → 장점설명

학급 총무를 맡아 MT를 준비하던 중
예산이 부족했던 경험이 있습니다. → 경험제시

친구들에게 부담을 주기 싫어 마트를 오가며 인터넷과 가격을 비교해
예산 내로 구매하여 모두가 만족한 MT를 다녀올 수 있었고
이런 책임감은 저를 성장시키는 가장 큰 무기였습니다. → 경험정리

3. 스토리텔링에는 하나의 이야기를, 합리적인 설득을 위해선 열거를

상대방을 설득하기 위해서는 하나만 이야기하기보다는 2~3가지 이상을 열거
하는 것이 합리적인 대답이자 설득이 된다.

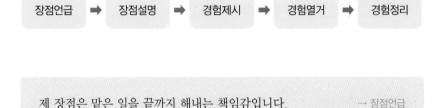

제 장점은 맡은 일을 끝까지 해내는 책임감입니다.　　　　→ 장점언급

맡은 일은 실수를 하더라도　　　　　　　　　　　　　　→ 장점설명
끝까지 책임을 다해야 한다고 생각해 왔습니다.

학급 총무를 맡아 MT를 준비하던 중　　　　　　　　　→ 경험제시
예산이 부족했던 적이 있습니다.
친구들에게 부담을 주기 싫어 마트를 오가며 인터넷과 가격을 비교해
예산 내로 구매하여 모두가 만족한 MT를 다녀올 수 있었습니다.

그 외에도 국토대장정 종주, 전기기능사자격증 취득, 장학금 등 → 경험열거
다른 경험에서도 책임감이 저를 성장시키는 무기였습니다.　→ 경험정리

이렇게 경험을 열거하면 설득력이 더 생기기 마련이다. 책임감이란 키워드로
스토리텔링을 하였지만 하나의 사례로 책임감이 있다고 말하는 것은 상대방이
들었을 때 합리적인 설득이 되기 어렵다. 또는 너무 많은 스토리텔링을 한다면
내용이 길어져 말하는 입장뿐만 아니라 듣는 면접관도 지루할 수 있으니 스토

리텔링을 통해 이야기를 전개하는 것보다 짧게 핵심 경험을 열거하면 합리적인 근거가 될 수 있다. 그리고 열거된 경험에 관해 물어보는 경우가 있는데, 사전에 미리 준비한다면 그 대답 역시 완벽하게 할 수 있다. 단, 열거를 많이 한다고 무조건 좋은 것은 아니다. 3가지 정도가 가장 이상적이고 4가지 이상 말할 때는 마지막 예시에 '등'을 넣는다.

4. 단점은 짧게, 장점보다 나중에 말하는 게 좋다.

자신의 모자라고 허물이 되는 단점을 다른 이에게 말한다는 건 쉽지 않은 일이다. 또한 단점은 쉽게 떠오르는데, 장점은 잘 생각나지 않고 잘난 척하는 건 아닐까 우려가 된다는 면접자도 있다. 평소 본인에 대해 진지하게 생각하는 시간이 많지 않다 보니 대부분의 면접자가 '본인의 장단점을 말하라'는 질문을 받으면 어려워한다. 하지만 진솔하게 말하되 단점이 단점으로 끝나지 않도록 말하면 된다. 또한 본인의 긍정적인 이미지를 전할 수 있는 장점을 먼저 말한 후 단점은 짧게 말하는 것이 좋다.

그리고 절대 말하면 안 되는 단점이 있다. 바로 '게으르다'이다. 게으르다는 것은 '나태하다, 성실하지 못하다, 부지런하지 못하다' 등 부정적인 느낌이 많이 든다. 조직에서 가장 피하고 싶은 지원자일 것이다. 아무리 자신에게 그런 점이 있어도 쉽게 말해선 안 되는 금기단어이다. 필요하다면 '게으르다'는 단어를 순화해서 바꾸는 것을 권한다. '게으르다'를 '생각이 깊어 천천히 하는', '신중하게 생각하고 행동하는' 등으로 순화하는 것이 좋다. 사실 단점은 어떻게 포장을 해도 단점이다. 하지만 '면접관이 들었을 때 어떤 감정이 들까?'라는 고민을 한 번쯤은 해 보길 바란다.

| 단점언급 | ➡ | 단점상황제시 | ➡ | 해결방법제시 |

하지만 일을 완벽하게 처리하려는 욕심이 제 단점입니다. 이러한 욕심이 너무 과하다 보니 수업에 집중하지 못했던 경험이 있습니다. 하지만 일의 우선순위를 두고 진행하면서, 효율적일 뿐만 아니라 과제에 집중할 수 있게 되어 실수를 줄일 수 있었습니다.

비슷한 질문 유형

1. 본인의 강점이 무엇인가?
2. 남들에게 자랑할 만한 습관과 고쳐야 하는 습관이 있다면?
3. 본인이 가진 장점을 우리 기업에 어떻게 활용할 것인가?
4. 자신의 성격이 당사와 어울린다고 생각하는가?
5. 다른 지원자와 차별화된 본인만의 장점은 무엇인가요?
6. 자신이 가지고 있는 재능은 무엇인가요?
7. 자신의 단점과, 그것을 극복했던 경험이 있나요?

마지막으로 하고 싶은 말이 있나요?

면접은 마지막까지 긴장을 늦추면 안 된다. 면접을 보다 보면 그 과정이 만족스럽지 않은 경우도 있다. 면접의 시작이 만족스럽지 못했다고 해서 포기하거나 흔들려서는 안 된다. 마지막 열정을 다해 기지를 발휘해야 할 필요성도 있다. 면접이 마무리될 때까지 절대 긴장을 늦추지 말고 끝까지 해 보는 것이다. "끝날 때까지 끝난 게 아니다"라는 말을 명심하도록 하자.

1. 마지막 하고 싶은 말은 짧으면서 강렬하게

면접이 끝날 때쯤 "마지막으로 하고 싶은 말이 있나요?"라고 물어본다. 아주 짧은 시간에 상대방에게 임팩트 있는 인상을 남겨야 하는데 쉽지가 않다. 마지막 하고 싶은 말일수록 절대 사설이 길면 안 된다. 10초 내외로 빨리 끝내도록 한다.

[마지막 하고 싶은 말의 패턴]

인상 깊은 말에는 무엇이 있을까?

1) 명언
2) 속담
3) 좌우명
4) 면접자의 강점
5) 나아갈 방향

이 다섯 가지가 대표적이다. 면접자가 가장 귀하게 여기고 마음속에 다지고 있는 인상 깊은 말을 생각해서 면접관에게 말해 보는 것이다.

2. 마지막 하고 싶은 말에서 면접 결과가 달라질까?

마지막 하고 싶은 말을 할 때 면접관들은 서류를 정리하는 경우가 많다. 그러므로 마지막 하고 싶은 말은 그냥 해야 하는 게 아니라 '제대로' 해야 한다. 그래야지 역전의 가능성이 있고, 면접관의 뇌리에 각인이 될 수 있다. 아나운서 면접을 보는 면접자가 있었다. 그 면접자는 "마지막으로 하고 싶은 말이 있나요?"라고 물어보는 순간, 구두를 벗고 머리를 풀면서 이렇게 말했다. "맨발의 정신으로 열심히 현장을 뛰어다니겠습니다." 말하는 순간 면접관이 당황하기도 했지만, 표정은 아주 흐뭇해 보였다고 한다. 이처럼 무조건 튀는 행동을 해야 한다는 말이 아니다. 상황과 분위기를 고려하여 인상에 남을 말을 준비하라는 것이다.

> 음식도 먹어 본 사람이 알듯이 일도 해 본 사람이 압니다.
> 귀사에 입사한다면 저의 경험과 노력으로 현장에 강한 사람의 모습을 보여 드리겠습니다.
> 감사합니다.

위의 예를 보면 알 수 있듯이 단순하게 말해도 임팩트를 줄 수 있다. 장황하게 한다고 그 사람의 마음가짐을 알 수 있는 건 아니다. 세세하게, 그리고 스토리텔링을 하지 않더라도 충분히 전달이 가능하니 본인의 마음가짐만 제대로 말해도 충분하다.

> ○○년 매출 1조 달성까지 영업이익 향상에 혼을 갈아 넣겠다는 각오로 배우며, 근무에 임하겠습니다. '특별한 베네핏'으로 ○○○의 외형과 내실 그리고 저와의 동반성장을 기필코 이뤄내겠습니다.

현재 기업의 상황, 즉 비전과 직무의 연관성으로 마지막 하고 싶은 말을 만들었다. 그리고 자신이 가지고 있는 무기 '특별한 베네핏'을 강조하면서 지원한 기업과 하나가 되겠다는 강력한 의미가 숨어 있다.

> ○○ 기업에 항상 최선을 다하는 모습을 보여 드리겠습니다.
> 감사합니다.

길다고 좋은 내용은 아니다. 때론 자신의 마음가짐에 대해 진솔한 한마디만 채로 좋을 수 있다. 누구나 할 수 있는 말이지만, 긴장하면 그 말도 못 하는 사람이 많다. 누구나 할 수 있는 말도 남들과 다른 느낌으로, 자신감 있게 해 보자!

3. 마지막 하고 싶은 말은 마지막에 한다는 것을 잊으면 안 된다.

아무리 훌륭한 말이라도 느낌이 중요하다. 특히 마지막 하고 싶은 말의 궁극적인 목적은 나 자신을 한 번 더 각인시키기 위함이다. 그러므로 자신감 있는 목소리와 눈빛을 보여 줘야 그 말이 인상을 남길 수 있다. 마지막 하고 싶은 말을 두 번 시키는 경우는 거의 없다. "다시 하겠습니다"라고 해도 기회가 없을 가능성이 많다. 그러니 철저하게 준비하여 마지막까지 합격의 기회를 놓치지 않아야 한다.

4. 때론 질문 없이 넘어가는 경우도 많다.

면접시간은 기업별로 어느 정도 정해져 있다. 통상적으로 개인면접은 10~20분 정도 보고, 더 길게 보는 곳도 간혹 있다. 면접관도 그 시간 안에 필요한 질문을 던지고 면접자를 파악해야 하기 때문에 마지막으로 하고 싶은 말을 묻지 못하는 경우도 있고, 안 하고 넘기는 경우도 있다. 이런 경우 면접자는 상황에 따라 판단하여, 마지막에 자신에 대한 인상을 어떻게 남길지 고민을 해 봐야 한다.

> 면접자 : 면접관님, 마지막 하고 싶은 말이 있습니다.
>
> 면접관 : 한번 해 보세요.

면접자의 말에 기회를 주기도 한다. 그럼 준비한 내용을 자신감 있게 말하면 된다.

> 면접자 : 면접관님, 마지막 하고 싶은 말이 있는데 해도 괜찮겠습니까?
>
> 면접관 : 한번 해 보세요. (또는 됐습니다.)

공손하게 질문을 하는 것도 좋은 방법이나, 그럴 경우 거절하는 경우도 있다.

> 면접자 : 면접관님, 마지막으로 하고 싶은 말이 있습니다.
>
> 면접관 : 죄송해요. 시간관계상 넘어가겠습니다.
>
> 면접자 : 네, 감사합니다.

시간관계상 넘어가기도 한다는 걸 염두에 두자.

비슷한 질문 유형

1. 이 중에서 마지막으로 하고 싶은 말이 있으신 분 있나요?
2. 한 분씩 궁금한 질문을 받도록 하겠습니다.
3. 끝으로 마음가짐에 대해 말해 보세요.

끝으로 궁금한 질문 있나요?

항상 마지막 끝날 때 물어보는 질문이고, 어찌 보면 마지막으로 하고 싶은 말을 묻는 질문과 비슷하기도 하다. 하지만 분명 차이가 있다. 면접을 보다 보면 간혹 "궁금한 질문 있나요?", "끝으로 한 명씩 질문받도록 하겠습니다"라고 물어보기도 하는데 이런 상황일 때 면접자는 무엇을 질문해야 하나 많이 망설인다. 전혀 예상하지 못하다가 마지막에 이런 질문을 받으면 당황하기도 하니 한번쯤 생각해 보고 가는 것이 좋다.

1. 궁금한 질문! 꼭 할 필요는 없다.

궁금한 질문 있냐고 하면 꼭 해야 하는 것 아니냐고 물어보는 면접자가 많은데, 미처 생각하지 못했다면 꼭 할 필요는 없다. 부담되면, "없습니다"라고 말해도 된다. 꼭 궁금한 질문을 하는 것이 아니더라도 유도 질문을 통해 나 자신을 한번 더 보여 줘도 좋다.

면접관 : 궁금한 질문 있나요?
면접자 : 궁금한 질문은 없습니다. 하지만 저의 각오에 대해 물어봐 주시면
　　　　감사하겠습니다.
면접관 : 1) 한번 해 보세요.
　　　　2) 시간이 다 되어가니 짧게 해 주세요.

궁금한 질문이 아닌 '나의 각오'에 대해 물어봐 줬으면 하는 질문은 상상 이상의 결과물을 주기도 한다. 마지막 각오를 멋지게 제대로 한다면 면접관이 면접자를 다시 한번 인상 깊게 볼 수도 있다. 미처 하지 못한 말이 있다면 자신감 있게 물어보고, 마지막 기회라 생각하고 성의껏 말해 보는 것이다. 단, 유도 질문을 한다고 해서 무조건 답변 기회를 주지는 않는다.

"죄송합니다. 시간관계상 넘어가겠습니다"

이렇게 말하면 면접자는 순간 얼굴이 벌게지고 당황하기도 한다. 그리고 면접을 망친 게 아닌가 생각하기도 한다. 마지막의 추가 질문 등은 의례적인 경우도 많으니 당황하지 말자.

2. 예민한 질문을 하지 않아야 한다.

간혹 면접자는 기업에 관해 진짜 궁금한 것을 물어보기도 한다. "연봉이 어느 정도예요?"라고 물어본다든가 "지원한 직무의 업무 강도는 어떻게 되나요?" 등 이런 질문을 하면 면접관은 면접자를 어떻게 생각할까? 면접자에 대해 긍정적으로 생각하기보다 부정적으로 생각할 수 있다. "제대로 알아보지도 않고 지원했나?", "아직 일을 잘할 수 없는 신입인데 돈 이야기부터 하나?"라고 생각할 수 있으니 손해 보는 질문을 하기보다 "제가 아직 신입사원이라 많은 것을 알지는 못하지만 입사하게 된다면 필요한 능력이 무엇인지 알고 싶습니다"라든가 "현재 ○○기업에서 ○○프로젝트를 진행하는데 이 프로젝트에 관해 여쭤 보고 싶습니다" 등 지원 기업에 대한 지식이나 관심을 나타낼 수 있는 질문을 한다면 좋은 점수를 얻을 수 있다.

3. 궁금한 질문을 2가지 경우로 시킨다.

이 중에서 혹시 질문 있는 분 있나요?
한 분씩 궁금한 점이 있으면 말해 보세요.

특히 "이 중에서 혹시 질문 있는 분 있나요?"라고 물어보면 손을 들어야 하나 망설이는 경우가 의외로 많다. 그리고 시점을 놓쳐 다른 사람이 먼저 손을 들기도 한다. 적극성이 있는 사람, 자신감이 있는 사람, 그리고 준비가 되어 있는 사람을 좋아하는 건 어느 면접관이든 마찬가지이므로 먼저 손을 드는 것이 유리하다. 손을 든 사람의 답변만 듣기도 하지만, 대부분의 면접에서는 "다른 사람은 없나요?"라고 물어보기도 하므로 기회가 주어지면 해 보는 것도 좋다.

면접자가 하면 불리한 질문

1. 연봉에 관련된 질문
2. 휴무에 관련된 질문
3. 복리후생에 관련된 질문

면접자가 하면 좋은 질문

1. 제 직무가 ○○입니다. 면접관님의 ○○ 노하우가 궁금합니다.
2. 제가 미리 읽어두면 입사 직후 업무에 직접적으로 도움이 될 만한 책이 있을까요?
3. 제가 이 기업에서 5년 정도 일하면 어떤 업무를 하게 될까요?

업무능력에 관련된 질문이나 입사 후 커리어에 관한 질문을 마지막에 하면 좋다.

10년 후 자신의 모습은 어떠합니까?

아직 입사도 하지 않은 취업준비생에게 10년 후에 근무하는 자신의 모습을 묻는 이유는 무엇일까? 면접관은 지원자가 10년 뒤 결혼을 하고, 가정을 꾸리는 등의 개인적인 일대기를 묻는 것이 아니다. 이 질문은 지원자가 기업에 입사해서 어떻게 경력을 쌓아서 어떤 일을 성취하고 싶은지를 묻는 질문이다.

1. 업무 중심의 구체적인 표현을 하자.

당장 내일도 알 수 없는데 어떻게 10년 후의 모습을 말할 수 있을까? 면접관은 이 질문을 통해서 미래에 대해 진지하게 생각하고 있는지, 답변한 바는 실현 가능할 것인지를 판단하기 위해서 질문을 한다. 그래서 일(업무) 중심의 구체적 답변이 필요하다. 면접자가 생각하는 10년 뒤 자신의 일상적인 모습이 아니라, 업무를 하는 모습을 구체적으로 표현할 필요가 있다.

> 면접관 : 10년 후 자신의 모습은 어떠합니까?
> 면접자 : 10년 후에는 워킹맘으로 바쁘게 살아갈 것입니다. 맡은 일에는 성실하게 임하고 가정에서도 존경받을 수 있도록 일과 가정 모두 성실히 임하는 모습으로 살아갈 것으로 생각합니다.

문득 보면 정리가 잘 된 답변이라고 생각하겠지만 면접관이 원하는 답변이 아닐 수 있다. 이에 이어 면접관은 10년 뒤 업무를 하는 면접자의 모습이 어떠한지에 대해 재차 묻거나, 위의 답변에 이어 일, 가정 양립에 대한 의견을 추가 질문할 수 있어서 대비하지 못한 면접자는 당황할 수가 있다.

면접관 : 10년 후 자신의 모습은 어떠합니까?

면접자 : 10년 후에는 고객상담 책임자로 근무하면서, 고객의 소리를 누구보다 더 듣고, 고객을 더 배려하는 자세로 임할 것입니다. 그리고 다른 직원들을 위한 고객응대 매뉴얼을 만들어 함께 공유하며, 변화하는 고객에 대비하여 끊임없는 상담 스킬을 쌓아갈 것입니다. 워킹맘으로 일뿐만 아니라 가정에서도 존경받을 수 있도록 노력하는 지원자가 되겠습니다.

업무에 대해 구체적으로 이해한다면 미래에 대한 나의 모습도 뚜렷해진다. 그리고 마지막 부분에서 일과 가정 모두를 언급하여 책임감 있는 모습을 보여 주는 사례다.

2. 미래의 청사진을 준비하자.

비슷한 면접 질문을 보면 '미래의 모습'을 질문한다는 것을 알 수 있다.

1) 입사 후 어떠한 모습으로 근무하고 있으리라 생각하나요?

2) 5년 후 자신의 모습을 그려 보세요.

3) 기업에서 미래의 본인의 모습은 어떠하다고 생각하나요?

미리 준비하지 않으면 답변하기 어려운 질문이다. 답변을 준비하기 위해서는

1) 지원하는 기업의 사업 및 시장 파악
2) 직무의 이해
3) 지원자가 발전해서 구체적으로 할 수 있는 일 / 하고 있는 일
4) 대표 및 기업이 나아가야 하는 비전 및 방향

이 네 가지를 준비하고 정리해 두어야 한다. 기업의 홈페이지를 참고하면 대략적인 내용을 알 수 있다. 그리고 자신이 생각하는 일들이 미래에 이루어질 수 있도록 노력하는 것 또한 중요하다.

3. 상투적인 표현은 자제하자.

- "회계 파트의 전문가"
- "영업의 달인"
- "아시아 허브"
- "글로벌 교두보"

위의 내용은 많은 지원자가 자신의 10년 후 모습에 사용하는 표현이다. 자신감과 포부는 좋았으나 표현이 너무 거창하고, 실현 가능성에 있어 지원자가 신뢰를 주기에는 부족하고 흔한 표현이다.

- "기업의 비용을 절감하는 회계 분야 핵심인재"
- "10년 이상 고객과 관계를 유지하고 함께 성장하는, 고객의 가족 같은 영업맨"
- "무역 실무지식으로 무장해 현장에서 일어난 문제 상황을 무리 없이 해결하는 해외영업의 달인"
- "중국 현지에서 어떤 제품이든 무조건 바이어를 찾아내는 바이어 발굴 전문가"

정보를 수집하여 해당 직무에서 구체적으로 어떤 일을 하는지, 성과를 어떻게 달성하여 10년 뒤 실무 및 관리운영을 하고 있을지 구체적 표현을 준비하여 다른 지원자와 차별성이 있는 답변을 준비하는 것이 중요하다.

02
회사에 관심이 있는 면접자를 좋아한다

면접자는 면접 준비를 할 때 자신의 역량에 대해 집중한다. 하지만 회사의 입장에서는 지원하고자 하는 회사가 어떤 회사인지, 그 회사의 발전에 어떻게 기여할 수 있을지를 더 많이 생각하는 사람을 좋아하기 마련이다. 이것은 회사 홈페이지에서 보여 주는 인재상, 비전, 가치관 등을 통해 회사와 한마음, 한뜻으로 발전하기를 바라는 맘도 있다. 그렇기 때문에 회사가 원하는 기준에 대해 생각해 보고 회사가 나아가야 하는 발전 방향, 회사의 규정과 원칙 등에 대해 기본적으로 알고 가야지 면접에서 당황하는 일이 없다.

1. 우리 회사의 인재상에 대해 아시나요?

2. 혹시 우리 회사에 와 보신 적 있나요?

3. 우리 회사의 문제점과 개선점에 대해 말해 보세요.

4. 당신을 채용해야 하는 이유 3가지를 말해 보세요.

5. 우리 회사는 노조가 있는데 어떻게 생각하나요?

6. 회사와 관련된 신문기사를 본 적이 있나요?

7. 우리 회사는 정규직 전 3개월간의 인턴 기간이 있는데 괜찮나요?

8. 혹시 다른 회사에도 지원하셨나요?

빨리 가려거든 혼자 가라. 멀리 가려거든 함께 가라.

– 인디언 속담 –

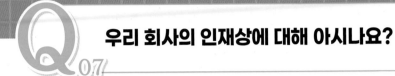

우리 회사의 인재상에 대해 아시나요?

회사 홈페이지에 들어가 보면 그 회사의 인재상이 있다. 인재상은 회사가 가장 바라고 이상적으로 생각하는 인재다. 이왕 함께 일해야 한다면 회사가 가고자 하는 방향과 같은 방향을 가진 사람이 적격이라고 생각하는 것이다. 그리고 그에 관련된 경험이 있다는 것은 일하면서도 회사에 쉽게 적응할 가능성이 충분히 있다고 생각하기에 면접에서 물어보는 경우가 많다.

공기업이나 공무원 면접에서도 인재상이 아니더라도, '책임감 있게 한 일', '성실하게 한 일', '도전해 본 일'과 같은 질문을 하는 경우가 있으니 자신이 했던 경험들을 정리할 필요가 있다.

1. 추구하는 인재상은 다 비슷하다.

💬 삼성전자

- 인재와 기술을 바탕으로 최고의 제품과 서비스를 창출하여 인류사회에 공헌하는 것, 삼성전자가 추구하는 궁극적인 목표입니다.
- 핵심가치 : 인재 제일, 최고지향, 변화 선도, 정도경영, 상생추구
- 경영원칙 : 1. 법과 윤리를 준수한다.
        2. 깨끗한 조직문화를 유지한다.
        3. 고객, 주주, 종업원을 존중한다.
        4. 환경, 안전, 건강을 중시한다.
        5. 글로벌 기업시민으로서 사회적 책임을 다한다.

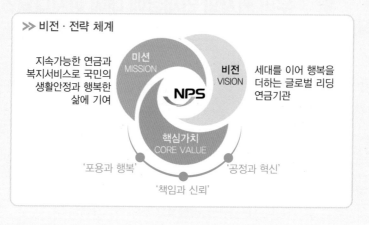

2. NCS에 관련된 자기소개서에서도 원하는 인재상이 있다.

일반기업 홈페이지뿐만 아니라 공기업 홈페이지만 봐도 인재상이 있다. 그리고 자기소개서 안에도 인재상에 관련된 내용을 기술하는 경우가 많다. 그러므로 회사가 원하는 인재상과 핵심가치, 비전 등 회사에 관련된 기본적인 사항을 잘 알고, 질문에 관한 나의 경험을 어떻게 적절히 대입할지 생각해 봐야 한다.

🗨 한국수자원공사

한국수자원공사에 입사 지원한 동기 및 입사 후 실천하고자 하는 목표를 공사 인재상(내실, 혁신, 신뢰) 중 자신과 가장 잘 부합하는 역량과 결부시켜 작성해 주십시오.

🗨 대한무역투자진흥공사

학업, 취미, 업무 등을 하면서 과감한 도전과 변화를 통해 목표를 달성했던 사례에 관해 기술해 주시기 바랍니다.

🗨 한국농수산식품유통공사

한국농수산식품유통공사가 수행하는 업무를 아는 대로 설명하고 이 중 본인이 하고 싶은 업무와 그 이유를 공사 인재상인 전문인, 도전인, 소통인, 또는 본인의 경험과 연계하여 기술해 주십시오.

면접자 대부분은 이런 질문을 받으면 자신은 관련된 경험이 없다고 하는 경우가 의외로 많다. 하지만 고등학교 3년, 대학교 4년, 더불어 성인으로 가는 길목에서 다양한 경험을 안 했을 리 없다. 단지 너무 평범한 경험이라고 생각하니 없게 느껴질 뿐이다. 인생을 살면서 의미 없는 경험은 없다. 그러니 너무 어려워하지 말고 자기의 경험을 먼저 찾아 보자.

3. 나의 경험만 있으면 회사가 원하는 인재상에 맞게 만들 수 있다.

핵심주제	➡	경험	➡	배운 가치관	➡	나아갈 방향

이런 질문에서 가장 중요한 것은 경험 찾기이다. 경험을 찾으라 하면 너무 어렵게 생각하는 경우가 많다. 해당하는 질문의 경험을 찾기보다 내용을 어떻게 구성하고 준비하느냐에 따라 '도전정신'이 '변화'가 될 수도 있고, '성실함'이 '책임감'이 될 수도 있다. 상황에 맞게 내용을 바꿔서 말을 해도 크게 문제가 되지 않는다. 면접 자리에서 얼마나 많은 질문과 답변이 오가는가? 다 들을 시간조차 부족하다. 몇 개의 경험만으로도 충분하니 부담스럽게 생각할 필요가 없다.

면접관 : 우리 회사에 맞는 인재상은 무엇인지 아시나요?

면접자 : 안전, 신뢰, 긍정 등이 있는 걸로 알고 있습니다.

면접관 : 그럼 인재상 중 가장 본인에게 부합되는 인재상을 경험을 토대로 말해 보세요.

면접자 : 제가 ○○공사의 인재상 중 가장 부합한다고 생각하는 것은 안전과 신뢰입니다.

(핵심주제)

학교에서 다양한 실습과 가스, 용접, 특수용접기능사 자격 취득을 통해 업무를 수행하면서 필요한 지식과 기술을 배워 왔습니다.

(경험)

이런 배움이 곧 신뢰를 만들 수 있다고 생각합니다.

(배운 가치관)

또한, 현장에서는 하나의 실수로 모두가 위험해질 수 있다고 생각하여 항상 안전에 유의했습니다.

○○공사에 입사해서도 믿음을 줄 수 있도록 항상 배우는 지세로 임하고 안전에 유의하겠습니다.

여기에선 배움을 통한 신뢰라고 말하였으나 내용을 조금만 바꾸면 인재상 역시 쉽게 적용할 수 있다. 단순하게 신뢰, 책임감, 도전 등의 핵심 키워드만을 사용하기보다는 자신을 더 돋보이게 만들 수 있는 스토리가 있는 핵심 키워드가 되도록 자신의 경험을 잘 생각하고 정리해 적용해 보면 된다.

- 신뢰 → 배움을 통한 신뢰
- 책임감 → 배움을 통한 책임감
- 도전정신 → 부족한 지식을 채우기 위한 도전정신
- 인내와 끈기 → 한다면 하는 인내와 끈기
- 준비성 → 현업으로 가기 위한 준비성

비슷한 질문 유형

1. 도전, 성실, 책임 중 본인에게 가장 맞는 것을 선택하고 학창시절의 경험을 얘기해 보세요.
2. 학창시절 가장 성실하게 한 경험에 대해 말해 보세요.
3. 자기 계발한 것 중에 우리 회사와 관련된 내용에 대해 말해 보세요.
4. 본인이 왜 우리 회사의 인재상에 부합한다고 생각하나요?

혹시 우리 회사에 와 보신 적 있나요?

"우리 회사에 와 보신 적 있나요?"라는 질문을 듣는 순간 면접자들은 당황한다. 그러나 이 질문은 실제로 회사에 방문했는지를 물어본다기보다 회사에 대한 관심이나 적극성을 묻는다고 볼 수 있다.

이런 질문은 과거 은행권에서 많이 물어봤다. "우리 은행에 와 보신 적 있나요?"라고 갑자기 면접자에게 물어봐 당황하게 했다. 서울시 면접에서도 "서울시청에 와 보신 적 있나요?"라고 물은 적이 있다고 한다. 소방직을 뽑는 면접에서도 "면접 장소에 오면서 소화기가 몇 개가 보이든가요?"라거나 "이 건물의 소방에 관한 문제점에 대해 말할 수 있나요?"라고 물어본 적이 있다. 그러므로 보안을 철저히 유지하는 기업이 아니라면 한 번쯤 찾아가 보거나 면접 장소를 주의 깊게 보는 것도 좋을 것이다.

1. 스토리 형식 질문에 대해 연습해야 한다.

면접관 : 혹시 ○○은행에 방문해 본 적 있나요?
면접자 : 예, 있습니다.
면접관 : 어느 지점인가요?
면접자 : ○○지점입니다.
면접관 : 왜 ○○지점에 방문했나요?

면접자 : 현재 거주하고 있는 집이 ○○동입니다.

그래서 가장 가까이 있는 곳이 ○○지점이고 어릴 때부터 지금까지 계속 거래하던 ○○은행이기도 합니다.

질문의 진행을 보면 대화를 통한 스토리 형식으로 진행되는 경우가 많다. 그래서 묻는 말에 답을 잘하면 큰 문제는 없지만, 중요한 것은 대화를 통한 스토리 전개는 실제 본인이 알고 직접 행동하고 경험한 것이어야 자연스럽게 전개가 된다는 것이다. 그렇지 않다면 대화는 단절될 것이다.

면접관 : 혹시 ○○은행에 방문해 본 적 있나요?

면접자 : 없습니다.

면접관 : 아, 그래요?

2. 방문해 본 적이 없다고 해서 주눅 들지 말자.

사실 취업 준비를 하면서 지원 회사에 대해 처음 알게 되는 경우가 많다. 그리고 우리나라 기업들이 이렇게 많다는 것을 이때 깨닫는다. 취업 준비를 하면서 방문은 못 해도 기업정보, 홈페이지, 관련 뉴스, 추진전략 등 기업에 관련된 정보는 꼭 파악한다.

면접관 : 혹시 ○○백화점에 방문해 본 적 있나요?

면접자 : 방문한 적은 없습니다. 하지만 취업을 준비하면서 뉴스, 기업정보, 홈페이지 등을 통해 어떤 회사인지 알게 되었습니다.

면접관 : 그럼 우리 회사에 대해 아는 만큼 얘기해 보실래요?

이런 식으로 진행될 수 있게 만들어야 한다. 면접은 어떻게 진행될지 아무도 모른다. 하지만 면접자가 대답을 어떻게 하느냐에 따라 질문 유형과 방향이 달라질 수 있다는 것을 명심하고 자신감 있게 말해야 한다.

3. 이왕이면 내가 다닐 회사이니 한 번쯤 방문해 보는 것도 좋다.

취업 준비를 하면서 서류전형에 붙으면 좋아만 하지 말고 내가 다닐 회사가 어떤 곳인지 방문해 보는 것이 좋다. 평상시에 가보지는 않았지만 그래도 취업 준비를 하면서 내가 다닐 회사가 어떤 곳인지, 내가 어디서 일하게 될지, 이런 기본적인 것만 알아봐도 회사에 대한 관심이 있다고 느낄 수 있다. 면접이 진행되기 전에 미리 한번 가보면 면접 질문에 대답하기도 수월하다.

면접관 : 혹시 ○○은행에 방문해 본 적 있나요?

면접자 : 제가 필기시험이 붙고 나서 ○○은행 ○○지점에 방문해 보았습니다. ○○은행의 입출금 통장을 만들면서 은행 업무가 어떻게 처리되는지, 어떻게 서비스를 하는지 등을 보았고, 저도 그 자리에서 행원으로서 일을 한다면 얼마나 좋을까 생각했습니다.

1. 혹시 우리 은행과 거래하시나요?

2. 오늘 면접 보러 온 소감이 어떤가요?

3. 와보니 어떤가요?

4. 우리 회사는 어떻게 알고 지원했나요?

5. 우리 회사까지 이동시간이 얼마나 걸렸나요?

우리 회사의 문제점과
개선점에 대해 말해 보세요.

아직 회사에 입사도 하기 전인데, 회사의 문제점과 개선할 점을 이야기하라니... 회사에 관해서 조사하긴 했지만, 많이 알지도 못하는데, 자칫 잘못 이야기했다가는 아예 불합격자로 기억될지도 모른다는 생각에 자신감이 없어진다. 도대체 이렇게 어렵기만 한 질문을 면접자에게 왜 하는 걸까?

회사의 문제점에 대해 생각해 본다는 것은 회사의 입장에서는 아주 중요한 요소이기도 하고, 개인 입장으로 봤을 때는 사전에 회사에 대해 알 수 있는 계기가 되기도 한다. '문제'라고 하는 것은 '해답을 요하는 물음이자 연구하거나 해결해야 하는 사항', 그리고 '성가신 일이나 논쟁이 될 만한 일', '보직을 발전시키는 방법'을 말한다. 그리고 '유지, 개선, 혁신'의 개념을 같이 생각하면 쉽게 문제를 찾을 수 있다. 다음의 세 가지 측면에서 생각해 보면 쉽다.

1. 회사에 대한 관심

질문 내용을 단순하게 보면, 현재 일을 하고 있는 실무경력자도 쉽게 답하기 어려운 질문이다. 그럼에도 불구하고 이 질문을 하는 것은 사실 질문에 대한 정답을 듣고 싶은 게 아니라, '회사에 대한 관심도'를 알고자 하는 분명한 목적이 있을 것이다.

어떤 회사에 지원하기로 마음먹었다면 그 회사가 어떤 회사인지 알고 가야 한다. 한 번이라도 회사 홈페이지에서 CEO의 인사말, 연혁을 읽어 보고, 그중 가장 기억에 남는 것 한 가지 정도만이라도 잘 정리하여 이야기하는 것이 좋다.

> 제가 아직 회사에 근무를 해 보지 않아서 문제점에 대해서는 잘 모르겠습니다. 그래서 문제점보다는 우수한 점에 대해 조사를 더 많이 했습니다. 특히, ○○년도 ○월에 ○○사에서 시행한 '저소득층 집 지어주기 봉사'를 보고 참 따뜻한 기업이라는 생각이 들었습니다. 기업이 해야 할 좋은 일을 하고 있다고 생각했고, 제 가치관과도 맞아 입사를 지원했습니다. 아직 기업의 문제점까지는 알지 못하지만 입사 후에 일을 하면서 문제점을 발견한다면, 적극적으로 해결하기 위해 노력해 보겠습니다.

회사의 문제점이나 개선점이 아닌 좋은 점을 이야기했지만, 그래도 질문의 목적에 맞고, 회사에 대한 관심이나 입사 의지를 보여주는 답변이라고 볼 수 있다.

2. 주력 제품 또는 서비스, 주요 고객 및 경쟁사 등에 대한 관심

어떤 기업이든 주력 제품이나 서비스, 주요 고객과 경쟁사는 있기 마련이다. 면접자는 기본적으로 그 회사가 속한 산업 분야에 대한 정보, 지원하고자 하는 회사의 주력 제품이나 서비스, 그 회사와 경쟁 관계에 있는 회사의 정보에 대해 적극적으로 조사해야 한다. 특히 경쟁 관계에 있는 회사의 정보를 함께 탐색하면 내가 지원하고자 하는 회사의 정보가 좀 더 명확하게 보이기도 한다.

○○사의 주력 제품인 A제품은 현재 업계에서 시장 점유율 1위를 하고 있으나 이를 유지하기 위해서는 끊임없이 고객의 니즈를 파악하고, 새로운 마케팅 전략을 모색해야 한다고 생각합니다. 최근에 A제품을 사서 사용해 보니, 주요 고객을 현재 40~50대 장년층에서 20대의 싱글로 확대해도 괜찮을 것 같다는 생각이 들었습니다. 입사하게 되면 고객의 새로운 니즈를 파악하고, 새로운 시장을 발견해 시장점유율 1위를 유지하는 데 도움이 되고 싶습니다.

회사명, 주력 제품이나 서비스명으로 최근의 뉴스 기사들을 검색하다 보면 동종 업계의 주요 기업과 경쟁제품에 대한 정보를 얻을 수 있으니 참고하여 답변을 준비해 보면 좋겠다.

지원하는 기업이 직접 방문을 할 수 있는 곳이라면 발로 뛰며 정보를 조사하는 것이 가장 차별화된 답변을 할 수 있는 방법이기도 하다. 실제 컨설팅을 해서 합격했던 면접자의 답변의 예이다.

A은행의 지점 3곳과 경쟁사인 B은행의 지점 3군데를 돌아다니며 비교를 해 보았습니다. A은행은 창구직원들의 표정과 서비스가 상대적으로 좋았고, 대기 시간도 평균 5분 정도로 짧았습니다. 대기가 길어졌을 때 죄송하다는 말을 덧붙이는 것도 매우 인상적이었습니다. 반면, B은행의 창구에는 주력으로 판매하는 금융상품의 브로슈어를 창구별로 다양하게 비치해 둔 반면, A은행은 고객들의 대기 장소 1곳에 모든 브로슈어가 다 비치되어 있었고, 창구에는 비치가 되어 있는 곳도 있고 안 된 곳도 있었습니다. 창구별로 주력으로 판매하는 금융상품의 브로슈어가 더 전략적으로 비치

되어 있다면, 금융상품 판매율을 높이는 데 도움이 될 것 같습니다. 제가 입사하면 이런 점들을 한번 개선해 보겠습니다.

3. 최근 업계 트렌드에 대한 관심

기업은 경제적인 상황, 소비문화, 세대의 변화 등 경영환경의 변화에 굉장히 민감하다. 변화하는 트렌드에 빠르게 대처하지 못하면 매출이 감소하는 등 문제가 발생할 수 있다. 그러므로 지원하는 기업이 속한 산업 분야의 트렌드, 최근 가장 큰 이슈와 기업의 제품, 또는 서비스를 접목해 본다면 좋은 답변이 나올 수 있다.

최근 코로나19 사태로 인해 비대면 서비스와 '집콕문화'가 트렌드가 되고 있습니다. ○○공구도 이에 걸맞게 기존의 기업고객들에서 개인고객들로 시장을 확대하면 좋을 것 같습니다. 개인이 집에서 쉽게 셀프인테리어를 할 수 있도록 사진을 곁들인 설명서와 함께 제품을 패키지로 배송 판매한다면 장기적으로도 수익을 낼 수 있을 것이라고 생각합니다.

위 답변이 실제 현장에 적용이 가능할지 아닐지보다는 일단 최근의 업계 트렌드를 알고 있다는 것, 새로운 아이디어를 제시했다는 것에 면접관은 감동한다. 그러니 자신이 조사하고 준비한 답변이 있다면 소신껏 대답해 보자.

4. 잘 모르더라도 어떤 대답이든 하는 것이 좋다.

질문한 인사담당자도 이 질문이 어렵다는 걸 안다. 다만, 아무것도 모르고 지원하지는 않았는지, 정말로 관심을 가지고 지원했는지를 듣고 싶어 한다. 그러니 아무 말도 하지 않는 것보다 입사 의지를 보여주거나, 입사 후 근무태도 등에 관해서라도 이야기를 하는 것이 좋다. 그러나 이는 질문에 최적화된 답변이라고 할 수는 없으므로, 정말 답할 말이 없을 때 참고하기를 권한다.

> 제가 아직 입사하기 전이어서 회사에 대한 문제점까지는 알아보지 못했습니다. 그러나 제가 입사하게 된다면 주어진 대로만 일하기보다는 현재 회사에서 개선해야 할 점들을 알아보고 항상 더 나은 해결방법을 찾는 주도적인 자세로 업무에 임하겠습니다.

비슷한 질문 유형

1. 우리 회사가 더 성장하려면 어떻게 해야 할까요?
2. 우리 회사의 주력 제품이 A사의 제품과 비교했을 때 어떤 개선이 필요할까요?
3. 우리 회사의 주요 고객에게 조금 더 필요한 서비스는 무엇일까요?
4. 우리 회사의 전망에 대해 어떻게 보나요?
5. 지원자가 볼 때, 우리 기업 또는 제품의 단점이 무엇이라고 생각하나요?

당신을 채용해야 하는 이유
3가지를 말해 보세요.

'당신을 채용해야 하는 이유'는 '지원동기'를 묻는 것과 비슷하다. 다른 사람이 아닌 왜 하필 당신을 뽑아야만 하는지, 다른 지원자와 어떤 차별점이 있는지를 묻는 것이다. 취업을 준비하면서 '차별화하라', '다른 지원자에게는 없는 특별함을 어필하라'는 이야기는 많이 들어왔을 것이다. 하지만 '차별화'된 답변을 하기가 쉽지는 않다. 사회에 첫발을 내딛는 면접자들이 남들이 하지 않은 '대단한 경험'을 하는 것은 어려운 일이고, 사실 다들 비슷한 경험을 가지고 있다. 도대체 어떻게 해야 '왜 당신을 채용해야 하는지'를 묻는 말에 '차별화된 답변'을 할 수 있을까?

1. 자기분석을 통한 차별화된 인성과 직무 경험을 찾아야 한다.

자기분석을 통해 남들과 차별화된 점을 찾기엔 쉽지가 않다. 과거보다 현재 대학생들의 취업 준비를 보면 어느 정도 스펙이 평준화된 건 사실이다. 그렇기 때문에 남들과 다른 게 있다는 건 아주 유리하다.

당신을 채용해야 하는 이유에 관련된 대답을 하기 위해선 1) 직무에 대한 관심, 직무수행 의지, 2) 문제해결력, 의사소통능력 등의 기초직업능력, 3) 강점을 통한 인성에 연관해서 준비해 본다.

1) 직무에 관련된 기사, 기능사 자격증

2) 리어카 끌고 장사를 해 본 경험

3) 인턴을 하면서 목표를 정해 이룬 경험

4) 꾸준함과 열정으로 과거에서부터 현재까지 하고 있는 경험

5) 회사 인재상에 맞는 경험

6) 직접 현장에 찾아서 관련자 인터뷰

7) 장기간 후원 또는 위급한 사람을 도와 목숨을 살린 경험

8) 부모님께 신장을 드린 경험

9) 슈퍼스타 K에 지원한 경험

10) 사랑의 장기기증 가족이 된 경험

11) 단지 헌혈을 한 번 한 것이 아닌 100번 이상해서 수상한 경험 등

우리 삶에서 찾아 보면 있을 수 있는 대단한 경험들이다. 내가 가진 경험을 꼼꼼히 들여다 봄으로써 직무와 연계할 수 있는 남들과 차별화된 경험이나 강점을 찾아 면접관을 사로잡을 수 있는 답변을 준비한다.

2. 목표에 근거를 둔 자기의 역량을 말하면 훌륭한 대답이 된다.

이 질문에 답을 할 때는 근거를 충분히 들어서 설득력 있게 이야기해야 하므로 답변이 길어질 수 있다. 그러므로 말하는 속도를 시작은 천천히, 중간은 빠르게, 마지막은 천천히 조절해 말을 하게 되면 긴 내용도 효율적으로 전달할 수 있다.

요약문장 (두괄식) → 직무, 인성 관련 차별화된 내용 → 근거제시 (경험, 자격증 등) → 마음가짐 및 나아갈 방향

▶ 요약문장(두괄식)

○○기업의 사무직 담당으로서 효율적인 일처리, 장기근속, 무료 SNS마케팅, 세 가지 모습을 보여 드리겠습니다.

▶ 직무 관련 차별점 1 + 근거제시 1

사무직무에서는 꼼꼼함이 곧 업무효율입니다. ○○기업은 ○○ 지역 1위 기업으로 하루 주문량이 상당합니다. 학교에서 ○○동아리 총무업무를 하면서 제가 맡은 1년 동안 유일하게 운영비 오차가 단 한 번도 발생하지 않았고 최초로 장부를 만들어 기록한 전례를 만들었습니다. 효율적인 업무, 믿고 맡길 수 있는 일처리는 저 ○○○이 보장하겠습니다.

▶ 직무 관련 차별점 2 + 근거제시 2

저는 SNS 팔로워가 800명 정도 됩니다. 단순히 사무업무에서 그치기보다는 업무 외적인 시간에도 ○○기업의 새로운 문구와 제품들, 그리고 완벽한 배송과 만족하는 고객의 모습 등을 담아 잠재고객을 확보하겠습니다. 시간이 오래 걸리거나 업무에 지장이 가는 일이 아니므로, 저를 채용하시면 공짜로 SNS마케팅이 이루어지는 것과 마찬가지입니다.

▶ 인성 관련 차별점 3 + 근거제시 3

그리고 저는 ○○기업에서 가장 오래 일하는 직원이 되고 싶습니다. 한 가지를 오랫동안 하는 것은 저의 특기입니다. ○○편의점에서도 아르바이트를 새로 채용하지 않으시고 방학마다 사장님께서 제게 일을 맡기셨고, 월급을 올려주시기도 하면서 3년이 넘게 일했습니다. 믿음을 주는 직원으로 오랫동안 함께하고 싶습니다.

▶ 마음가짐 및 나아갈 방향

입사하게 되면 즐거운 마음으로 꾸준히 이를 진행해 보겠습니다.

핵심목표 열거 ➡ 핵심목표 근거제시 및 방향제시 ➡ 마음가짐 및 나아갈 방향

▶ 핵심목표 열거

저를 채용하시는 건, 품질관리사례 연구자, 엑셀 능력자, 비즈니스맨, 이렇게 세 사람을 채용하는 것과 같습니다.

▶ 핵심목표 근거제시 및 방향제시 - 1

첫째, 품질관리사례 연구자가 되겠습니다. 10년 뒤, 저는 자동차부품 품질관리 분야에서 이 회사에서는 아무도 따라올 수 없는 지식과 능력을 갖춘 전문가가 되는 것이 목표입니다. 그래서 품질관리에 대한 연구 논문과 정보를 50건 이상 찾아 보았습니다. 해외 우수기업의 품질관리사례부터 ○○회사의 우수한 품질 관리 프로세스에 대해서도 공부했습니다. ○○회사의 불량률 0%는 저의 손으로부터 나오도록 하겠습니다.

▶ 핵심목표 근거제시 및 방향제시 - 2

두 번째로 엑셀 능력자가 되겠습니다. 품질관리 직무를 수행하는 데 가장 필요한 능력은 엑셀 활용능력입니다. 학창시절 연구프로젝트에 참여해 하루에 500개 이상의 데이터 통계를 작성하고, 이를 쉽게 하려고 고급함수를 활용하면서 '엑셀 능력자'라고 불렸습니다. 품질관리 업무를 꼼꼼하고 효율적으로 처리할 수 있습니다.

▶ 핵심목표 근거제시 및 방향제시 - 3

마지막으로, 비즈니스맨이 되겠습니다. 저는 샐러리맨이 아니라 비즈니스맨입니다. 뚜렷한 직무목표가 있고, 회사와 함께 성장하고 싶은 마음이 간절합니다. ○○회사의 비전 실현이 곧 저의 목표 실현입니다. 함께 성장할 기회를 주십시오.

▶ 마음가짐 및 나아갈 방향

이런 저의 세 가지 목표로 현장에 강한 사람의 모습을 보여 드리겠습니다.

짧게 대답하라는 경우가 있을 수 있다. 이때는 핵심 키워드만 말하면 되고, 면접관이 궁금하면 핵심 키워드와 관련된 추가 질문을 할 것이다.

3. 서술형으로 편안하게 말해도 된다.

"당신을 채용해야 하는 이유를 말하라"라는 질문을 받았다면 논리적이고 체계적으로 말하는 것도 좋지만, 편안하고 자연스럽게 말을 해도 된다. 그리고 3가지를 말하라고 했다고 3가지만 말할 필요도 없다. 간혹 어떤 면접관은 "하나 더 없으세요?"라고 물어보기도 하지만, 그때도 "없습니다"라고 말을 해도 무방하며 추가로 하나 더 연결해서 말을 해도 된다.

제겐 '우리 브랜드 광고는 내가 만들겠다.'는 저만의 목표가 있습니다. 현재 저는 컴퓨터그래픽디자인 6개월 과정을 수강 중이며 포토샵과 일러스트 기술을 배우고 있습니다. MD 직무 특성상 마케팅부서와의 협업도 많다고 알고 있는데, 꼭 제가 가진 기술들을 현장에 활용하고 싶습니다.

또한, 포괄적인 MD의 업무 특성상, 애착 없이 버틸 수 있는 직무가 결코 아니라는 점을 이미 각오하고 이 자리에 나왔습니다. MD여야만 저만의 특별한 베네핏을 다 쏟아부을 수 있습니다. 저는 꼭 회사의 '대체 불가능한 인력'이 될 것이라 약속드립니다.

비슷한 질문 유형

1. 자신이 인사담당자라면 본인을 왜 뽑아야 한다고 생각하나요?
2. 우리가 당신을 만약 합격시킨다면, 무엇 때문일까요?
3. 지금 면접을 보고 있는 면접자 5명 중 누구를 뽑아야 할까요?
4. 당신이 공무원이 되어야 하는 이유는 무엇인가요?
5. 합격해야 하는 이유는?

우리 회사는 노조가 있는데
어떻게 생각하나요?

회사라는 곳은 이익을 중요하게 여긴다. 하지만 시대가 바뀌면서 노동자의 입장과 권익 또한 중요하게 여기기 시작했다. 특히 노조가 있는 회사라면 단골질문이라고 생각하고 답변을 미리 준비해야 한다. 보통 공기업보다는 사기업이 노조가 많다 보니 많이 물어보지만, 한국철도공사와 같이 노조가 있는 공기업도 있다. 그렇기 때문에 면접 전, 노조가 있는지 없는지 정도는 미리 파악하는 것이 좋다.

> 노조(勞組) : 근로자가 노동 조건의 유지, 개선 및 경제적, 사회적 지위의 향상을 목적으로 조직하는 단체

노조는 노동조합(勞動組合)의 약자이다. 노조의 문헌적 정의를 보면 근로자의 입장을 대변한다는 느낌을 많이 주다 보니 기업에서는 노조에 대한 긍정적인 인식보다 부정적인 인식을 갖기도 하고, 노조에 대해 어떻게 생각하는지 묻기도 한다. 그렇지만 무조건 회사 입장에 맞추어 "저는 노조에 관심이 없습니다", "노조에는 가입하지 않겠습니다", "노조는 필요 없다고 생각합니다"와 같은 단답형 대답은 성의 없게 느껴질 수 있다.

1. 중립적인 답변을 하되, 회사 차원에서 좀 더 공감하라.

회사와 노동자, 양쪽 입장을 모두 고려한 중립적인 대안을 적절하게 제시한 답변이 좋을 수 있다. 특히 회사는 노조에 대해 불편하게 생각하는 경우도 많으므로 같은 답변도 노조의 입장에서 이야기하는 게 아니라 회사의 입장에서 이야기하는 지혜로움이 필요하다.

면접관 : 노조에 대해 어떻게 생각하십니까?

면접자 : 근로자들이 행복하게 일할 수 있다면 회사도 수익을 창출하는 데 더 도움이 될 것이라고 생각합니다. 그러나 과도한 요구나 부당한 파업처럼 자신들의 이익만 생각하는 노조는 올바르지 않다고 생각합니다. 회사와 노조 모두 본래의 존재 목적을 생각하며 서로 존중하는 태도가 필요하다고 생각합니다.

면접관 : 그럼 노조에 가입하실 겁니까?

면접자 : 서로 목적에서 어긋나지 않고 균형적으로 간다면 가입해서 회사와 노동자에게 도움을 주고 싶기도 합니다.

노조에 관해 물어보는 질문은 거의 노조에 가입할 의사가 있는지를 물어보는 경우가 많다. 그리고 압박 질문을 하는 경우도 있으므로 소신껏 자신감 있는 목소리와 눈빛으로 대답한다.

2. 노조에 대한 본인의 생각을 상생의 접점으로 말한다.

노조와 회사는 양쪽 모두 서로의 존재 자체를 부정할 수 없고, 또 필요로 하지만 각자의 이익을 위해 존재하기 때문에 갈등이 생길 수밖에 없는 것이다. 두 집단 모두 본래 존재하는 목적을 상기하고, 최대한 양쪽 모두가 이익이 되는 방향으로 접점을 찾아가야 갈등을 해결할 수 있을 것이다. '두 집단 모두 서로를 위해 존재하므로 갈등이 생기지 않도록 서로 존중하는 태도가 필요하고, 갈등이 생겼을 때 원만하게 해결하는 태도가 필요하다'와 같은 본질적인 이야기에 누가 반대할 수 있겠는가?

면접관 : 노조에 대해 어떻게 생각하십니까?
면접자 : 노조는 직원과 회사를 연결해 주는 다리의 역할을 한다고 생각합니다. 회사가 어려울 땐 회사의 입장에서 대변인이 되어야 하고 노동자가 힘들고 어려울 땐 노동자의 입장에서 대변인의 역할을 해야 한다고 생각합니다. 한쪽으로 치우치지 않고 서로 간의 균형을 맞춘다면 노조는 긍정적이라고 생각합니다.

3. 사례를 통해 논리적으로 접근할 수도 있다.

논리적이고 체계적으로 말을 하려면 사례를 들어서 대답하는 것도 좋다. 노조 또는 회사 입장에 너무 치우치지 않도록 상황에 맞게 적당한 사례를 준비하도록 한다.

면접관 : 노조에 대해 어떻게 생각하십니까?

면접자 : 기업이 경영상의 어려움을 겪을 때 노조도 함께 어려움을 감수하고 뜻을 같이 하는 것이 옳다고 생각합니다. 독일의 한 기업에서는 경제위기가 왔을 때, 노조에서 먼저, 해고 대신 근로자 1명당 인건비가 적어지더라도 노동시간을 줄이면 어떤지를 사측에 제안하고, 사측도 이를 받아들여 함께 위기를 극복했다고 합니다. 기업과 노조가 공동의 목표를 잊지 않는다면 서로 상생할 수 있다고 생각합니다.

비슷한 질문 유형

1. 회사에 입사하면 노조에 가입할 건가요?

2. 최근 이슈가 되고 있는 ○○사의 노조 문제에 대해 어떻게 생각하시나요?

3. 노조에서 부당한 요구를 할 경우, 회사에서는 어떻게 해야 할까요?

4. 노조에 찬성하시나요? 반대하시나요?

회사와 관련된 신문기사를 본 적이 있나요?

요즘 스마트폰을 쓰지 않는 사람은 거의 없다. 하루에 몇 시간씩 스마트폰을 들여다보면서 지내지만, 사실 SNS를 하거나 사진을 찍고, 메시지를 주고받는 것 이외에는 스마트폰을 잘 활용하지 못하는 것 같다. 취업을 준비하고 있다면, 뉴스나 사회적인 이슈에 더욱 관심을 가지고 이런 정보를 평소에 꾸준히 접하는 것이 중요하다. 특히, 면접을 준비하면서 최근 이슈에 관해 관심을 가진다면, 지원하는 직무와 회사에 대해 조금 더 깊이 있는 대답을 할 수 있다. 회사에 대한 관심도를 보고자 하는 질문이지만, 나의 어떤 점과 연결하는가에 따라 지원동기와 포부, 일하고자 하는 산업 분야에 관한 관심, 장기적인 직무 목표 등 다양한 답변을 할 수 있는 질문이므로 나에게 유리하도록 답변을 잘 준비해야 한다.

1. 회사와 나의 접점을 3가지 방법으로 찾아 보자.

면접관 : 회사와 관련된 신문기사를 본 적이 있나요?

면접자 : 네, 본 적이 있습니다.

면접관 : 그럼 어떤 기사를 봤는지 이야기해 보세요.

면접자 : 1) 정보 + 분석 또는 체험 + 결론 및 포부

2) 전략적인 정보 탐색 + 느낀 점 및 포부

3) 최근 이슈 및 업계 동향 + 자신의 의견 + 입사 후 포부

1 정보 + 분석 또는 체험 + 결론 및 포부

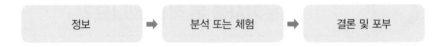

일단 지원하는 회사나 직무에 따라 다르지만 우선 회사가 아닌 소비자가 주 고객인 회사라면 뉴스나 정보를 찾기도 쉽고, 직접 제품이나 서비스의 품질을 체험하고, 비교분석을 해 볼 수도 있다. 따라서 이런 회사에 지원하는 경우라면 앉아서 정보를 찾기보다는 발로 뛰는 적극성으로 차별화된 내용을 준비한다.

▶ **정보**

○○식품이 유튜브 마케팅으로 업계에서 유례없는 매출 1위를 달성하고 있다는 뉴스 기사를 보았습니다. 단순히 제품의 맛을 비교하는 영상이 아니라, 제품의 원료를 직접 산지에서 생산하는 과정부터 완제품을 만들기까지의 과정을 시리즈물로 제작하여 관심을 끌고 있었습니다.

▶ **분석 또는 체험**

저도 그 영상을 보고 제품을 사서 먹어 보았습니다. 제품의 원료가 달라 타사의 제품과 비교했을 때 더 신선함이 느껴졌고, 조금 더 단맛이 강했습니다. 설탕 대신 조청을 첨가해 주요 고객인 젊은 층의 입맛과 건강까지 모두 사로잡을 수 있었다는 생각이 듭니다. 이외에도 10여 가지의 식품을 더 추가로 구매하여 비교분석해 보았는데, ○○제품이 제품의 품질과 맛에 비해 소비자들에게 미미하게 포지셔닝이 되어 있다는 생각이 들었습니다.

▶ **결론 및 포부**

더 매출을 올릴 방법이 없을지 생각해 보았는데 영상마케팅을 통해 소비자들이 몰랐던 정보들을 더 전달할 수 있다면 매출 증가로 이어질 수 있겠다는 생각을 했습니다. 언택트 시대, ○○식품의 마케터로서 광고 기획부터 영상제작, 편집까지 모두 가능한 제가 높은 고객 만족도와 매출을 달성할 수 있도록 노력하겠습니다.

2 전략적인 정보 탐색 + 느낀 점 및 포부

두 번째로 잘 알려지지 않은 기업이나 정보를 얻기 힘든 회사들이 있다. 주로 기업을 고객으로 하는 'B2B기업'이거나, 규모가 작은 기업들이 그 예다. 이런 경우에는 조금 전략적인 방법으로 정보를 찾을 필요가 있고, 끝까지 어떤 정보라도 찾으려는 끈기와 인내력이 필요하다.

그리고 찾은 정보에 본인의 생각과 입사 후 포부를 더하면 훌륭한 답변이 될 수 있다.

💬 전략적인 정보 탐색 방법

1. 회사 홈페이지가 있을 경우
지원 회사에 대해 가장 일반적이고 또 많은 정보를 얻을 수 있는 곳이 바로 홈페이지다. 보통은 홈페이지에 있는 내용 중 자기소개서를 쓰기 위해 비전이나 인재상만을 보고, 나머지 내용은 대충 훑어보는 경우가 많으나, 다음 내용을 한 번 더 검색해 보면 의외로 다양한 뉴스 기사들을 볼 수 있다.

- 회사의 비전이나 경영이념
- 회사의 연혁 중에 '달성' 또는 '최초', '수상' 등 성과와 관련된 연혁
- CEO의 연혁이나 최근 동향

면접에서 자신의 경험을 사례로 들어 이야기하는 것처럼 회사에 관해서 이야기할 때도, 그 회사의 실제 사례를 가지고 이야기하는 것이 좋다. 위 내용을 검색해서 나온 일화 중 내 장점과 연결 지을 수 있는 사례가 있는지 찾아 보자.

2. 회사 홈페이지가 없을 경우

기업의 규모가 크지 않거나, 사업경력이 오래되지 않은 회사라면 홈페이지를 찾기 어려울 수도 있다. 그럴 때는 다음과 같은 내용을 검색해서 정보를 얻어 보자.

- 채용 포털사이트에 제공된 기업 개요 참조
- 회사명, 대표자명, 주요 제품으로 뉴스 검색
- 워크넷 통합기업정보, 중소기업 정보진흥원, 각 지역 상공회의소 등

회사의 규모가 크지 않으면 지원자가 위와 같은 사이트를 통해 정보를 찾아보려고 노력했다는 사실만으로도 면접관은 감동한다. 따라서 어떤 정보라도 최선을 다해 찾아보자.

전략적인 정보 탐색

네. 본 적이 있습니다. 홈페이지에서 '감성 품질'에 대한 회사 비전에 대해 보았고, 이와 관련된 자료를 찾아 보다가 '감성 품질, 고객의 마음까지 사로잡다'라는 제목의 기사를 보게 되었습니다. 거기서 ○○기업의 ○○제품이 소개된 것을 인상적으로 보았습니다. 제품의 품질에는 이상이 없더라도 소비자가 사용할 때 불편함이 따른다면 좋은 품질이 아니라고 보는 것이 '감성 품질'인데, ○○기업에서는 이를 바탕으로 제품을 생산하여 높은 고객 만족도를 창출하고 있다는 내용이었습니다.

느낀 점 및 포부

저는 그 기사를 통해 ○○기업의 철학에 깊은 감동을 받았고, '감성 품질로 고객에게 감동을 전하는 품질관리 전문가'가 되고 싶습니다. ○○기업에서 저의 꿈을 실현할 수 있는 기회가 주어지면 좋겠습니다.

3 최근 이슈 및 업계 동향 + 자신의 의견 + 입사 후 포부

세 번째는 위 두 가지 모두 어려울 때, 최근의 이슈와 그 회사 및 업계의 동향을 함께 이야기하는 방법이다. 그리고 그 속에서 입사 후 자신의 포부 등과 연결 지어 답변할 수 있다.

최근 이슈 및 업계 동향
최근 코로나19로 가구산업분야도 경영환경이 급변하고 있어 관련 뉴스를 유심히 보고 있습니다. 고객들이 집에 머무는 시간이 늘어나면서 분위기를 새롭게, 또 자주 바꾸고자 하고 더불어 더 편안한 가구를 구매하고자 하는 욕구가 늘어 매출이 증가하고 있습니다.

자신의 의견
○○산업은 이에 발맞추어 편의에 따라 디자인 변형이 가능한 소파를 주력으로 생산하고 있어 고객에게 만족을 주고 있다는 기사를 보았습니다. ○○산업이 급변하는 시대에 발 빠르게 대응하여 새로운 도전을 하고 끊임없이 고객 만족을 추구하는 모습을 보고, 반드시 새로운 기회를 잡을 수 있다는 생각이 들었습니다.

입사 후 포부
○○산업에서 저 역시 고객의 니즈를 빠르게 파악하고, 고객에게 만족을 넘어 감동을 이끌어내는 영업사원이 되겠습니다.

2. 항상 뉴스와 기업정보에 관심을 갖자.

요즘은 채용과정도 기업 이미지를 홍보하는 기회로 삼고 SNS 등을 통해 적극적으로 알리는 곳이 적지 않다. 또 청년고용정책의 하나로 기업탐방을 할 기회도 있다. 정보들을 쉽게 접할 수 있도록 SNS에서 관심 기업을 팔로우하거나, 정부 취업포털인 워크넷을 통해 청년고용정책에도 꾸준히 관심을 갖는다. 그리고 어떤 포털사이트는 원하는 언론사의 뉴스를 골라서 볼 수 있도록 제공하기도 한다. 그러므로 평소에 꾸준히 사회적인 이슈에 관심을 가지고 스마트폰에 알림을 설정해 두는 등 정보를 쉽게 접할 수 있도록 한다.

💬 기업정보 사이트

- 워크넷 : www.work.go.kr('통합기업정보'에서 지역별 중소기업 검색 가능)
- 중소기업현황정보시스템 : sminfo.mss.go.kr(전국 중소기업 정보 열람 가능)
- 기업전자공시 시스템(DART) : dart.fss.or.kr(기업의 재무제표 열람 가능)

[뉴스 및 트렌드 검색]

- 빅카인즈 : www.bigkinds.or.kr(빅데이터로 뉴스 검색)
- 구글트렌드 : trends.google.com(전세계 사용자의 검색 동향)

1. 최근에 본 뉴스는 무엇인가요?

2. 하루가 다르게 기술이 발전하고 시대가 달라지고 있는데, 향후 우리 기업이 나아가야 할 방향은?

3. ○○업계의 가장 큰 이슈가 뭔지 아나요? 그럼 우리 회사는 앞으로 어떻게 해야 할까요?

4. 최근 본 뉴스 기사와 우리 회사를 연관 지어 이야기해 보세요.

5. 최근 경쟁사에서 출시된 ○○제품에 대해 어떻게 생각하나요?

우리 회사는 정규직 전 3개월간의 인턴 기간이 있는데 괜찮나요?

급변하는 경영상황으로 최근 기업에서는 공채보다는 수시채용이나 상시채용의 비율을 늘리는 추세다(수시채용은 추가 인력 수요가 있을 때마다 채용하는 방식, 상시채용은 인력풀을 만들어 그 안에서 채용하는 방식). 그리고 비정규직에서 정규직으로 전환하는 제도와 인턴 기간을 거쳐 정규직으로 전환되는 제도가 많아지는 추세. 정규직으로 취업을 원해도 기회가 없는 경우도 많다. 그러므로 회사의 구인정책에 맞게 선택하여 준비해야 하는 경우도 있다.

인턴에는 '체험형 인턴'과 '채용형(또는 채용전제형, 채용확정형) 인턴'이 있는데, '체험형 인턴'은 말 그대로 일을 체험해보는 형태로 공기업이나 공공기관에서 많이 시행하고 있다. 인턴 후에 그 기관 또는 때에 따라 다른 공기업, 공공기관에 지원할 경우 가산점을 부여한다. '채용형(또는 채용전제형, 채용확정형) 인턴'의 경우 중견기업에서 주로 시행하는 인턴으로 인턴 기간이 끝나면 업무 평가 결과에 따라 채용한다는 전제로 선발하는 인턴을 말한다. 취업 목표에 따라 유용하게 인턴제도를 잘 활용할 필요가 있다.

1. 인턴의 개념을 알면 답변이 쉬워진다.

인턴은 회사나 기관 따위의 정식 구성원이 되기에 앞서 훈련을 받는 사람, 또는 그 과정을 말한다. 즉, 인턴은 회사나 공공기관에서 정식 직원이 되기 위한 훈련과정을 거치는 준비단계이다. 회사에선 이 면접자가 일을 잘할 수 있는 인재인지, 회사생활에 적응을 잘할 수 있는 인재인지, 인간관계에서도 문제없이 지낼 수 있는 인재인지 등 여러 가지 다면적으로 평가하는 것이 인턴이기도 하다.

개념(인정)	➡	과정	➡	마음가짐

> 면접관 : 우리 회사는 바로 정규직이 아닌 3개월간 인턴 기간이 있다. 인턴 기간이 끝나면 정규직 시험을 봐야 하는데 어찌 생각하는가?
>
> 면접자 : 저에게 인턴은 배움의 시기이자, 회사에는 실전투입을 위한 평가와 검증의 시기로 인턴 기간은 모두에게 필요하다고 생각합니다.
> → 개념(인정)
>
> 저 역시도 인턴 기간을 통해 능력을 쌓고 실무를 익혀야만 현장에서 실수를 줄일 수 있고, 회사에서도 저의 능력을 평가해야만 정식 직원으로서 저를 믿고 일을 맡길 수 있을 거라고 생각합니다.
> → 과정
>
> 인턴 기간 동안 최선을 다해 열심히 노력해 인정받을 수 있도록 하겠습니다.
> → 마음가짐

2. 면접자가 어떤 사람인지 궁금하게 만들자.

면접시간은 길지 않다. 그렇기 때문에 나에 대해 답할 기회가 많지 않을 수 있고 나에 관해 설명하고 싶어도 기회조차 안 오는 경우도 있다. 그러므로 이런 질문에서는 다음 질문이 나오게끔 만들어 본인을 어필하는 것도 방법이다.

면접관 : 우리 회사는 바로 정규직이 아닌 3개월간 인턴 기간이 있다. 인턴 기간이 끝나면 정규직 시험을 봐야 하는데 어찌 생각하는가?

면접자 : 회사에선 제가 어떤 사람인지 모른다고 생각합니다.
3개월 동안 저의 일하는 모습을 보고 평가해야 한다고 생각합니다.
인턴 기간 동안 제가 어떤 인재인지 꼭 보여 드리겠습니다.

면접관 : 1) 그럼 본인은 어떤 인재인지 말해 보실래요?
2) 인턴 기간 동안 어떻게 일하실건지 말해 보실래요?
3) 인턴 기간 동안 어떤 모습을 보여줄 건가요?

어떤 질문이 다음에 나올진 모르지만 비슷한 유형으로 나올 가능성이 크다. 그러므로 다음에 나올 추가 질문을 예상하고 답변을 미리 준비한다면 면접에서 유리한 기회를 만들 수 있을 것이다.

비슷한 질문 유형

1. 인턴과 정규직의 차이점에 대해 말해 보세요.

2. 우리 회사는 바로 정규직이 되는 것이 아니라 수습 기간(인턴 기간)이 있는데 괜찮나요?

3. 인턴 경험이 있나요?

4. 서류를 보니 ○○회사에서 인턴을 하셨는데 어땠나요? (느낀 점 및 배운 점)

5. 과거에 인턴을 했던 기업에 왜 입사하지 않았나요?

6. 인턴이 끝난 후, 다른 지원자는 모두 채용되고 본인만 채용되지 않으면 어떻게 할 건가요?

혹시 다른 회사에도 지원하셨나요?

현재 우리는 취업준비생이다. 취업을 준비하는 사람이면 당연히 다른 회사에도 지원해야 하는 게 정상이다. 간혹 면접에서 "다른 데 지원하셨나요?"라고 물어본다면 대부분 당황한다. 왜 이런 질문을 하는지 그 의도에 대해 곰곰이 생각해 볼 필요가 있다.

채용공고를 보고 서류를 작성해서 제출하고 합격해 면접에 오기까지 면접자로서는 아주 힘든 과정이었지만, 사실 그 과정은 회사도 마찬가지다. 그리고 막상 최종합격까지 하였는데 취업을 포기하는 경우도 의외로 많다. 면접자의 입장에서는 여러 곳에 지원해서 여러 곳에 합격했다면 그중 자신의 기준에서 가장 좋은 회사를 선택하는 것이 맞다. 그러나 인재를 뽑기 위해 시간과 비용을 들인 회사로서는 애써서 뽑은 합격자가 취업 포기를 하는 것은 손해이므로, 이런 질문을 통해 면접자의 자세를 보려고 한다.

1. 큰 회사일수록 물어보지 않는다.

면접자는 당연히 좋은 회사에 가고 싶다. 이때 좋은 회사란 많은 사람이 선호하는 대기업, 중견기업, 공기업, 공무원일 수도 있고, 본인이 원하는 직무에서 평판이 좋은 기업일 수도 있다. 보통 자신의 스펙에 맞게 지원 기업을 정하고 취업 준비를 하지만, 합격을 낙관하기 힘들더라도 대기업, 공기업 도전을 함께 하는 경우도 많다. 도전에서 끝나는 것이 아니라 생각지도 못하게 서류에 통과

하고 최종합격까지 한 주변 사람의 이야기를 들어 본 적도 있을 것이다.

많은 취업준비생의 우선순위에 해당하는 '좋은 회사'에서는 "다른 회사에도 지원했나요?"와 같은 질문을 하지 않을 가능성이 높다. 이런 기업은 인재에 대해 조급하게 생각하지 않는다. 하지만 중소기업 같은 경우 최종합격이 된 지원자가 오지 않는 경우가 종종 있기 때문에 충분히 물어볼 가능성이 있다고 본다. 특히 면접자의 스펙이 높을 때 규모가 큰 기업, 당사보다 인지도가 있는 회사 등 다수의 기업에 지원했을 경우 발생할 수 있는 문제를 고려하여 이 질문을 던지고, 지원자의 지원동기나 태도를 파악하고자 할 가능성이 크다. 스펙이 높다고 본인 정도면 중소기업에는 꼭 붙을 거라는 안일한 생각을 하고 면접에 임했다가는 예상치 못한 이런 질문에 사실대로 말해야 하나, 거짓말로 둘러대야 하나 당황할 수 있다. 미리 이런 상황을 대비하고, 결국 어떤 면접 자리든 진심으로 임하는 게 중요하다.

2. 취업준비생은 취업 준비하는 게 정상이다.

사실 어느 취업준비생이 한 곳만 바라보고 취업 준비를 하겠는가? 기업들도 채용하는 시기들이 비슷한 경우가 많으므로 같은 직무와 산업 분야 안에서 여러 기업에 지원하기도 하고 간혹 공기업과 사기업을 함께 준비하는 경우도 있다. 입사 지원은 최종합격을 할 때까지는 계속하는 것이 당연하므로 자신의 상황에 대해 인정을 하고 합리적으로 말을 하는 게 오히려 설득력이 있을 수 있다.

면접관 : 혹시 다른 회사에도 지원하셨나요?

면접자 : 제가 취업준비생이다 보니 다른 회사도 준비했습니다.

→ 입장설명(인정)

하지만 ○○회사의 서류합격 통보를 받고 합격을 위해 정말 철저하게 준비했습니다.

→ 상황설명

○○회사에 꼭 합격하고 싶습니다. 만약 떨어지면 어쩔 수 없이 다른 회사에 또 지원해야 하겠지만, 지금은 면접에서 꼭 합격하고 싶습니다.

→ 가치관

이렇게 대답을 한다고 해서 큰 문제가 있는 건 아니다. 솔직한 본인의 입장을 전달하고, 진지하게 면접에 임하는 모습을 보인다면 이 대답은 충분히 믿음과 신뢰를 전달할 수 있는 대답이 된다.

3. 때론 솔직하게 대화식으로 푸는 것도 좋다.

면접관도 안다. 취업준비생이 당연히 다른 곳에 지원했다는 것을. 그러므로 때론 진솔하게 말하면 대화의 방향과 분위기가 바뀔 수 있다. 다음과 같은 내용을 아주 진지한 목소리와 눈빛으로 이야기한다면 대화가 계속 연결이 될 수 있다. 만약 눈빛, 목소리, 표정에 자신감이 없으면 중간에 대답이 끊길 수 있으니 주의해야 할 필요가 있다.

면접관 : 혹시 다른 회사에도 지원하셨나요?

면접자 : 제가 취업준비생이다 보니 다른 회사도 지원했습니다.

면접관 : 어느 회사에 지원했나요?

면접자 : ○○에 지원했습니다.

면접관 : 아, 그래요. 그럼 만약 두 군데 다 붙으면 어디를 갈 것인가요?

면접자 : 당연히 지원한 △△입니다.

면접관 : 왜요? ○○도 좋은 회사인데.

면접자 : 현재 제가 취업준비생이다 보니 다른 회사 역시 지원해야 했습니다. 하지만 제가 목표한 회사는 △△입니다. 만약 저에게 기회가 주어진다면 최선의 노력으로 최고의 결과를 보여 드리고 싶습니다.

비슷한 질문 유형

1. 많은 회사 중에 왜 우리 회사에 지원했나요?

2. 다른 회사 어디에 지원하셨나요?

3. 지원한 회사 중에 어떤 회사에 가고 싶으세요?

4. 우리와 경쟁업체인 ○○○에도 지원하셨나요?

03
면접의 핵심,
직무에 대해 꼭 알고 가야 한다

면접의 최종 목표는 '취업'이다. 면접에 합격하고 나면 출근해서 '일'을 하게 된다는 말이다. 결국 '내가 하게 될 일', 즉 지원하는 '직무'에 대해 잘 아는 것이 면접의 핵심이다. 따라서 직무와 관련된 질문은 반드시 나오고, 직무와 관련된 질문에 잘 답한다면 업무습득이 빠르고 일을 잘할 수 있을 거라는 평가를 받아 합격에 좀 더 가까이 다가가게 된다.

* 취업의 기본은 직무에서 시작된다.

* 직무에 대한 질문은 연결 질문으로 나오는 경우가 많다.

1. 지원한 직무가 무엇인지? 그 직무가 무엇을 하는지 아시나요?

2. 입사하면 본인이 하고 싶은 일은?

3. 지원한 직무를 잘 수행하려면 어떤 자질이 필요한가요?

4. 공직자로서 직무를 잘 수행하려면 어떤 자질이 필요한가요?

5. 다른 직무도 잘할 것 같은데 왜 이 직무를 선택했는가?

6. 지원한 직무에 부족한 역량이 무엇인가?

7. 직무에서 필요한 지식을 알고 있나요? (전문지식, 제도, 신문기사, 정책 등)

일에 대한 즐거움은 일의 완벽을 가져온다.

– 아리스토텔레스 –

취업의 기본은 직무에서 시작된다.

원하는 회사에 근무하고 싶다면 자기가 지원한 직무를 알고 가야 한다. 회사마다 다양한 직무들이 존재한다. 기본적으로 회사의 이름과 종류도 중요하지만, 그 안에 존재하는 직무를 보고 취업원서를 쓰고 준비하게 된다. 지원자가 '지원한 직무에 대해 제대로 알고 왔는가'는 회사에서 알고자 하는 가장 기본적인 사항이다.

직무(職務) : 직책이나 직업상에서 책임을 지고 담당하여 맡은 사무

면접 질문 중에서 직무에 관련된 질문이 분명 있다. 면접자는 당연히 지원한 직무에 대해 미리 알고 준비해야 한다. 아무리 급하게 면접을 준비한다 해도 직무 관련 면접 질문은 꼭 알고 준비해야 면접관에게 좋은 인상을 줄 수 있다.

> - 지원한 직무가 무엇인가요?
> - 지원한 직무가 어떤 일을 하는지 아시나요?
> - 지원한 직무에 필요한 자질은?
> - 지원한 직무에서 가장 하고 싶은 일은?
> - 지원한 직무에 관련된 일이 아닌 다른 업무도 같이 병행을 시킨다면?
> - 지원한 직무에 어떤 마음가짐으로 임할 것인지? (입사 후 어떤 마음가짐으로 임할 것인지?)
> - 지원한 직무가 본인하고 안 맞는 것 같은데?
> - 왜 이 직무를 선택하였는가?

직무에 관련된 질문은 이것 말고도 면접자의 이력서에 따라 다양한 형태로 진행된다. 과거에 비해 직무와 관련된 질문이 빈번하기 때문에 이런 질문들은 하나

하나 짚어보고, 자기에게 나올 만한 질문을 유추해서 준비해야 막히지 않는다.

특히 면접 질문 중에는 1) 꼭 알아야 하는 질문, 2) 대답을 못 하면 떨어질 가능성이 있는 질문, 3) 잘 대답하면 합격에 가까워지는 질문들이 있다. 직무 관련 질문이 그런 질문 중 하나이므로 철저하게 준비해야 한다.

직무에 대한 질문은 연결 질문으로 나오는 경우가 많다.

직무 관련 질문은 하나의 질문으로 끝나기도 하지만 연결 질문으로 나오는 경우가 많다. 사전에 같이 이어질 연결 질문이 무엇인지, 어떻게 말을 해야 하는지 시나리오를 미리 생각하고 답변을 준비한다면 한결 가볍게 말할 수 있을 것이다. 직무에 관련된 질문은 면접에서 대답을 잘하면 합격 가능성을 높일 뿐아니라 면접의 흐름까지 좋게 만들기 때문에 필수적으로 연습해 두는 것이 좋다.

그리고 질문을 끝까지 들어야지 뒤에 나오는 연결 질문에 대해 제대로 답할 수있다. 준비를 한 질문이다 보니 순간 면접관 질문 중간에 대답부터 하기도 한다. 그리고 심리적으로 면접자는 질문을 받다 보면 하나의 질문에만 집중해서 생각하다가 뒤에 연결되는 질문에 대해 순간 당황하여 뒤에 나온 질문이 무엇인지 생각이 안 나 "면접관님 무슨 질문을 하셨나요?"라고 면접관에게 되물어보는 경우도 있다. 면접자는 끝까지 면접관의 이야기를 듣는 훈련도 필요하다. 끝까지 제대로 들어야지 면접관의 의도에 맞게 대답을 할 수 있다.

- 하나의 질문
- 하나의 질문 + 하나의 질문
- 하나의 질문 + 하나의 질문 + 하나의 질문

- 지원한 직무가 무엇인지? + 구체적으로 어떤 일을 하는지?
- 지원한 직무가 무엇이며 + 그 직무에 가지고 있는 자질은?
- 지원한 직무가 무엇이며 + 구체적으로 어떤 일을 하는지? + 그리고 필요한 자질은 어떤 것이 있는지?
- 지원한 직무가 무엇이며 + 본인이 하고 싶은 일은?
- 지원한 직무가 무엇인지? + 그리고 일을 해 본 경험이 있는지?
- 지원한 직무에 가지고 있는 역량이 무엇이며 + 부족한 역량이 무엇인지?
- 지원한 직무가 무슨 일을 하는지? + 어떤 기여할 수 있는 부분이 있는지?
- 지원한 직무에 대해 아는 만큼 말하고 + 10년 후 본인의 모습은?

지원한 직무가 무엇인지?
그 직무가 무엇을 하는지 아시나요?

회사 및 공공기관에 지원할 때는 직무를 보고 지원한다. 내가 할 수 있는 일인지, 내가 준비가 많이 된 일인지, 지원한 직무가 어떤 일을 하는지 면접자는 알아야 한다. 직무는 '분업하여 맡은 일'을 말하며, 회사의 '부서'라고 생각하면 된다. 직무는 다양한 기준에서 분류할 수 있는데 회사의 규모에 따라서도 달라질 수 있다. 사무직에 속하는 직무로는 재무, 총무, 인사, 구매 등이 있으며 기술직이나 연구직에는 연구개발, 생산관리 등이 있다. 직무마다 해야 하는 업무에는 차이가 있으며, 본인이 지원한 직무가 무엇인지, 어떤 일을 주로 하는지 생각해 봐야 한다.

"자신이 지원하는 직무의 개념에 대해 간단명료하게 말하라"

아무리 면접 공부를 하여도 현장에서 직접 일을 안 해 보면 제대로 알 수가 없다. 그러므로 본인이 공부한 만큼 말하는 것이 좋다. 너무 아는 척을 많이 해서 면접관이 "그 업무는 우리 기관에서 안 하는데?"라고 되묻는 경우도 있다. 면접자는 순간 당황하게 되고, 면접 보는 내내 제대로 실력을 발휘하지 못하기도 한다.

✅ 단답형 답변 예시

면접관 : 지원한 직무가 무엇인가요?

면접자 : 시설관리입니다.

면접관 : 그 직무가 무슨 일을 하는지 아시나요?

면접자 : 기계 재난 안전으로써 석유화학산업 시설을 유지관리하고 이용자
의 편의와 안전을 높이는 업무를 수행한다고 알고 있습니다.

✅ 서술형 답변 예시

면접관 : 지원한 직무가 무엇인가요?

면접자 : 제가 지원한 직무는 시설관리입니다. 시설관리는 기계 재난 안전
으로써 ○○회사는 시설을 유지관리하고 이용자의 편의와 안전을
높이는 업무를 수행한다고 알고 있습니다.

이 두 가지 예가 가장 자연스럽고 대답의 분량도 적당할 수 있다. 그리고 면접
자 또한 말하기에 불편함이 없을 것이다. 많이 안다고 좋은 것은 아니다. 자기
가 하게 될 일만 제대로 정확하게 말하는 것이 더 좋을 수 있다. 단답형 질문으
로 순서 있게 대답하는 것도 좋지만 면접 질문의 순서는 어느 면접자도 단정을
지어서는 안 된다. 때론 한번에 서술형 답변으로 면접자의 생각을 다 얘기하는
것도 좋으며 면접시간이 짧은 상황에선 면접 질문을 줄이는 방법이기도 하다.

입사하면 본인이 하고 싶은 일은?

이 질문에는 본질적인 세 가지의 의도가 있다.

1) 자기가 지원한 직무를 제대로 알고 있는가?
2) 해당 직무에서 본인이 하고 싶은 일이 있는가?
3) 해당 직무에 대한 목표와 방향이 있는가?

사전에 지원한 회사가 어떤 방향성을 가지고 나아가려고 하는지 미리 알고 준비를 한다면 좋은 답변을 할 수 있을 것이다. 그리고 이 질문은 '입사 후 포부, 마음가짐, 각오'와도 연결될 수 있다.

• 지원한 직무가 무엇인지 → 본인이 하고 싶은 일
• 지원한 직무가 무엇인지 → 본인이 하고 싶은 일 → 마음가짐
• 지원한 직무가 무엇인지 → 본인이 하고 싶은 일 → 포부

면접관 : 본인이 하고 싶은 일은?

면접자 : 저는 3대 명품 브랜드 입점과 뷰티 신규 브랜드 발굴을 통해 뷰티 산업에 능동적으로 대처하는 ○○백화점 면세점의 MD가 되고자 합니다. 올해 상반기 면세점 화장품 매출의 약 77%가 중국인 매출이며 2025년까지 중국 명품 소비 성장율이 44%에 육박한다는 기사를 보았습니다. 새로운 브랜드를 런칭하여 ○○백화점의 실적을 올리고 싶습니다. 그래서 다국적 신규 고객층 확보 및 20% 매출 향상, 왕홍 마케팅을 활용한 중국인 팔로워 100,000명 확보 기여라는 저만의 목표를 달성하고자 합니다. 이러한 '특별한 베네핏'으로 내년 ○○백화점 DF 매출 1조 달성의 1%는 제가 해내겠습니다.

면접관 : 본인이 하고 싶은 일은?

면접자 : 사회복지 업무는 국민기초생활보장 수급자 등 사회복지 대상을 선정하고 발굴해내 그들에게 공적 부조와 복지서비스를 제공하는 업무입니다. 수급자 등을 선정해 필요한 급여 등을 지급하고, 각종 사회복지 사업들을 기획하고 실행하며, 자활이 가능한 수급자에겐 일자리를 연결해 주며 지역 내 사회복지관과 협력을 하는 등 다양한 일을 합니다. 제가 해 보고 싶은 일은 노인복지 관련 업무입니다. 제가 봉사활동 경험이 많지는 않지만 잘 들어 주고 공감해 주는 제 장점을 가장 활용할 수 있는 곳이 노인복지 쪽이라고 생각합니다. 그리고 요양원이나 노인정 같은 데서 봉사활동을 하면서 우리나라엔 정말 힘들고 외로운 처지에 있는 어르신들이 많다는 것을 느꼈고, 또 나중에 저도 나이가 들 것이기 때문에 미래의 저를 위해서라도 우리나라 노인복지의 발전을 위해서 더욱더 열심히 일해 보고 싶습니다.

> 면접관 : 본인이 하고 싶은 일은?
>
> 면접자 : 저는 ○○회사의 성장과 함께 해외 영업 전문가로 무한하게 성장하고 싶습니다. 최근 ○○회사는 중국 저가 제품과 같은 수입재의 증가로 치열한 경쟁 속에서도 계속된 도전과 혁신을 통해 경쟁력을 키우고 있는 STS후판 제조업체입니다. 가공부터 절단까지 고객 요구에 입각한 제품을 개발 및 생산하고, 포스코와의 QSS 활동을 통한 설비 기술 공유 시스템 구축은 성장비결 중 하나라고 생각하며, 이는 해외영업 사원들이 영업의 시너지를 낼 수 있는 근무환경이라고 생각했습니다. 또한, ○○회사는 인재육성 시스템이 잘 되어 있다고 알고 있기 때문에 그런 환경 속에서 인재로 거듭나 ○○회사의 미래성장을 이끌 수 있는 원동력이 되고자 합니다.

이 세 가지 유형을 참고하여 준비해 본다면 쉽게 답변을 만들 수 있을 것이다. 그리고 "본인이 하고 싶은 일을 안 시키면 어떻게 할 것인가?"라는 추가 질문에도 대비하는 것이 좋다.

> 면접관 : 본인이 하고 싶은 일을 안 시키면 어떻게 할 것인가?
>
> 면접자 : 제가 하고 싶은 일을 하면 얼마나 좋겠습니까? 하지만 직장이란 곳은 제가 하고 싶은 일만 하는 게 아니라 다양한 일을 해야 하고, 할 수 있어야 한다고 생각합니다. 배우는 자세로 열심히 하다 보면(좋은 경험이라 생각하고 배우다 보면) 자연스럽게 제가 하고 싶은 일을 할 수 있을 것입니다.

지원한 직무를 잘 수행하려면 어떤 자질이 필요한가요?

모든 기업과 모든 직무가 가져야 하는 자질은 같을까? 그것은 아니다. 직무에 따라 자질을 본다면 마케팅에서 요구하는 자질과 IT직무에서 요구하는 자질은 차이가 있다. 그뿐만 아니라 영업, 홍보, 인사, 재무, 생산품질, 연구개발 직무에서도 가져야 하는 자질은 차이가 있고, 면접자는 기본적으로 알고 가야 한다.

1. 기업과 직무에 따라 자질은 차이가 있다.

기업은 자본주의 사회에서 가장 전형적인 기업 형태로, 지극히 이익 창출을 위해 일하는 곳이다. 이러한 기업의 직무를 잡코리아가 선정한 8대 직무로 구분해 보자면 마케팅, 영업, 인사, 홍보, IT · SW, 재무 · 회계, 생산 · 품질관리, 연구개발(R&D)이다.

1 마케팅

잡코리아(좋은일연구소)에서 말하길 마케터의 핵심 키워드로 '분석력'을 뽑았다. 관찰력과 연구조사능력, 데이터 및 통계 분석 능력 등 분석력은 소비자의 니즈를 파악하는 데 있어 매우 중요할 뿐 아니라 최근 트렌드와 브랜드, 아이템에 대한 SWOT 분석, 아이디어를 도출하는 데 있어 분석력을 중요하게 보고 있다. 이외에도 창의력, 전략적 사고, 의사소통능력을 핵심 자질로 보고 있다.

2 영업

영업직은 '대인관계능력'에 대해 말하는데 대인관계능력은 크게 보면 친근한 인상, 자신감 있는 목소리 등을 말하기도 한다. 그리고 신규 시장 개척 능력, 영업맨의 특성상 전략적 사고와 마케팅 감각, 추진력 또한 중요한 자질로 보고 있다.

3 인사

인사직에서 성공하려면 친화력, 대인관계능력, 중재자 역할 등 '의사소통능력'을 가장 크게 보고 있다. 기업과 직원을 연계하는 가교역할을 담당하기에 업무 특성상 양쪽의 입장을 균형 있게 유지하도록 하는 의사소통능력은 필수로 작용한다. 그리고 유연성, 창의력, 전략적 사고와 논리적 사고 역시 인사직에서 중요한 역량으로 보고 있다.

4 홍보

'커뮤니케이션능력'은 홍보직의 능력을 알아보는 중요한 역량이다. 대외 언론 홍보와 SNS채널 운영, 사내커뮤니케이션 업무를 주로 하기에 상대방을 설득할 수 있는 논리력과 주위 사람들과의 유대관계능력, 대인관계능력을 가장 중요한 역량으로 보고 있으며 창의력, 아이디어의 기본이 되는 자료분석능력, 작문능력, 상황판단력, 위기관리능력 또한 중요한 자질로 생각한다.

5 IT · SW

전공이나 스펙보다는 진짜 실력을 가장 중요하게 여기는 특징이 있다. 대부분 기업에서 IT·SW직을 선발할 때는 어느 정도 현장에 바로 활용할 수 있는 실력을 갖췄는지를 보는 경우가 많다. 프로그래밍 언어, 하드웨어 및 소프트웨어

지식 등 실무에서 바로 쓰일 수 있는 실력이 가장 기본이고, 협업하는 팀워크 능력을 중요하게 본다.

6 재무 · 회계

회계에서부터 재무, 세무, 세법에 이르는 직무관련 지식을 필수 역량으로 한다. 재무 · 회계직은 직무지식과 더불어 자금을 다루는 직무 특성상 꼼꼼함과 세심함 등의 지원자의 품성에서 비롯된 도덕성을 매우 중요한 역량으로 보고 있다.

7 생산 · 품질관리

생산 · 품질관리는 생산관리와 공정관리로 크게 나뉜다. 제품에 대한 이해와 분석을 바탕으로 문제해결능력, 개선의지, 지속적인 추진력을 가장 중요하게 본다. 그리고 QC(Quality Control)나 RA(Regulatory Affairs)의 경우 외국인과 온오프라인 영어로 소통이 가능해야 하는 경우도 있다. 직무 특성상 회사 사업 분야 및 직무에 대해 이해, 공정 및 품질 요소, 기술 및 용어에 대한 전문성 또한 매우 중요한 역량으로 본다.

8 연구개발(R&D)

연구개발은 신제품 개발과 기존 제품 및 서비스의 향상을 위한 일이기에 전문지식이 어느 분야보다 중요하게 작용한다. 연구개발에서는 분석력, 통합적 이해력, 목표지향성, 유연한 사고, 문제해결력 등이 주요 역량이고, 자기가 경험한 에피소드 역시 중요하게 작용하는 자질이자 역량으로 볼 수 있다.

2. 남들과 다른 자질을 말하는 순간 면접관의 호기심을 자극한다.

자질과 역량 같은 경우 개인의 강점이기도 하다. 장점과 강점은 다르다. 장점은 '남들이 긍정적으로 봐주는 것'이지만, 강점은 '남들보다 특별하게 잘하는 것'을 말한다. 따라서 차별화된 강점을 말하는 게 가장 중요하다.

"현장에 강한 책임감", "센스 있는 일처리", "경험으로 비롯된 기획력", "먼저 다가가는 자세", "20년간 키워온 체력" 등 면접관이 들었을 때 순간 면접자를 보는 호기심이 발생하게 만드는 것도 좋을 수 있다. 그리고 차별화된 강점을 얘기해도 뒤에 논리적이고 설득력 있게 내용을 전개하지 못하면 단지 말장난처럼 느껴질 수 있으니 이점에 유의해야 한다.

3. 2~3가지 정도의 자질을 생각해 보는 것이 좋다.

간혹 한 가지 자질만 이야기하다 면접관이 '다른 자질은 필요한 게 없나요?'라고 물어보는 경우가 있다. 그러므로 사전에 2~3가지 정도의 자질을 말하는 게 가장 이상적이다. 하나만 말하면 설득력이 떨어지고 하나의 자질로 직무와 적합하다고 이야기하기엔 어려움이 있다.

제가 지원한 직무는 상품소싱 및 운영관리 능력이 필요한 직무입니다. 따라서 MD로서 가져야 할 자질은 다음과 같습니다.

첫째, 차별화된 컨셉 기획력입니다. 사람들이 무엇을 원하는지, 무엇에 열광하는지, 내부적으로는 면세협회 온라인 뉴스를 통해, 외부적으로는 타면세점 방문 및 신제품 테스트 등을 통해 니즈를 신속히 캐치해 나가는 트렌드에 대한 공부가 선행되어야 한다고 생각합니다. 그것이 MD의 최우선 과제라고 생각하며 저 역시 시내 면세점 ×곳과 인천공항 면세점 ×곳을 직접 방문하여 시장조사를 실시하기도 하였습니다.

둘째, 원어민 수준의 외국어 능력입니다. 이는 브랜드 유치 협상을 위한 해외 업체와의 신속한 소통에 필수적 자질이라 생각합니다. 그래서 저는 중국어를 전공하고 5년간의 중국유학 및 직장 생활을 통해 누구에게도 뒤처지지 않는 원어민 수준의 중국어 실력을 연마해 왔습니다.

저는 직무에 필요한 기본을 갖추고 있기 때문에 ○○○의 해외영업 사원으로서 부합한다고 생각합니다.

첫 번째, 문제해결능력입니다. 제품출고관리, 오더수주관리 등 다양한 해외영업 업무를 하다 보면 예기치 못한 이슈가 발생할 수 있다고 생각합니다. 특히 그 이슈가 조그마한 것도 있지만 납기가 지연될 수 있는 상황이 발생할 수 있습니다. 그럴 때 이 문제를 완벽히 해결할 순 없더라도 더 나은 방향으로 이끌 수 있는 문제해결능력이 필요하다고 생각합니다.

두 번째, 리더십입니다. 해외영업 직무는 타부서와의 교류가 많은 직무라고 생각합니다. 고객의 니즈에 맞는 제품을 개발하고 찾기 위해서는 개발팀, 생산팀 등 타부서와의 끊임없는 교류가 필요하므로 업무를 리드할 수 있는 리더십은 필수적인 능력이라고 생각합니다.

세 번째, 분석력입니다. 매출 변화에 따라 영업전략을 수립하기 위해서는 지속적으로 데이터를 추출하고 가공하는 능력은 물론 그 수치들을 분석하려는 시도가 필요합니다. 매출 수치에 대한 공부를 통해 바이어와 협상 시 더 효율적인 결과를 만들 수 있다고 생각하기 때문에 끊임없는 공부가 필요하다고 생각합니다.

공직자로서 직무를 잘 수행하려면 어떤 자질이 필요한가요?

공직에 근무하는 사람은 일반 기업과 분명 차이가 있다는 것을 명심해야 한다. 공직자는 쉽게 말해 국가와 국민을 위해 일하는 것이다. 정확하게 말하자면 국가 또는 지방자치단체의 직무를 담당하고 수행하는 사람을 말하며 공무원들은 지켜야 할 의무와 헌장이 있다.

1. 공무원은 6대 의무와 헌장 숙지가 기본이다.

공무원이 가져야 하는 6대 의무는 기본적인 자질이자 중요한 의미를 담고 있다. 6대 의무를 인용해 말하면 크게 문제가 없다. 공무원에 대한 기본적인 개념을 알고, 적절하게 인용해서 말하면 크게 문제없는 답변이 나온다.

1 공무원 6대 의무

1. **청렴의 의무**

   공무원은 직무와 관련해 직간접적인 사례와 증여 등 물질적인 부분에 대해 보상을 받을 수 없습니다. 또한 소속 상관으로부터 증여/사례도 받아서는 안 됩니다.

2. **비밀엄수 의무**

   공무원은 재직 중 혹은 퇴직 후에 직무를 하며 알게 되었던 모든 정보에 대한 비밀을 지켜야 합니다.

3. 성실의 의무

공무원은 공무 수행 시 법령준수하에 자신에게 주어진 일을 성실하게 수행해야 합니다.

4. 복종의 의무

공무원은 소속 상관의 직무상 명령에 대해 복종해야 합니다.

5. 품위유지의 의무

품위유지의 의무는 단순한 이미지 관리를 이야기하는 것이 아닙니다. 공무원은 공무원에 대한 품위, 정체성을 지켜야 하며 품위를 손상하는 일을 하면 안 됩니다.

6. 친절공정의 의무

공무원은 국민과 소속된 주민들에게 봉사하기 위한 마음으로 채용된 것이기 때문에 친절하고 공정한 업무가 항상 진행되어야 합니다.

2 공무원 헌장

우리는 자랑스러운 대한민국 공무원이다.
우리는 헌법이 지향하는 가치를 실현하고 국가에 헌신하고 국민에 봉사한다.
우리는 국민의 안녕과 행복을 추구하고 조국의 평화 통일과 지속 가능한 발전에 기여한다.

이에 굳은 각오와 다짐으로 다음을 실천한다.

하나. 공익을 우선시하며 투명하고 공정하게 맡은 바 책임을 다한다.
하나. 창의성과 전문성을 바탕으로 업무를 적극적으로 수행한다.
하나. 우리 사회의 다양성을 존중하고 국민과 함께하는 민주 행정을 구현한다.
하나. 청렴을 생활화하고 규범과 건전한 상식에 따라 행동한다.

공무원 6대 의무와 공무원 헌장을 보면 비슷한 부분을 강조하고 있다는 것을 알 수 있다. 그리고 공무원은 또 다른 말로 공직자라고 표현하기도 한다. 공직자는 다양한 형태가 있다. 경찰과 소방관 같은 경우 체력을 중요시하므로 "강인한 체력"에 대해 생각해 보는 것도 좋다. 경찰과 소방관을 서비스직이라고 생각하는 지원자가 있을 수 있는데 현장에 있는 분들께 물어보면 서비스직이라는 말을 불편하게 생각하는 경우가 있으니 이점도 유념한다. 공직자는 청렴, 친절, 의사소통능력, 성실 같은 자질과 역량이 가장 무난하다.

미래 공무원이 가져야 할 덕목은 책임감이라고 생각합니다. 공무원은 공익을 위해 봉사하는 사람이기 때문에 맡은 업무를 미루거나 자신의 편의대로 처리한다면 시민들 더 나아가 사회에 해를 끼칠 수 있습니다. 따라서 저는 공익을 위해 일하는 공무원에게는 맡은 업무를 관례에 따라 끝까지 수행하는 책임감이 필요하다고 생각합니다.

공무원이 가져야 하는 자질은 주어진 업무에 대한 사명감이라고 생각합니다. 어떤 일이든 그 일에 대한 책임이 뒤따른다고 생각합니다. 공무원이 하는 일에는 국가와 국민에 대한 책임이 뒤따르고 매 순간 사명감이 없으면 안 된다고 생각합니다. 국민에게 도움이 필요한 상황에서 공무원이 사명감을 통한 책임감으로 일하게 된다면 국민들의 공무원에 대한 신뢰 또한 늘어날 것이라고 생각합니다.

저는 전문지식을 통한 신뢰가 중요하다고 생각합니다. 공직에 근무하는 사람들은 업무에 전문성이 있어야 합니다. 따라서 저는 우선 단기적으로는 제가 발령받은 부처를 공부하고 업무에 빠르게 적응할 수 있도록 노력하겠습니다. 다음 5년 정도 후에는 행정 업무에 도움이 되는 정보처리기사 자격증을 취득하거나 직장 내 교육 프로그램이 있으면 이에 참여하여 전문성을 향상시키기 위해 노력하겠습니다. 이후 10년, 20년 후에는 제 노하우와 경험을 공유하여 후배를 돕는 믿음직한 선배이자 그간 쌓인 전문적인 지식을 활용해 시민들을 더욱 세심히 도와줄 수 있는 공무원이 되어야 한다고 생각합니다.

다른 직무도 잘할 것 같은데 왜 이 직무를 선택했는가?

"왜 이 직무를 선택하였는가?"라는 질문은 지원동기와 비슷한 질문이다. 질문에 대해 대응하기가 어려우면 지원동기와 비슷하게 말을 해도 된다. 부담스러워 하지 말고 모르겠으면 준비한 지원동기를 그대로 말해도 무방하다.

- 학교 전공 및 지식
- 인턴 경험
- 준비한 과정(자격증, 부전공, 배운 지식, 아르바이트 등)

이 세 가지 내용이 들어가면 가장 적절한 준비가 될 뿐만 아니라 면접관도 인정할 수 있는 말이 된다. 그리고 만약 이 세 가지가 없더라도 위축되지 말고 마지막 수단인 자신감을 어필한다.

학교에 다니면서 저의 진로에 대해 많은 고민을 하였습니다. 사회복지가 좋아서 사회복지 공부도 해 보았고, 디자인이 좋아서 CAD, 홈페이지 편집 등도 해 보았고, 영어와 중국어가 좋아 어학연수도 했습니다. 제가 진짜 잘할 수 있는 게 무엇일까, 어떤 일을 하면 잘할 수 있을까 고민해 보면서 영어와 중국어만큼은 누구에게도 뒤처지지 않는다고 생각했습니다. 그래서 ○○회사의 해외영업파트에 관심을 갖게 되었습니다. ○○회사는 중국 저가제품과 같은 수입재의 증가로 인한 치열한 경쟁 속에서도 계속적인 도전과 혁신을 통해 경쟁력을 키우고 있는 회사로 알고 있습니다. 업무를 수행하려면 중국어는 기본으로 잘해야 하고 영어까지 잘한다면 분명 시작은 늦을 수 있지만 최선의 각오로 노력한다면 다른 업무도 따라갈 수 있다고 생각합니다. 또한, ○○회사의 인재육성 시스템이 잘 되어 있다고 알고 있기 때문에 그런 환경 속에서 인재로 거듭나 ○○회사의 미래성장을 이끌 수 있는 원동력이 되고자 합니다.

대답 시 자신감이 부족하면 이 내용은 죽은 내용이 된다는 것을 잊어서는 안 된다. 살다 보면 다 적성에 맞는 일을 하는 건 아니다. 의외로 자기 적성이 아니지만 그 적성을 찾아 나아간다면 분명 새로운 방향이 되기도 한다. 간혹 면접관이 면접자를 볼 때 불편한 눈빛을 보내거나, 고개를 갸우뚱하거나, 압박 질문을 하기도 하지만 그런 것에 개의치 말고 큰 목소리와 자신감 있는 눈빛으로 면접관을 사로잡아야 한다. 그래야지 이 대답이 먹힌다.

"왜 이 직무를 선택했는가"와 같이 "왜 우리 회사를 선택했는가"라는 비슷한 질문이 있다. 먼저 직무에 대해 시작하지만, 이 질문은 회사에 대한 본인의 생각을 적으면서 어떻게 회사생활을 할 것인지와 포부를 같이 쓰게 된다면 좋은 패턴이 된다.

"회사에 대한 본인의 생각 + 마음가짐 및 포부 제시"

사람이 한평생을 살면서 가장 중요하다고 할 수 있는 것 중 하나가 자신이 좋아하는 일을 발견하고 능력을 최대한 발휘하는 일자리를 갖는 것이라고 생각합니다. 그러기 위해서 제가 가장 흥미를 가질 수 있으며, 전공이었던 광학의 지식과 반도체 공정을 가장 잘 활용할 수 있는 기업을 찾았습니다. 그곳이 바로 ○○○입니다.

누구나 부족함은 가지고 있습니다. 하지만 저는 그 부족함을 노력하는 자세로 채워나갈 자신이 있습니다. 제품에 대한 많은 관심을 가지고 꾸준히 배워 나간다면 시간이 지난 후에 동 업종에서 베테랑이 될 것이라고 생각합니다. 각자가 성실하게 자기가 맡은 분야에서 최선을 다한다면 못 이룰 것이 없다고 생각합니다. 만약 제가 ○○회사의 일원이 된다면 항상 노력하는 자세로 일하겠습니다.

그리고 아무리 학창시절 열심히 하였다 해도 직무와 전혀 연관이 없는 활동만 했다든가, 큰 활동 없이 아주 평범하게 학교만 다닌 지원자도 있을 수 있다. 이럴 경우는 담담하게 자신의 부족함을 인정하고 마음가짐을 강하게 얘기하는 방법밖에 없다.

해당 직무에 경험이라든가 지식이 저에게는 많이 부족합니다. 하지만 처음부터 일을 잘할 수 없다고 생각됩니다. 맨발로 뛰어다니는 정신으로 열심히 배워서 3달 안에 일 잘하는 모습을 보여 드리겠습니다.

지원한 직무에 부족한 역량이 무엇인가?

취업준비생은 모든 분야에 완벽할 수는 없다. 사실 완벽한 사람은 없기 때문에 다 같이 모여서 일을 하는 것이다. 그리고 자신의 부족한 부분이 무엇인지 안다는 것은 발전 가능성이 있다는 뜻이므로 회사뿐만 아니라 자기 자신에게도 아주 중요한 부분이다.

부족한 역량은 경험을 통해 느낀 부분과 연관 지어서 말을 하면 가장 좋지만 면접 답변을 만들기엔 쉽지가 않다. 학교에서 배운 활동 및 지식, 인턴 경험, 전직 경험, 아르바이트 경험 등 경험을 통해 풀면 답변하기가 수월할 것이지만 부족한 역량에 대해 아예 모르는 경우도 있을 수 있다. 그리고 스스로 부족한 역량이 없다고 판단되는 경우도 있을 것이다. 따라서 다음 세 가지의 경우에 따라 답변이 달라진다.

1) 지원한 직무에 대해 부족한 역량을 모를 경우
2) 지원한 직무에 대해 경험이 있을 경우
3) 지원한 직무에 대해 부족한 역량이 없다고 생각하는 경우

제가 아직 현장에서 일을 해 보지 못해서 무엇이 부족한지 잘 모르겠습니다. 일하다 보면 부족한 역량이 있을 것이고 그럴 때마다 퇴근 후, 주말을 이용해 자기 계발을 통해 채우겠습니다.

직무 경험을 통해 부족한 역량이 무엇인지를 파악할 수 있었습니다. 제가 하게 될 업무는 바이어를 관리하면서 고객의 니즈를 찾아내고, 그 니즈에 맞는 최상의 납기와 제품을 이끄는 것이 중요한 역할이라고 생각합니다. 특히 매출변화에 따라 영업전략을 세우고, 신규 시장을 개척하는 것뿐만 아니라 오더 받은 제품의 출고관리를 통해 최상의 고객만족도를 이끌어내는 것이 최우선이기에 더 준비하고 노력하겠습니다.

학교를 다니면서 ○○기업의 홍보 직무를 하기 위해 준비해 왔습니다. 홍보 직무를 하기 위해 부족한 지식이 많아 홍보, 마케팅 지식을 채웠습니다. 그리고 이런 지식이 맞는지 의구심을 가지면 관련 기업의 인턴에 지원해 부족한 경험을 보충하였습니다. 인턴을 하다 보니 팀장님과 대리님이 업무 수행하시는 것을 더 유심히 보게 되면서 고객이 원하는 홍보에 대해 한 걸음 더 배우고 느끼게 되었습니다. 입사하게 된다면 인턴으로 일할 때와 업무 강도는 차이가 있을 거라 생각합니다. 배운 경험을 토대로 현장에 강한 홍보인의 모습을 보여 드리겠습니다. 그리고 부족한 부분은 밤을 새우는 한이 있어도 채워 가겠습니다.

특히, 지원한 직무에 대해 부족한 점이 없다고 답변을 할 경우, 공격적인 추가 질문이 나올 수 있으니 참고해야 한다.

직무에 관련된 면접 질문은 어느 기업이든 나오기 마련이다. 그리고 NCS에서 가장 중요하게 여기는 부분이 직무에 대한 중요성이므로 소홀하게 준비해서는 안 된다. 또한 직무에 관련된 질문들은 합격과 불합격을 결정짓는 중요한 질문임을 명심해야 한다.

직무에서 필요한 지식을 알고 있나요?
(전문지식, 제도, 신문기사, 정책 등)

지원하는 기업이나 직종에 따라 전문적인 지식이 필요한 직무들이 있다. 특히 역량면접에서 지원자가 가지고 있는 역량을 파악하는데, 직무에 관련된 전문지식과 경험을 어느 정도 갖추고 있는지 점검하기 위해 면접 시 관련 질문을 한다. 공무원의 경우도 9급 면접에서는 전문지식보다 면접자의 공무원으로서의 '됨됨이'를 보지만 5급 같은 경우 직렬에 관련된 전문지식을 물어보는 경우가 많다.

"지원한 직렬에 대해 아는 정책이 있나요?", "가장 좋은 정책과 문제가 되는 정책에 대해 혹시 아는 것이 있나요?"라는 등의 직무에 관련된 전문성을 요구하는 질문은 준비가 되지 않은 면접자에게는 당혹스럽다.

해당 직무에 관련된 신문기사에 대해 물어보는 경우도 있다. 지원한 직무와 관련된 사회적 이슈는 면접에서 물어볼 가능성이 크기 때문에 평상시 신문기사를 관심 있게 보는 것도 중요하다. 근무지를 이탈한 경찰관에 관련된 기사를 경찰 면접에서 묻는다든지, 기업의 수천억 횡령사건, 코로나19로 인한 변화 등 당시 사회적 이슈들이 거론된다.

💬 면접 대비 시사 이슈

- Chat GPT, 로봇 등 AI 기술 관련 질문
- 유전자 조작 등 기술과 윤리에 대한 문제
- 탈 원전의 시대
- 기후변화에 관련된 질문(전기 · 수소자동차, 태양열, 석탄화력발전소 등)

- 자사고 폐지, 고교학점은행제, 학교 폭력 문제
- 주 4일 근무제, 최저임금제
- 소년법 폐지, 사형제도
- OTT 시장, 한국 대중문화예술의 위상
- 가짜뉴스의 처벌을 통한 표현의 자유
- 젠더논쟁, 남녀차별(군대, 육아휴직 등)
- 고령화 사회의 문제점과 대책
- 4차 산업혁명에서 나아가야 하는 방향

직무 관련 제도나 지식에 대한 질문은 가장 기억에 남는 정책이나 제도를 묻기도 하지만 가장 아쉬웠던 부분을 묻는 경우도 있다. 본인이 알고 있는 관련 내용을 설명하고 본인이 생각하는 바와 앞으로의 방향을 제시하는 과정으로 답변을 준비하는 것이 좋다.

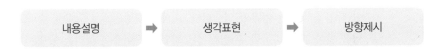

면접관 : 가장 기억에 남는 정책은?

면접자 : 가장 기억에 남는 정책은 재난지원금이라고 생각합니다. 재난지원금은 재난 상황에서 정부나 지방자치단체 등이 지급하는 지원금을 말하며, 현재 코로나19 확산으로 긴급재난지원금을 지급하여 경제적 타격을 입은 국민들을 지원해 주는 정책입니다.

면접관 : 이 정책의 문제점은 없나요?

면접자 : 특정인에게만 재난지원금을 지원해 줄 시 못 받은 사람들의 불만이 생기고 그게 사회의 갈등요소로 작용할 수 있으므로 사회통합을

위해서 전 국민에게 일정 금액을 지원해 주는 제도의 취지는 저도 잘 압니다. 하지만 코로나로 인해 정말로 생계에 위협을 받고 있는 사람들, 예를 들어서 자영업을 하시는 분들한텐 너무 부족한 금액입니다. 저는 국가가 정말로 힘든 사람들을 우선으로 지원해 줘야 할 필요성이 있고, 지원받지 못 하는 국민들도 다른 형태의 지원으로 설득하고, 정말로 생계가 위협받는 분들에게 타격이 적을 정도로 지원해 주면 어떨까 하는 생각이 들기도 했습니다.

면접관 : 가장 아쉬운 정책은?

면접자 : 가장 아쉬운 정책은 고등학생 현장실습제도입니다. 현장실습제도는 기업과 학교가 연계하여 학생들이 기업체 현장에서 직무 경험을 쌓아 나중에 취업하는 데 도움을 주는 제도입니다. 최근에 배에 붙은 조개를 제거하던 현장실습생인 고등학생이 바다에 빠져 숨진 사건이 있었습니다. 이 제도를 악용해 고등학생에게 불공정한 작업을 시키는 경우가 있습니다. 이에 해결방안으로 교육청 승인을 받아 관리 감독할 수 있는 선도기업의 참여율을 늘리는 방법을 생각해 보았습니다. 선정될 시에 나라에서 지역 금융 혜택을 지원하거나 학생들이 잘 모르는 유망한 선도기업을 홍보를 통해 적극적으로 알려 기업 이미지를 제고시키는 것입니다. 또한, 현장실습만이 끝이 아니라 정직원 채용으로 연계한다면 기업과 학생들 간의 신뢰를 바탕으로 책임감 있는 자세로 업무에 임할 거라 생각합니다.

전문지식에 관해 묻는 경우는 면접자가 실제로 그에 관련된 지식을 얼마나 아는지 모르는지를 묻는 것이다. 많은 내용을 말하기보다 아는 만큼 단답형으로 짧게 대답하는 것이 유리하고, 대화 형식으로 묻는 것에만 대답하는 것이 면접자에겐 부담이 적다. 그리고 만약에 모르는 질문이 나오면 답변을 꾸며내거나 우물쭈물하는 것보다 모른다고 명확하게 답하고, 부족한 부분은 채워 나가겠다고 하거나 준비한 내용에 관해 답변해도 될지를 묻는 것이 낫다. 단, 준비한 내용에 대한 답변을 제안했을 때, 시간관계상 면접관이 "됐습니다"라고 말하는 일도 있을 수 있으니 당황하지 않기 바란다.

면접관 : 우리 회사는 무역을 중요시하는 회사인데 혹시 FCA에 대해 아시나요?

면접자 : FCA는 장소를 지정하고 그 장소에서 매수인에게 전달하는 조건으로 매도인 측에서는 그 지정 장소에서 비용과 위험의 부담이 끝나는 조건을 말합니다.

면접관 : 우리 회사는 무역을 중요시하는 회사인데 혹시 FCA에 대해 아시나요?

면접자 : 제가 FCA에 대해선 잘 모르겠습니다. 하지만 CIF에 대해 아는데 말씀드려도 괜찮을까요?

면접관 : 1) 예, 말해 보세요.

2) 됐습니다.

04
직장에 관련된 상황질문을 한다

직장생활을 하다 보면 다양한 상황들이 일어날 수 있다. 이런 상황들을 어떻게 대처하느냐에 관련된 질문은 현업에서 중요하게 여기는 문제해결능력을 볼 수 있을 뿐 아니라 상황대응능력까지 보는 질문이다. 그리고 회사에 다니는 마음가짐까지 파악할 수 있는 중요한 질문이다. 이런 질문은 주관적인 생각으로 대답하는 것보단 객관적인 시각, 즉 회사의 입장에서 듣고 싶은 말을 고려하여 답하는 것이 좋다.

1. 만약 과도한 업무를 시키면?
2. 부당한 대우를 받는다면 어떻게 하겠는가?
3. 부정한 업무 지시를 내리면 어떻게 하겠는가?
4. 의견 충돌이 생기면 어떻게 하겠는가?
5. 고객이 무리하거나 부당한 것을 요구한다면 어떻게 하겠는가?
6. 만약 고객(민원인)이 선물을 준다면?
7. 갑작스러운 야근 지시를 내린다면?

8. 일과 사생활 중에 무엇이 중요한가?

9. 입사 후 3개월 만에 직속상관의 사고로 인해 중요한 프로젝트를 본인이 맡게 된다면?

10. 인터넷채팅(카톡) 회의를 선호하는 상사와 대면 회의를 선호하는 상사가 있다. 본인
    과 반대 성향의 상사를 만난다면 어떻게 하겠는가?

11. 회사에서 관계가 좋은 사람과 일을 잘하는 사람 중에 본인은 어떤 유형인가?

12. 원하지 않는 지역으로 발령이 난다면?

인생은 지긋지긋한 일의 반복이 아니라
지긋지긋한 일의 연속이다.

– 에드나 밀레이 –

만약 과도한 업무를 시키면?

직장은 본질적으로 일을 하는 곳이다. 그래서 일에 관련된 질문을 많이 한다. 특히, 직장생활을 하면서 생길 수 있는 상황을 주고 면접자의 생각을 듣는 경우가 많은데, 이것은 인성과 적응력, 판단력 그리고 일에 대한 마음가짐을 알아보기 위함이다. '직장'이라는 곳에서는 무수한 일과 사건들이 존재한다. 직장생활 중 마주할 수 있는 여러 가지 상황에 잘 대처하고 함께 일하면서 부딪히지 않는 사람을 선호하므로 이런 상황질문에 잘 답변하는 것이 좋다. 10~20분밖에 되지 않는 짧은 시간에 사람을 평가하기가 쉽지는 않지만 이런 질문을 통해 면접자의 마음가짐에 대해선 충분히 엿볼 수 있다.

| 과도한 업무의 예 |

• 야근을 많이 한다
• 나에게만 일을 시킨다
• 갑자기 특근을 시킨다

1. 너무 솔직하게 말을 하면 마이너스가 된다.

면접지도를 해 보면 직장생활을 안 해 본 면접자는 이 질문에 대해 당황하는 경우가 많고 당연히 어려워하기도 한다. 그러다 보니 너무 쉽게 생각하고 별생각 없이 말을 하는 경우가 많다. "저는 과도한 업무를 시키면 왜 시키는지 물어보고 일을 진행하겠습니다"라고 의외로 많은 면접자가 대답하는 경우를 보았다. 분명 틀린 말은 아니지만, 면접관의 입장에서는 듣고 싶은 말이 아닐 수 있다. 이왕이면 그래도 과도하지만 하려고 노력하는 사람, 너무 꼬치꼬치 이유를 물어보지 않는 사람, 상호 간에 편한 사람, 이런 사람을 직장에서 좋아하지 않을까? 하지만 요즘 회사는 개인에게 과도하게 업무를 시키는 경우가 많지 않고, 만약 과도하게 업무를 시키면 타당하게 이유를 말해 주기도 하니 입사 전에 면접자 스스로 불리한 답변을 할 필요는 없는 것이다. 면접을 보는 것이지 지금 당장 일하는 것이 아니니까 말이다.

2. 배우는 자세로 열심히 한다면 기본은 간다.

면접자는 신입사원이다. 그렇기 때문에 배우는 자세가 가장 중요하다. 무작정 배우는 자세로 열심히 하겠다고 말하기보다 정확한 근거를 제시하여 말하는 것이 중요할 수 있다. "신입사원이기 때문에"라는 말은 나 자신을 기본적으로 인정해 주는 말이고, 합리화할 수 있는 적절한 용어이기도 하다. 면접관은 신입사원이니 그럴 수도 있겠다는 생각을 할 수도 있다. 인정은 곧 합리화가 될 수 있으니 참고하는 것도 좋다.

3. 나의 입장과 상황에 대해 인정을 먼저 하면 질문에 가볍게 대응할 수 있다.

제가 입사하게 된다면 신입사원입니다.　　　　　　　　　　→ 위치인정
아직 모르는 게 많아서 과도한 업무는　　　　　　　　　　→ 내용제시
해 봐야지 알 것 같습니다.
하지만 모르는 게 있으면 질문을 통해 여쭤보고　　　　　　→ 방법제시
중간보고를 통해 일을 진행한다면
부족한 부분은 있겠지만 충분히 할 수 있습니다.

직장생활을 하다 보면 업무량이 많을 때가 있습니다.　　　　→ 상황인정
이는 제가 그만큼 수행해낼 수 있을 것이라 믿고　　　　　　→ 내용제시
맡겨 주시는 거라고 생각합니다.
그러므로 주어진 일에 최선을 다하면서　　　　　　　　　　→ 방법제시
모르는 부분은 질문하는 자세와 중간보고를 통해
업무에 차질이 없도록 완벽히 수행해 내고 싶습니다.　　　　→ 마음가짐

저에게 만약 과도한 업무가 주어진다면　　　　　　　　　　→ 상황인정
배우는 자세로 열심히 하겠습니다.
그리고 일을 하다 모르는 부분이 있으면　　　　　　　　　　→ 방법제시
중간보고를 통해 피드백을 받으면서
충분히 업무를 수행할 거라 생각이 듭니다.
열심히 하겠습니다.　　　　　　　　　　　　　　　　　　　→ 마음가짐

이 질문은 답변을 듣고 끝내는 경우도 있지만 간혹 추가 질문이 나올 수 있다.

1) 과도하게 업무를 하면 힘들지 않겠나?

2) 본인이 해야 하는 업무가 문제가 생기면 어떻게 하겠나?

3) 본인의 업무가 아닌데, 꼭 과도하게 해야 하는가?

답을 하다 보면 꼬리를 무는 추가 질문이 나올 수 있다. 면접관이 "일을 과도하게 하다 보면 본업이 문제가 되지 않겠나요?"라고 물어보면 면접자는 "아닙니다. 충분히 할 수 있습니다"라고 답하게 된다. 말하는 상황에 따라, 면접자의 태도에 따라 면접관의 반응이 달라지겠지만 이보다는 사전에 추가 질문을 받지 않도록 하는 것이 더 좋은 방법이 될 수 있다.

💬 불리한 추가 질문을 예방하는 답변

그리고 일을 과도하게 하다 보면 본업에 문제가 생길 수 있습니다.
그럴 때는 저의 애로사항을 말씀드려 일을 더 잘할 수 있도록 개선하겠습니다.

면접자의 대답에 따라 추가 질문을 하지 않을 수도 있으므로, 면접관이 궁금해할 추가 사항들을 묻지 않아도, 예방 차원에서 미리 답변 내용에 포함하는 것도 방법이다. 대답을 어떻게 하느냐에 따라 면접 질문의 방향은 바뀌기 마련이다.

❓💬 비슷한 질문 유형

1. 우리 회사는 야근과 특근이 많은데 괜찮은지?

2. 본인에게만 과도하게 업무를 시키면 어떻게 하겠나?

3. 만약 입사하게 되면 어떤 일을 하는지 아는가? 이 일 말고 다른 일을 시키면 어떻게 하겠는가?

부당한 대우를 받는다면 어떻게 하겠는가?

직장인 괴롭힘 방지법이 통과하여 업무처리에 있어 합리적으로 업무를 시켜야 하고, 회사 역시 이치에 맞게끔 업무를 주는 문화로 많이 바뀌고 있다. 그렇다 보니 이런 질문은 흔하게 나오는 질문은 아니지만, 규모가 크지 않은 기업에서는 아직도 간혹 물어보는 경우가 있다. 그리고 공기업에서는 질문의 유형을 좀 바꿔서 물어보는 경우가 있다. "동기하고 같이 입사를 하였는데, 본인 말고 다른 동료만 잘해주면 어떻게 하겠는가?" 이런 상황에 관련해 질문하기도 하는데, 이것을 상황질문이라고 한다. 상황을 제시하여 면접자가 이런 상황을 어떻게 극복할 건지 보는 것이기도 하다.

부당한 업무의 예

- 동기 중에 나에게만 심부름을 시킨다
- 동기 중에 나에게만 일을 시킨다
- 차 심부름 / 담배 심부름을 시킨다
- 연차를 못 쓰게 한다

질문 자체가 아주 부담스럽기 때문에 면접 당사자 역시 진지한 느낌으로 말을 해야 한다. 그리고 너무 밝게 미소를 지으면서 말하면 자칫 가벼워 보일 수 있으니, 진지한 태도로 말하는 것이 좋다. 대답 또한 할 말만 제대로 짧게 해야 한다. 설마 나에게 이런 질문을 할까 생각하는 면접자도 있겠지만 사전에 대비해서 손해 볼 것은 없다.

가장 주의해야 할 사항은 '절대 자기 생각을 그대로 얘기하면 안 된다'는 것이다. 면접자의 생각이 틀려서라기보다는 면접자의 입장보다 회사의 입장을 고려하는 답변이 유리하기 때문이다.

"면접관이 듣고 싶은 말만 간단히 한다"

자신의 개인적인 생각을 말하기엔 많이 부담되는 질문이기 때문에 면접관이 듣고 싶어 하는 말을 진지하게 하는 것이 좋다. 그리고 이런 대답은 단지 부당한 대우에만 적용되는 게 아니라 비슷한 유형의 질문에도 응용해서 답한다면 아주 효과적일 것이다.

> 만약 부당한 대우를 받는다면 저는 그렇게 생각하기보다 제가 무엇이 문제가 있는지 생각해 보겠습니다. 부족하지만 최선을 다해 일을 열심히 한다면 차후 저를 알아주실 거라 생각합니다.

> 제가 만약 부당한 대우를 받는다면 제가 무엇이 문제가 있는지 생각해 보겠습니다. 그리고 최선을 다해 노력했는데도 부족하다면 상사분과 차 한 잔 할 수 있는 시간을 마련하여 저에 대한 문제점이 있는지 여쭤보고 개선하도록 노력하겠습니다.

공기업에서 다음과 같은 상황질문이 의외로 많이 나왔다. 이런 상황질문은 개인에 대한 부당한 대우를 표면적으로 보여 주는 질문이기도 하다. 그러므로 질문에 대한 의도를 정확히 파악하고 대답하는 연습을 해야 한다.

"당신은 회사에 입사한 지 3개월 된 신입사원입니다. 당신의 입사 동기와 당신의 팀의 대리가 같은 지역 출신 및 학교 선후배 사이로 업무에 필요한 자료들을 입사 동기에게만 제공하고, 일처리에서도 입사 동기를 우선으로 챙겨 주고 있습니다. 회사는 학연 및 지연에 대해 공식적/비공식적으로 전면 금지하고 있으므로 당신은 점점 고민에 빠지고 있습니다. 이런 일이 지속된다면 어떻게 하시겠습니까?"

답변 방법

회사에 다니다 보면 이런 상황이 있을 수 있다고 생각합니다.　　→ 상황인정

저는 이런 상황일 때 고민에 빠지기보다　　　　　　　　　→ 방법제시(일 관점)
일로써 저의 능력을 보여 드리는 게 맞다고 생각됩니다.

모르는 것이 있으면 여쭤보고 중간보고를 통해
매 순간 업무에 책임감 있게 임해 좋은 결과를 보여 드린다면　→ 마음가짐
분명 팀의 대리님과 관계도 개선할 수 있고 인정받을 수 있다고 생각합니다.

이런 상황질문을 받는다면 면접자는 경험이 없다 보니 말하기가 어렵고 불편할 수도 있다. 하지만 경험이 없다 해서 어려워하지 말고 자신의 1) 상황에 대해 인정하고, 2) 일에 대한 관점으로 말하고, 3) 최선을 다하겠다는 마음가짐으로 정리하면 된다.

요즘 취업면접에선 상황에 관련된 질문을 더 많이 물어보는 추세다. 이 질문에서 가장 중요하게 생각해야 하는 부분은 입사 동기와의 차별에 관한 문제, 일에 대한 부당함이 같이 존재하는 질문이다. 이 질문에 감정적으로 대처하면 현

명한 답이 나오지 않으므로 본질적인 내용을 이해하고, 면접관이 듣고 싶어 하는 현명한 답을 선택하면 된다.

비슷한 질문 유형

1. 본인에게만 차 심부름을 시키면 어떻게 하겠는가?
2. 남자의 군 가산점에 대해 어떻게 생각하는가?
3. 야근을 갑자기 통보하면 하겠는가?
4. 본인에게만 일을 많이 시키면?
5. 월요일과 금요일에(또는 바쁜 날에만) 연차휴가를 사용하는 것에 대해서 어떻게 생각하는가?
6. 남성의 육아휴직 또는 여성의 생리휴가에 대해 어떻게 생각하는가?

부정한 업무 지시를 내리면 어떻게 하겠는가?

부정이란 바르지 않거나 옳지 못한 것을 말한다. 회사에서 부정한 일은 어떤 일이 해당될까? 쉽게 말해 규정과 원칙에 어긋나는 일이 대표적일 수 있다. 이런 질문이 많이 나오는 기업들이 분명히 있다. 대표적으로 '청렴'을 가장 중요하게 여기는 공무원, 경찰, 공기업 쪽에서 이런 질문이 자주 나온다.

1. 부정에 관련된 업무를 알고 가면 쉽게 접근할 수 있다.

> 💬 **부정에 관련된 일**
>
> • 공정하게 일을 처리하지 않는 경우
> • 부정하게 뇌물을 받는 경우
> • 공공기관에서 얻은 정보를 주변 지인이 활용하는 경우
> • 횡령하는 경우

기업에서 말하는 대표적인 '부정'에 대해 먼저 알아봐야 한다.

아직 직장에서 일을 안 해 본 사람들은 이런 질문을 받으면 당황스럽고, 말하기조차 불편할 수도 있다. 하지만 규정과 원칙에 어긋나는 일은 과감하게 말하는 것이 좋다.

부정한 업무는 규정과 원칙에 어긋나는 일입니다. 그렇기 때문에 저는 바로 거절하겠습니다. 그리고 지시 내린 분께 일에 대해 보고 드리겠습니다.

2. 판단하기 어려우면 상사에게 물어봐라.

아직 신입사원이다 보니 부정에 관련된 업무에 대해 알기가 쉽지 않고 대답하는 자체 또한 부담스럽다. 직접 일을 하면서 보고 배우고 느끼면 알기가 쉽지만, 학교만 다닌 학생들에게는 더욱 어렵게 느껴질 수 있다. 그러니 상사에게 물어보는 방법도 나쁘진 않다. 하지만 이렇게 대답을 하는 경우 주관이 없어 보일 수 있으니 상황에 따라 대답할 필요성이 있다.

제가 아직 신입사원이다 보니 부정한 일을 판단하기가 어렵기도 합니다. 그런 일이 생긴다면 상사분께 보고하여 조치할 수 있도록 하겠습니다.

3. 무엇을 가장 중요하게 생각해야 하는지 기본을 알고 대답하자.

위와 같은 질문에 대답할 때 고려할 것은 두 가지다. 1) 회사의 수익, 2) 인간관계가 그것이다. 그리고 기업에서는 고객의 이익 > 회사의 이익 > 팀의 이익 > 개인의 이익 순으로 우선순위를 두며, 이런 본질을 잘 이해한다면 어떤 추가 질문에도 잘 답변할 수 있을 것이다.

> 면접관 : 만약 상사가 부정한 업무지시를 내리면 어떻게 하겠는가?
>
> 면접자 : 우선 그 부정한 업무지시가 고객의 이익에 반하는 것인지 아닌지를 생각해 볼 것 같습니다. 만약 고객의 이익에 반하는 결과가 예상된다면 업무지시를 따르기 전에 제 생각을 먼저 이야기해 볼 것 같습니다. 고객이 불만족한다면, 회사의 입장에서도 좋은 일이 아니기 때문입니다. 회사의 이익이 가장 중요하다고 생각합니다.

답변을 듣는 면접관도 이런 이야기에 이의를 제기하기는 어렵다. 본질적인 내용을 잘 알고 답을 하면 효과적으로 답할 수 있다.

4. 열거를 해서 말할 수도 있다.

부정에 관련된 질문을 본인 나름대로 정의를 내려 열거하여 답을 할 수도 있다.

> 저는 부정한 업무 지시를 2가지로 나누고 싶습니다. 먼저 업무를 저에게만 과도하게 시키는 경우라 생각됩니다. 그럴 때 맡은 업무니 최선을 다하고 끝까지 해내는 모습을 보여 드리겠습니다. 만약 본업이 문제가 되면 직속상관께 저의 애로사항을 말씀드려 일을 더 잘할 수 있도록 노력하겠습니다. 그리고 규정과 원칙에 어긋나는 일을 시킬 수 있습니다. 그럴 때 저는 제가 아직 신입사원이라 무작정 거절하는 것보다 선배님이나 직속상관께 일에 대해 말씀드려 일의 경중을 알아보겠습니다.

5. 유사 질문을 하는 경우도 있다.

"만약 상사가 부정한 일을 저지르는 것을 직접 봤을 경우 어떻게 하겠나?" 이 질문이 대표적일 수 있다. 시키는 것과 본 것은 다르다. 바로 이야기를 하는가, 아니면 상관에게 보고하는가를 결정하고 말하는 것이 결코 쉽지 않다. 하지만 어떤 답을 하든 자신감 있게 말하는 게 좋다.

> **면접관** : 직속상관이 부정한 일을 저지르는 것을 봤다면 어떻게 하겠는가?
>
> 면접자 : 부정한 일이 생기면 분명 회사의 막대한 피해와 함께 이미지까지 실추되리라 생각합니다. 만약 제가 보게 된다면 바로 저지하고 직속상관에게 보고 드리겠습니다.
>
> **면접관** : 그렇게 하면 당사자와 사이가 안 좋아질 수도 있고, 그런 적이 없다고 말하면 어떻게 하겠는가?
>
> 면접자 : 전 일은 일이라 생각합니다. 아무리 좋은 감정이 있어도 그건 아니라고 판단됩니다. 지금은 아니지만 나중에는 제 소신을 알아줄 거라 믿습니다.

예를 봐도 질문에 대한 부담감이 느껴질 것이다. 이런 질문일수록 말을 많이 하면 힘들다. 회사에선 있을 수 있는 문제를 사전에 어떻게 생각하는지 물어보는 것이므로 짧으면서 통상적인 답변을 하는 게 덜 부담스럽다.

1. 동료 내지 직속상관이 민원인에게 선물을 받는 것을 봤다면?

2. 똑같은 상황에 한쪽 고객(민원인)에게 편향되게 업무처리한 것을 봤다면?

3. 고객이 법적 기준에 문제가 되지 않는 금액의 선물을 준다면?

4. 회사 비품(커피, 복사용지 등)을 계속 가져가는 것을 봤다면?

의견 충돌이 생기면 어떻게 하겠는가?

서로 다른 성격과 생각을 가진 다수의 사람이 협업하는 직장에서 항상 서로 간의 의견이 같을 수는 없다. 그렇다 보니 의견 충돌이 생기는 상황에 어떻게 대처할 것인지를 묻는 경우가 많다.

의견 충돌의 예

- 직속상관과 의견이 다를 경우 어떻게 하겠는가?
- 동료와 일을 하다 보면 의견 충돌이 생길 수 있는데 어떻게 하겠는가?
- 본인의 의견이 맞는데 직속상관이 자기 의견만 주장한다면 어떻게 하겠는가?
- 고객이 민원을 제기한다면?

다양한 상황을 제시하여 면접자를 곤혹스럽게 하기도 한다. 직장생활을 해 본 사람은 이런 질문에 대응하는 게 그리 어렵지 않지만, 경험이 부족한 사회 초년생이 훌륭하게 답하긴 어렵다. 의견 충돌은 소속과 일과 관계없이 생길 수 있고, 사람들과 같이 지내다 보면 피할 수 없는 부분이기도 하다. 의견 충돌 같은 질문엔 동료, 상사로 크게 나눠서 생각해 보면 쉽게 답이 나올 수도 있다.

1. 직장동료 : 의견 충돌이 생기면 어떻게 하겠는가?

의견 충돌은 일하다 보면 분명 따라올 것이다. 본인이 생각하는 의견 충돌의 개념을 정리해 말해 보는 것도 좋은 방법이다.

면접관 : 동료와 의견 충돌이 생기면 어떻게 하겠나요?

면접자 : 직장생활을 하다 보면 의견 충돌이 있을 수 있다고 생각됩니다. 그리고 제가 생각하는 의견 충돌은 회사를 발전시키는 과정이라고 생각합니다.

그러므로 의견 충돌이 있다 해서 제 의견만 주장하지 않고 상대방의 의견을 듣고 질문과 경청을 통해 이해함으로써 서로 대안을 제시한다면 분명 좋은 의견들이 나올 거라 생각됩니다.

2. 상사 : 의견 충돌이 생기면 어떻게 하겠는가?

직장에서 상사와 의견 충돌이 생긴다면 아주 부담스럽기 마련이다. 이런 상황에서는 자신의 위치를 다시 한번 생각해 보고 인정하면서 방향을 제시한다면 좋은 답변이 될 수 있다.

면접관 : 일을 하다 보면 상사와 생각이 달라 의견 충돌이 생길 수 있는데 상사가 자신의 의견이 맞다고 계속 주장하면 어떻게 대처할 것인가?

면접자 : 먼저 상사님은 연륜과 경륜이 풍부합니다. 분명히 그렇게 주장하는 이유가 있을 거라고 생각합니다. 그리고 제가 아직 신입사원이므로 아무리 제가 맞다고 생각해도 상사님의 의견을 일단 귀담아 듣고 해 보는 것이 중요하다고 생각합니다. 모르는 것이 있으면 질문하고 중간에 피드백을 하다 보면 오히려 더 많은 것을 배울 거라 생각합니다.

이런 경우 본인의 의견만을 내세우기보다 상대의 입장에서 생각해 보고, 대화 자리를 마련해 서로의 의견을 나누고 오해를 푸는 것도 좋은 방법이다. 이런 과정은 건설적인 조직으로 나아가는 첫걸음이다.

직장동료나 상사와의 의견 충돌에 대한 질문이 많고, 상황에 따라 꼬리 질문이 나오기도 한다. "그래도 계속 의견 충돌이 생기면 어떻게 할 것인가요?"라는 압박 질문이 나올 수도 있다. 당황하지 말고 "전 의견 충돌이라 생각하지 않고 배우는 과정이라 생각하겠습니다"라고 자신 있게 대답하는 정도로 마무리한다.

3. 고객 : 고객이 민원을 제기한다면?

고객을 응대하는 직원들은 민원이 생길 수 있다. 민원은 해결해야 하는 문제이자 불만을 표현한 것이다. "고객이 민원을 제기한다", "과도하게 부탁한다"라는 질문에는 비슷하게 대답하는 경우가 많다.

면접관 : 고객을 응대하다 보면 고객이 과하게 민원을 제기하고 부탁하는 경우가 있는데 이럴 때 어떻게 대처할 것인가?

면접자 : 먼저, 민원 내용을 경청한 후 고객의 입장이 되어 확실히 이해하고 고객이 원하는 것이 무엇인지를 고민해 보겠습니다. 그 다음, 회사의 원칙과 규정 아래 제 선에서 해드릴 수 있는 모든 것들을 조치하겠습니다. 그럼에도 고객이 만족하지 않는다면 먼저, 회사 매뉴얼에 유연성을 발휘할 수 있는 부분이 있는지 생각해 보고, 이를 상관께 보고하여 업무처리의 방향을 다시 제시받도록 하겠습니다. 이처럼 고객의 상황에서 생각하되 항상 규정에 근거해 해결방법을 찾는 자세로 업무에 임하겠습니다.

---

4. 자신의 경험담을 같이 넣어도 좋다.

면접관이 간혹 "의견 충돌을 해결해 본 경험을 같이 말해 보세요"라고 묻기도 한다. 기본적인 내용에 자신의 경험을 같이 이야기하면 된다. 면접관들은 아주 대단한 경험을 듣고자 하는 것이 아니라 작은 경험이라도 거기에서 배우고 느낀 점을 차후 사회생활에 어떻게 접목시킬지를 알고 싶어 하므로, 이에 맞게 답변을 준비하면 된다.

▎동아리, 학교 프로젝트, 인턴 근무, 고객, 군대, 가족 등 다양한 대상과 상황 ▎

○○회사에서 인턴을 하면서 무상샘플 의뢰가 많은 시기가 있었습니다. 선수 지원용, 마블사 제출용, 그리고 바이어 컨펌용 샘플까지. 생산 담당자에게 급한 샘플들이니 일정 안에 업체에 부탁드린다는 의뢰였는데, 업체에선 그날따라 신경이 곤두서 있는 담당자의 목소리를 들을 수 있었습니다. 업체에선 업무량도 많은 상황에서 많은 무상샘플을 요구하다 보니 싫어하는 건 당연하다는 생각이 들었습니다. 하지만 제가 정중하게 전화와 메일로 내용을 보내 업무에 대한 상황에 대해 말씀드렸고, 직접 담당자에게 찾아가서 서로 간의 애로사항을 소통하면서 늦은 시간까지 같이 하다 보니 일정을 맞출 수 있었습니다.

대학시절, 저는 어학교재 출판프로젝트를 함께 수행한 경험이 있습니다. 프로젝트 수행 당시 팀원들과의 의견 대립이 있었고, 예상치 못한 돌발 상황과 오류도 있었습니다. 의견 대립은 제가 중재자로 나서서, 돌발 상황은 팀원들과의 상시적 소통과 끈끈한 협업정신으로 프로젝트를 완수할 수 있었습니다. 이는 인간관계와 팀 활동에서 가장 중요한 것이 무엇인지 알게 된 좋은 경험이었습니다.

제가 생각하는 갈등은 성장하거나 나아가기 위한 과정이자 발판이라고 생각합니다. 그리고 사람마다 생각의 차이가 있기에 의견 충돌이라든가 갈등은 항상 존재한다고 생각합니다. 제가 고등학교 시절 선도부에서 용의복장 규정에 대한 회의를 하면서 있었던 의견 충돌이 가장 기억에 남고, 저에게 아주 큰 배움을 주기도 했습니다.

학생들은 용의복장 규정을 완화시켜 달라는 요구를 하였지만, 저는 학교의 규정이 무너진다면 다른 것도 무너진다고 생각하였습니다. 이 갈등을 해결하기 위해 전체적인 규정을 유지하면서 추운 겨울 외투를 못 입게 하거나, 여름철 냉방시간을 다시 설정하는 등의 학업생활에 지장을 줄 수 있는 규정들을 개정하였습니다. 이 결과로 규정을 지키고 친구들 또한 만족할 수 있었습니다.

이런 저의 고등학교 시절의 배움이 대학에서 학과 회장을 하였을 때, 동아리 총무를 하였을 때, 팀 프로젝트를 하였을 때에 갈등을 해결할 수 있게끔 기준을 만들어 준 귀한 경험이 되었습니다.

경험을 제시할 경우 최근에 관련된 경험이나 대학교 시절에 관련된 경험만 생각하는 면접자도 있을 것이다. 하지만 경험은 자신에게 가장 의미 있었던 순간을 바탕으로 하기 때문에 무조건 최근의 것이 아니라 고등학교 때의 경험이 될 수도 있다. 그 경험을 통해 질문에 적합한 답변 방향을 제시할 수 있으면 된다. 경험을 예로 들었을 경우 경험에 대한 추가 질문이 나올 가능성이 있으니 경험을 꾸며내서는 안 되고, 추가 질문에 대비하도록 한다.

고객이 무리하거나 부당한 것을 요구한다면 어떻게 하겠는가?

고객은 기업에서 아주 중요한 주체이다. 고객이 없으면 기업은 성장하지 못한다. 기관의 경우 고객을 다른 말로 민원인이라고도 표현한다. 기관과 기업에서 고객은 가장 중요한 주체이기 때문에 고객 접점에서 일하는 분야에서는 아주 많이 물어보는 중요한 질문이다. 그렇다 보니 면접에서 고객 응대에 관해 묻는 경우가 많다. 여기서 중요한 핵심 포인트는 요구를 받았을 때 면접자의 행동과 고객에 대한 해결방안을 제시하는 것이다.

1. 질문을 끝까지 듣고 추가 질문이 안 나오게끔 해야 한다.

면접관 : 고객이 무리하거나 부당한 것을 요구한다면 어떻게 하겠는가?
면접자 A : 고객이 만족하실 수 있도록 최선을 다해서 도움을 드리겠습니다.
면접자 B : 고객의 요구사항을 듣고, 회사의 규정에 어긋나는 부분에 대해서는
　　　　　 설명하여 이해시켜 드리겠습니다.

위의 A, B 중 어떤 대답이 best일까?
A답변은 누구든지 고객서비스 마인드로 답변할 수는 있으나 놓친 부분이 있다. 바로 '부당한 요구'이다. 부당한 상황에 대한 상황대처 능력을 보고자 하는 면접 질문이기 때문에 꼬리를 무는 질문을 하는 경우가 많다. A답변을 들으면 면접관은 "최선을 다하는 것은 당연하다. 그러나 고객이 계속 부당한 요구를 할 경우는 어떻게 하겠는가"라고 다그치듯 물어보게 되고, 면접자는 당황할 수

밖에 없다. 그러므로 이런 질문에 대한 요지를 정확하게 인지하고 면접관이 듣고 싶어 하는 말을 해야지 더 이상의 추가 질문이 발생하지 않는다.

B답변은 고객의 '선-경청, 후-설명 이해'라는 시스템을 가지고 답변했기 때문에, 면접관의 입장에서는 A답변보다는 질문의 의도를 파악한 것으로 이해될 수 있다. 최소한 이 정도의 답변은 할 수 있어야 한다.

2. 자신의 경험을 이야기하자.

이런 상황에 대응해 본 경험이 있다면, 그 경험을 이야기하는 것이 다른 지원자와 본인을 가장 차별화하는 방법이다.

> **면접관** : 고객이 무리하거나 부당한 것을 요구한다면 어떻게 하겠는가?
> **면접자** : 저는 고객의 요구사항을 잘 듣고, 회사의 규정에 어긋나는 부분에 대해 설명을 드리고 이해시켰던 경험이 있습니다. 제가 카페에서 아르바이트로 근무하면서 고객이 커피 한 잔을 드시고 무료로 더 요구하셔서 추가 금액을 안내해 드렸더니, 그런 부분은 서비스로 줄 수 있지 않느냐고 하셨습니다. 이때 저는 고객의 의견을 듣고, 이전의 다른 직원이 서비스를 해 주었다는 것을 알게 되었습니다. 순간 당황하였지만, 고객님께 변경된 규정을 감정이 상하지 않게 안내해 드렸으며, 정가와 같은 양에 저렴한 추가비용으로 드실 수 있다는 고객의 이점을 강조하여 안내드렸습니다.

경험을 바탕으로 이야기하면 실제로 이런 상황이 발생했을 때 상황대처를 잘할 것이라고 기대할 수 있으므로, 경험을 잘 찾아보고 답변에 활용하는 것이 좋겠다. 질문의 의도에 따라 무리하거나 부당한 부분에 대해 규정만 내세우는 것이 아니라 고객이 오해하고 있었던 부분은 설명하고 이해시키며, 이로 인한 고객의 이점이 있다면 좀 더 강조해서 표현하는 것이 필요하다.

3. 자신을 낮추거나 부족한 사람으로 표현하지 말자.

이런 질문에 답변을 시작할 때

"제 짧은 소견으로…"
"제가 경험은 아직 없지만…"
"제가 아직 학생이라서 잘 모르지만…"

고객을 응대하는 방법이 조금 현명하지 못하더라도 도입부부터 위처럼 자신의 능력을 낮추는 것은 지양해야 한다. 위와 같은 도입부는 사실 통째로 빼도 전체 답변에 영향을 주지 않으므로, 사용하지 않아도 문제없다.

이와 비슷한 질문으로 "고객이 불만 사항을 제시한다면 어떻게 할 것인가?", "고객의 이익과 기업의 이익 중 무엇이 중요한가?" 등이 있다. 역시 자신이 생각하는 바를 논리적으로 소신 있게 답변하고, 작은 일이라도 경험이 있다면 접목해서 표현하는 것이 필요하다.

만약 고객(민원인)이
선물을 준다면?

공무원 면접시험 평정표를 보면 공무원에게 중요시되는 다섯 가지 내용이 있다.

| 공무원 면접시험 평정표 |

공무원으로서의 정신자세

전문지식과 그 응용능력

의사표현의 정확성과 논리성

예의, 품행 및 성실성

창의력, 의지력 및 발전가능성

이는 공무원이 지녀야 하는 자세이며 면접의 기본이다. 특히 '청렴'과 관련된 질문이 공무원 면접에서 가장 많이 나오는 질문이다. 공기업에서도 간혹 물어보기도 한다. 특히 공무원, 공기업 면접에서 왜 이런 질문을 하는 걸까? 먼저 생각해 봐야 하는 것은 사기업과 공기업의 차이다. 사기업은 회사의 이익을 위해 일하지만, 공기업은 국가와 국민을 위해 일한다. 이익의 주체가 완전 다르다. 그렇다 보니 공기업은 사기업에 비해 공공의 이익을 중요시하고, 청렴에 관한 이슈에 민감하고 예민하기도 하다. 그러므로 이런 질문의 본질을 정확하게 파악하고 답변을 준비하는 것이 좋다.

1. 공무원의 가장 기본이자 중요한 덕목 중 하나는 청렴이다.

어떤 면접자는 이 질문을 받았을 때 바로 '김영란법'에 대해 생각하는 경우가 있다. 일명 '김영란법'으로 불리는 이 법의 정식 명칭은 '부정청탁 및 금품 등 수수의 금지에 관한 법률'이며, 2015년 3월 27일 제정된 법안으로 2012년 김영란 당시 국민권익위원장이 공직사회의 기강 확립을 위해 법안을 발의하였기 때문에 '김영란법'으로 불리고 있다.

> **면접관** : 만약 민원인이 선물을 준다면?
> 면접자 : 현재 선물에 관련된 법 중에 김영란법이 있습니다. 한도는 3만 원 이하로 알고 있는데 3만 원 이하에 관련된 선물은 받고 그 이상은 거절하겠습니다.

면접을 준비하는 면접자 중에 이렇게 말하는 면접자가 있을 수 있다. 그리고 면접 지도를 하면서 이렇게 말한 사례도 있었다. 분명 틀린 말은 아니지만, 민원인에게 선물을 받게 되면 향후 문제가 되었을 때, 직무와의 관련성이 없음을 입증해야 하는데 이는 그리 쉽지 않을 뿐만 아니라, 아직 정식 임관 전부터 이런 생각을 가지고 있다면 '바늘도둑이 소도둑 된다'라고 생각하는 경우가 많을 것이다. 그리고 "그렇다면 3만 원 이하의 선물은 계속 받으시겠네요?"와 같은 추가 질문이나 압박 질문을 받을 수도 있으므로 권하는 답변은 아니다.

2. 정석적인 답이 정답이다.

공무원이나 공기업에 일하는 사람은 기본적으로 직무 관련성이 있든 없든 간에 민원인으로부터 선물을 일절 받아서는 안 되는 게 원칙이다. 가벼운 음료수도 문제가 생기는 경우가 있다. 어떤 면접자는 음료수 정도는 괜찮지 않느냐고 말하겠지만, 그건 본인 생각이고, 주변에 있는 민원인은 그리 생각하지 않을 수도 있다. 안 좋게 보면 충분히 오해의 소지를 만들 수 있으므로, 무조건 거절이 원칙이다. 원칙에 맞게 답해야 추가 질문의 가능성도 차단할 수 있다. 공무원 면접시험 평정표의 '공무원으로서의 정신자세'에 해당하는 내용이므로 신경써야 하는 질문 중 하나이다.

면접관 : 만약 민원인이 선물을 준다면?

면접자 : 공무원이 가져야 하는 자세 중에 청렴이 중요한 덕목이라고 생각합니다. 그렇기 때문에 민원인이 선물을 준다면 바로 거절하겠습니다.

면접관 : 그럼 만약 민원인이 선물을 놔두고 간다면 어떻게 하겠는가?

면접자 : 청렴센터가 있는 것으로 알고 있습니다. 바로 신고하겠습니다.

면접관 : 만약 민원인이 선물을 준다면?

면접자 : 저는 민원인에게 마음만 받는다고 말하고 바로 거절하겠습니다. 만약 선물을 주고 간다면 바로 돌려 드린다든가 청렴센터에 바로 신고하겠습니다.

---

1. 만약 민원인이 박카스를 준다면?

2. 익명의 선물이 나에게 배송이 된다면?

3. 민원인이 고맙다고 식사 대접을 한다고 하면?

4. 김영란법에 준한 선물을 준다면?

5. 지역 주민이 자신이 재배한 농산물(상추, 고구마 등)을 준다면?

갑작스러운 야근 지시를 내린다면?

과거에는 야근과 특근을 당연히 해야 하는 시대도 있었다. 당시에는 야근과 특근에 대해 관대한 면이 있었다. 그러나 요즘은 야근, 특근과 관련해 민감한 시대가 되었고, 워라밸을 중요하게 생각하는 시대가 되었다. "갑작스러운 야근 지시를 내린다면?"이란 질문을 설마 할까 생각하는 면접자도 있겠지만, 회사는 일을 하는 곳이기에 야근과 특근을 할 수 있다.

야근(夜勤) : 퇴근 시간이 지나고 난 밤에 직장에서 일을 함
특근(特勤) : 정해진 근무 시간 외에 특별히 더 근무함

특히 면접관은 개인적인 것보다 회사의 일을 우선으로 두며 생활하는 것을 당연하게 여기며 일해 왔던 세대다. 밀레니엄 세대들을 이해는 하지만 그래도 같이 직장생활을 하면서 제 시간에 일을 다 마치지 못하면 그날 일을 끝내 주었으면 하는 바람이 있기도 하다. 회사에서는 회사의 수익을 우선으로 하는 사람을 더 좋아할 수밖에 없다.

"회사는 언제 어떤 문제가 터질지 아무도 모른다"

그리고 직무에 따라 조금씩 다르겠지만 회사에서는 예상치 못한 일이 생길 수 있기에 간혹 특근하기도 한다. 어떤 직원들은 주말이면 아예 폰을 꺼놓는 일도 있다. 사실 면접자의 입장에서는 휴일에 연락을 받는다는 것이 매우 불편할 수 있을 것이다. 그러나 회사 입장에서는 무수한 문제가 도사리고 있기에 간혹 급한 일처리 때문에 어쩔 수 없는 경우도 있다. 따라서 야근을 하든 특근을 하든 그것보다 '하려고 하는 마음가짐을 보여주는 것'이 중요하다.

직장에선 항상 배우는 자세가 중요하다고 생각합니다. 야근이나 특근이 생길 경우 배우는 자세로 성실하게 임하겠습니다.

먼저 업무시간에 일을 잘 마칠 수 있도록 철저하게 계획을 세우고 일을 해야 합니다. 그렇게 일을 했는데도 마무리를 못했다면 내일로 미루는 것보다 야근을 해서라도 끝내야 한다고 생각합니다.

일을 하다 보면 분명 야근이 생길 수 있습니다. 그럴 때마다 항상 최선을 다해 열심히 해서 빨리 일을 마무리하겠습니다.

회사라는 곳은 혼자서 일하는 곳이 아니므로 함께 일하기 편한 사람을 선호한다. 그래서 이런 질문에 제대로 답을 못하면 면접자와 같이 일하기엔 부담스럽거나 불편하다고 생각할 수 있다. 그러므로 당황하지 말고 일에 대한 책임감이 있음을 보여 준다.

그리고 간혹 질문을 약간 꼬아서 물어보는 경우도 있다. 이런 질문은 '쓸데없는 야근 vs 필요한 야근'의 개념으로 생각하면 바로 답이 나온다.

면접관 : 직장에서 야근하는 사람에 대해 어떻게 생각하는가?
면접자 : 일하는 중에 제대로 마무리를 못해 야근을 하는 것은 당연하다고 생각합니다. 그리고 일을 하면서 시간 관리를 철저히 해서 그날 맡은 일은 책임감을 가지고 끝낼 수 있도록 노력해야 한다고 생각합니다.

면접관 : 직장에서 야근하는 사람에 대해 어떻게 생각하는가?

면접자 : 효율적으로 일을 해서 빨리 끝내는 것이 더 좋다고 생각하지만, 신입사원이라면 아직 업무에 대해 잘 모르기 때문에 오래 걸릴 수 있고, 효율적으로 일하기 어렵다고 생각합니다. 일을 제대로 하기 위해 익숙해질 때까지 자신이 맡은 일에 책임감을 가지고 야근을 하는 것이라면 바람직하다고 생각합니다.

회사 입장에서 볼 때 일은 제대로 안 하고 정시 퇴근을 중요시하는 직원들도 있기 마련이다. 그래서 간혹 "정시에 퇴근하는 사람에 대해 어떻게 생각하나요?"라는 질문을 하는 경우도 있다.

면접관 : 정시에 퇴근하는 사람에 대해 어떻게 생각하는가?

면접자 : 제시간에 완벽하게 일을 한다면 정시에 퇴근하는 건 당연하다고 생각합니다. 하지만 일을 제대로 못 하고 미룬다면 야근을 해서라도 빨리 끝내야지 차후 일하는 데 지장이 없을 거라 생각됩니다.

정시에 퇴근을 하는 게 무엇이 문제가 되는가? 당연히 정시에 퇴근해야 한다. 그리고 요즘 기업문화에서는 워라밸(Work and Life Balance, 일과 삶의 균형)을 중요시하기에 문제가 되지는 않는다. 그러나 분명한 것은 '맡은 일을 제대로 해야 한다'는 것을 알고 있느냐이다. 일을 미루지 않는다는 것에 대해 반대할 사람은 없다.

1. 갑작스럽게 특근을 시킨다면?

2. 업무를 하다가 야근과 특근이 있을 수 있는데 어떻게 생각하는가?

3. 직장에서 야근을 하는 사람이 있다면?

4. 정시에 퇴근하는 사람에 대해 어떻게 생각하는가?

5. 야근과 특근의 차이를 아는가?

일과 사생활 중에 무엇이 중요한가?

아무리 열심히 일해도 쉬어야 직장생활을 잘할 수 있다. 과거에는 직장인들이 일 중심의 삶을 살아왔고, 물질 중심으로 보상을 했기 때문에 피로가 누적되기도 하고, 사적 시간은 절대적으로 부족하였다. 하지만 지금의 직장생활은 일과 삶의 조화를 추구하는 문화로 변화되고 있다. 이런 문화는 어찌 보면 당연하고, 개인 생활이 행복해야 일을 잘할 수 있기도 하다.

간혹 면접 자리에서 일과 사생활 중에 무엇이 중요한지 물어보면 사생활도 중요하게 생각하겠지만 그래도 일에 대해 비중을 두고 얘기하면 면접관이 보기에 일에 대한 책임감을 더 중요하게 생각한다는 인상을 심어 줄 수 있다. 그렇다고 무조건 일이 중요하다는 것이 아니라 사생활에 대해 합리적으로 말하면 된다. 면접관도 당연히 면접자가 '일이 더 중요하다'라고 답할 거라는 걸 알고 있다. 그럼에도 불구하고 물어보는 이유는, 일과 사생활 사이에서 얼마나 현명하게 대처할지를 보고자 함도 있다.

1) 회사에선 그래도 일이 중요하다고 말하는 사람을 좋아한다.
2) 개인의 입장에선 사생활도 중요하다.
3) 시대가 바뀌어 사생활을 잘해야 일도 잘한다고 생각하는 경우도 있다.

✅ **사생활이 중요하다는 예**

면접관 : ○○○씨는 사생활이 중요한가요? 일이 중요한가요?

면접자 : 일과 사생활 둘 다 중요하지만, 그중에 사생활이 더 중요하다고 생각합니다. 사생활을 통해 부족한 역량을 채우기 위한 자기 계발도 해야 할 뿐만 아니라 잘 쉬어야지 제대로 일을 할 수 있다고 생각하기 때문입니다.

간혹 이렇게 대답을 하면 추가 질문을 받는 경우가 있다. "중요한 일을 퇴근 시 갑자기 말할 수도 있는데 퇴근 후 약속이 잡혀 있는 경우 사생활이 중요하다고 했으니 약속 장소에 가시겠네요?"라고 연결해서 물어보는 경우도 있을 수 있다. 이런 질문이 나올 것을 사전에 대비해 보는 것도 좋다.

✅ **일이 중요하다는 예**

면접관 : ○○○씨는 사생활이 중요한가요? 일이 중요한가요?

면접자 : 저는 일이 더 중요하다고 생각합니다. 현재 다니는 직장이 있어야 저의 사생활도 보장된다고 생각합니다. 그래서 제가 맡은 업무를 제대로 하고, 성실하게 임해 좋은 성과를 내면 자연스럽게 사생활도 따라온다고 생각합니다.

물론 두 개의 답이 다 맞을 수 있다. 하지만 면접관이 봤을 때 일이 중요하다는 느낌을 좀 더 부각한다면 회사에 대한 애사심과 자기 직무에 대한 열정을 보여줄 수 있다는 것을 고려한다.

1. 퇴근 시 갑자기 일을 시킨다면?

2. 주말에 특근을 시킨다면?

3. 우리 회사는 한 달에 한 번 주말에 등산이 있는데 그것은 어떻게 생각하는가?

4. 사내 동아리 활동에 의무적으로 참여해야 한다면?

5. 회식에 대해 어떻게 생각하나요?

입사 후 3개월 만에 직속상관의 사고로 인해 중요한 프로젝트를 본인이 맡게 된다면?

회사에서 일을 하다 보면 예상하지 못했던 갑작스러운 상황들이 발생할 수도 있다. 기업에서는 개인의 입장에서 부담스럽거나 힘든 상황이 발생했을 때 이런 상황을 어떻게 잘 극복하는지, 어떻게 대처하는지 면접자의 생각을 묻고 싶어 하는 경우가 있다. 이런 질문은 공기업에서 많이 물어보는 상황질문이기도 하다. 이런 상황질문이 나왔을 때는 이 말을 기억하자.

"지금 당장 일어나는 상황이 아니다"

회사에선 어떤 상황이 일어나도 문제를 해결하려고 노력하려는 사람을 좋아한다. 면접자의 문제해결력을 엿보기 위해 하는 질문인데, 마치 지금 그 일을 해결해야 하는 것처럼 겁을 먹을 필요는 없다. 이런 질문에는 "열심히 할 수 있다"라는 느낌을 주는 대답을 하면 된다. 당황해서 아무 대답도 하지 않는 것보다 어떤 대답이든 하는 것이 좋다.

> **면접관** : 입사 후 3개월 만에 직속상관의 사고로 인해 중요한 프로젝트를 본인이 맡게 된다면?
>
> 면접자 : 아직 모르는 것이 많지만, 열심히 최선을 다해서 진행하겠습니다.

짧은 대답이지만 어떻게 말을 하느냐에 따라 면접자의 모습이 달라 보일 수 있는 대답이다. 자신감 있게 할 수 있다는 모습을 보인다면 아주 훌륭한 답이 될 수도 있다. 그리고 어떻게 열심히 할 건지 물어볼 가능성도 있으니 차후 질문에 대해 준비만 잘하면 간단한 답이지만 효과적일 수도 있다.

면접관 : 입사 후 3개월 만에 직속상관의 사고로 인해 중요한 프로젝트를 본인이 맡게 된다면?

면접자 : 회사에서 일을 하다 보면 분명 일어날 수 있는 상황이라 생각됩니다. → 상황인정

먼저 과거에 이런 비슷한 프로젝트가 있었는지 확인해서 찾아보고 → 방법제시

일을 진행하겠습니다. 그리고 일을 하면서 제가 제대로 하고 있는지 상관에게 보고하고, 모르는 부분에 대해 수정과 피드백을 받으면서 진행하겠습니다. 그리고 현재 입원하고 계신 직속상관에게 보고할 수 있는 상황이라면 중간마다 어떻게 진행되고 있는지 상황을 말씀드리면서 일에 차질이 생기지 않도록 최선의 노력을 하겠습니다. → 마음가짐

질문에는 원하는 답이 분명히 있다. 이 질문에서 원하는 답은 무엇일까? 어려운 상황에서도 최선을 다해 열심히 할 것인지, 어렵고 힘든 상황에서 어떤 자세로 돌파할 것인지 알아보고자 함이다. 답변 내용이 조금 길어질 수 있지만 회사에서 발생한 문제 상황에 대해 이해하는 것도 중요하므로, 상황에 대해 인정하는 말을 먼저 해 주는 것이 도움이 될 수 있다. 그리고 나서 방법을 제시하고 본인의 마음가짐을 말하면 된다.

그리고 회사에서는 매우 중요시하는 업무 태도가 있다. 회사는 상사도 있고, 선배도 있다. 이들과의 커뮤니케이션이 무엇보다 중요하다. 일을 진행할 때 모

르는 것은 질문을 통해 확인하고, 중간 진행 상황을 보고하고, 메모하는 습관
을 가져야 한다.

💬 **회사에서 중요시하는 업무 태도**

1. 질문
2. 중간보고
3. 메모

이런 점을 고려하여 회사와 상사의 입장에서 기대하는 말을 잘 응용하여 대답
한다면 크게 어려움이 없는 질문이다.

회의를 안 하는 회사는 없다. 회사라는 곳은 문제를 해결하기 위해 다양한 방식으로 업무회의를 진행한다. 회의는 정해진 날에 하는 경우도 있고, 즉흥적으로 하는 경우도 있다. 과거에는 무조건 얼굴을 보면서 회의실에서 서로 간의 의견을 나누었지만 시대가 바뀜으로써 SNS를 활용한 회의를 하는 경우도 많아지고 있다. 최근에는 화상으로 업무회의를 하는 경우도 많아진 추세이고, 더불어 카카오톡이라든가 네이버톡, 라인톡 등을 이용하여 간편하게 회의를 진행하기도 한다.

최근 공기업에서 나온 상황질문 중에 "인터넷채팅(카톡)으로 회의하는 것을 좋아하는 상사와 대면 회의를 좋아하는 상사가 있다. 본인과 반대 성향의 상사를 만난다면 어떻게 하겠는가?"라는 질문이 있었다. 이런 질문을 받으면 사회 초년생들은 회의를 해 본 적이 없다고 생각해 답변하기 어려워하지만, 잘 생각해 보면 대학 생활을 하면서 조별과제, 동아리 행사 등 가볍게 회의를 해 본 경험이 있을 것이다.

"회의는 서로 간의 의견을 나누는 공간이자 회사 발전을 위한 준비단계이다"

사실 회의를 어떻게 하든 크게 문제가 되는 부분은 아니다. 대면으로 하나 카톡으로 하나 결론은 서로 간의 의견을 나누는 것이기에 회의에 관련된 본질만 알아도 당황하지 않아도 되는 질문이다.

개념(인정)	➡	생각설명	➡	마음가짐

면접관 : 인터넷채팅(카톡)으로 회의하는 것을 좋아하는 상사와 대면 회의를 좋아하는 상사가 있다. 그중에 본인과 반대 성향의 상사를 만난다면 어떻게 하겠는가?

면접자 : 제가 생각하는 회의는 서로 간의 의견을 나누는 공간이라 생각됩니다. 그렇기 때문에 카톡으로 하나 대면으로 하나 회의는 똑같다고 생각합니다. 철저하게 회의 준비를 하는 게 더 중요하다고 생각됩니다.

면접관 : 인터넷채팅(카톡)으로 회의하는 것을 좋아하는 상사와 대면 회의를 좋아하는 상사가 있다. 그중에 본인과 반대 성향의 상사를 만난다면 어떻게 하겠는가?

면접자 : 저랑 안 맞는 성향이 있다고 해도 맞출 수 있는 직원이 되어야 한다고 생각됩니다. 회의 준비를 철저하게 해서 회의에 문제가 없도록 하는 게 더 중요하다고 생각합니다.

이런 질문들은 회사와 지원자 간에 성향을 잘 맞출 수 있는지 아닌지를 보는 것뿐이다. 본인의 생각과 의견이 중요하기도 하지만 어떤 상황에서도 회사와 맞출 수 있다는 것을 보여 주는 것이 좋다. 그리고 "카톡으로 회의해 본 경험이 있나요?"라든가 "카톡으로 하는 회의와 대면으로 하는 회의의 차이점이 무엇인지?"와 같은 추가 질문이 있을 수 있다.

1. 상사와 본인의 성격이 안 맞으면 어떻게 할 것인가?

2. 회의 진행 중 상사의 의견과 본인의 의견이 맞지 않아 대립하게 되었다. 어떻게 하겠는가?

3. 싫은 상사 유형에 대해 말해 보세요. 그리고 만약 그런 상사와 일을 하게 된다면 어떻게 하겠는가?

4. 자신이 좋아하는 상사 유형과 싫어하는 상사 유형이 있나요?

5. 회의를 지나치게 자주 하는 상사와 일하게 된다면 어떻게 하겠는가?

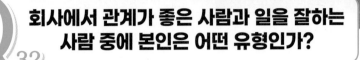

면접에서 일과 관계에 관한 질문을 흔히 물어본다. 면접자의 입장에서는 다소
어려운 질문이 될 수 있는데, 얼핏 보기에 둘 중에 어느 것을 선택하든 면접자
에게 불리한 대답이 될 수 있기 때문이다.

> **면접관** : 회사에서 관계가 좋은 사람과 일을 잘하는 사람 중에 본인은 어떤
> 유형입니까?
> **면접자** : 저는 일을 잘하는 유형입니다.
> **면접관** : 관계가 더 중요하지 않나요?

> **면접관** : 회사에서 관계가 좋은 사람과 일을 잘하는 사람 중에 본인은 어떤
> 유형입니까?
> **면접자** : 저는 관계가 좋은 유형입니다.
> **면접관** : 회사에서는 일을 통해 성과를 내는 것이 더 중요하지 않나요?

일과 관계 중 무엇을 선택하든 추가 질문을 받을 가능성이 크다. 그래서 이렇
게 두 가지 중 하나를 선택해야 하는 유형의 질문을 받았을 때는 좀 더 현명하
게 답할 필요가 있다.

1. 일과 관계, 모두 중요하다.

모든 기업에서 사람을 뽑는 기준은 1) 일 잘하고, 2) 사람들과 잘 어울리고, 3) 회사에 대해 잘 아는 것, 이 세 가지다. 이 중에서 특히, '일을 잘하는 것'과 '사람들과 잘 어울리는 것'은 기업에서 성과를 내는 데 가장 큰 영향을 끼치는 요소이며, 어느 정도 연관성이 있다. 그러므로 어느 것 한 가지만 딱 집어서 중요하다고 말하기보다는 두 가지 모두 언급을 하는 것이 좀 더 지혜로운 답변이 될 수 있다. 그러나 잊지 말아야 할 것은 기업은 '성과'를 내는 것을 가장 중요하게 생각한다는 것이다. 무엇을 중요하다고 이야기하든 일과 관계의 연관성을 이용하여 '좋은 성과를 내는 것'으로 결론을 짓는 것이 효과적인 답변이 될 수 있다.

- 일을 잘하는 유형이다 - 일을 잘해서 좋은 성과를 낸다 - 관계도 좋아진다
- 관계가 좋은 유형이다 - 관계를 바탕으로 업무를 빨리 습득한다 - 좋은 성과를 낸다

일을 잘하는 유형이라고 답하더라도 관계에 대해 언급을 한 번 해 주고, 관계가 좋은 유형이라고 답하더라도 성과에 대한 부분을 놓치지 않고 답변을 하면 불리한 추가 질문을 받지 않을 가능성이 크므로 자신에게 유리한 답변이 될 수 있음을 기억하자.

참고로, 직무에 따라 일과 관계의 비중에 차이가 있을 수 있다. 특히 영업 직군은 관계를 통해 일의 성과가 나올 수 있고, 연구직과 같은 경우는 일을 통해 관계가 좋아질 수 있기 때문에 직무에 맞는 일과 관계에 대해 생각해 보는 것도 중요할 수 있다.

그동안의 경험을 떠올려 보고, 그 경험을 근거로 답변을 준비한다면, 좀 더 편안하게 답할 수 있을 것이다.

"일 잘하는 유형"을 뒷받침할 만한 사례	"관계가 좋은 유형"을 뒷받침할 만한 사례
• 프로젝트 참여 시 효율적으로 계획하여 결과물을 빨리 제출한 경험 • 판매 아르바이트를 하면서 매출을 올린 경험 • 팀별 과제를 수행하면서 참여도가 낮은 팀원의 역할까지 본인이 맡아서 좋은 결과물을 낸 경험	• 조별 과제 시 갈등을 원만히 해결해 과제를 완성한 경험 • 팀 프로젝트를 하면서 낙오된 팀원까지 동기부여로 참여시켜 좋은 결과물을 낸 경험 • 대회 참여 등 경쟁에서 이기고 난 후, 진 팀을 챙기거나 격려한 경험

2. 효율적인 답변 패턴을 따르자.

제한된 시간 안에 효율적으로 답하기 위해서는 1) 핵심요약, 2) 경험과 내 역할 및 기여도, 3) 입사 후 적용의 순서에 따라 자신의 경험을 정리해 답변을 연습해 보면 도움이 될 것이다.

✔ 일을 잘하는 유형이라고 답할 경우

핵심요약
저는 일을 잘하는 사람에 더 가깝습니다. 어떤 일을 진행할 때 항상 어떻게 하면 더 효율적으로 처리할 수 있을지를 먼저 생각하고 움직입니다.

경험과 내 역할 및 기여도
예전에 사무보조로 아르바이트를 할 때 1,600개 정도 되는 데이터를 분류하는 일을 했는데, 엑셀 프로그램을 활용해서 빠르게 작업하는 매뉴얼을 만들고, 다른 분들에게도 방법을 알려 주었습니다. 3일 정도 소요 예정이었던 작업이 하루 만에 끝났고, 빨리 업무를 처리하게 된 동료들과의 관계도 더 돈독해졌습니다.

입사 후 적용

○○기업에서 ○○직무를 수행할 때도 같은 자세로 임하여 빠르게 업무를 습득해 '믿고 맡길 수 있는 신입'이 되겠습니다.

✅ 관계가 좋은 유형이라고 답할 경우

핵심요약

저는 관계가 좋은 유형입니다.

경험과 내 역할 및 기여도

전공 수업에서 팀별 과제를 할 때 각자 분담한 역할에 소홀한 팀원이 있거나 갈등이 생기는 상황에 항상 제가 나서 중재하고 문제를 해결하려고 노력했습니다. 갈등을 원만히 해결한 후에 서로 협력해서 예전보다 빨리 과제를 제출할 수 있었습니다. 함께 하는 사람 간의 관계가 좋아지면 보다 효율적으로 성과를 낼 수 있음을 배웠습니다.

입사 후 적용

○○기업에 입사하면 제가 맡은 역할을 다하는 것은 물론, 항상 함께 일하는 분들과 좋은 관계를 유지해, 성과를 내는 데 기여하겠습니다.

1. 일할 때 팀워크와 성과 중 어떤 것이 더 중요하다고 생각하는가?

2. 회사에서 팀 프로젝트로 일을 하는데 자신의 업무를 자꾸 나에게 미루는 동료가 있다면 어떻게 하겠는가?

3. 회사에서 관계가 좋은 사람과 일을 잘하는 사람 중 누구를 뽑는 것이 회사에 더 유리한가?

4. 본인과 관계가 좋지 않은 동기 또는 본인보다 경력이 많지 않은 후배가 먼저 승진한다면 어떻게 하겠는가?

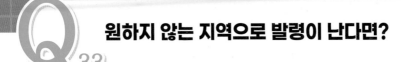

원하지 않는 지역으로 발령이 난다면?

이상적인 직장생활은 내가 원하는 일을 내가 원하는 지역에서 하는 것이다. 하지만 일을 하다 보면 항상 내가 원하는 일을 하고 원하는 지역에서 근무할 수 있는 것은 아니다. 회사 전체의 관점에서 효율적인 업무 배치를 하다 보면 개인이 원하는 부서에서 일을 못하는 경우도 있다. 누구든 원치 않는 일을 하고 싶지는 않겠지만, 간혹 어쩔 수 없는 때도 있으므로, 일반 기업에서는 물론 공공기관에서도 질문을 통해 면접자의 생각을 알아보는 경우가 있다.

입사지원서에서도 희망근무 지역이나 직무를 묻는 경우가 있다. 지원자 대부분은 집과 가까운 곳을 선호하지만, 원하는 지역에서 무조건 근무하는 것은 아닐 수도 있다. 또 지원자들이 일하기를 원하는 곳이 특정 지역에 몰리기도 한다. 그렇다 보니 원하는 지역에서 근무할 수도 있지만 타 지역에 인재가 필요하면 그 지역으로 가는 경우도 생길 수 있다.

석유공사 같은 경우 지원자가 울산과 평택을 선택해야 하는 경우가 있었다. 지원자는 집이 서울이다 보니 원하는 지역을 서울과 가까운 평택으로 선택했는데, 그 지원자에게 "원하는 지역에 발령이 안 나면 어떻게 하겠는가?"라고 물어보기도 했다.

1. 간단명료하게 말을 해도 된다.

회사의 입장에서 볼 때 어느 지역이든 갈 마음의 준비가 되어 있는 사람을 좋아할 수밖에 없다. 대답 시 흔들림 없이 어느 지역에서든 잘할 수 있다는 것을 보여주는 답변을 한다.

> 저는 ○○회사에서 어디에나 필요한 사람이 되고 싶습니다. 저를 필요로 하는 곳이 있다면 어디든 가서 최선을 다하겠습니다. 지역은 결코 저에게 중요하지 않습니다.

때론 시키면 시키는 대로 하는 것 같이 보일 수 있지만, 회사에선 어느 지역이든 갈 수 있는 인재를 원할 수 있다. 따라서 지역은 중요하지 않고 어디 가서든 열심히 일할 수 있다는 느낌으로 말하는 것이 필요하다. 그리고 차후에 열심히 노력하여 자기가 원하는 지역에 갈 수 있도록 하겠다고 이야기한다면 그것 또한 좋은 답변이 될 수 있다.

> 저는 ○○회사에서 어디에나 필요한 사람이 되고 싶습니다. 저를 필요로 하는 곳이 있다면 어디든 가서 최선을 다하겠습니다. 그리고 어느 지역이든 기숙사가 있어서 지내는 데 큰 불편함이 없다고 생각합니다. 어느 지역에 가든 항상 배우는 자세와 최선을 다하는 자세를 보여 차후 제가 원하는 지역에 갈 수 있도록 노력하겠습니다.

2. 회사에 대해 정확하게 파악한 답변으로 강하게 인상을 남긴다.

지역마다 뽑는 인원이 정해져 있고, 정해진 직무가 있는 데는 다 이유가 있다. 해당 지역에서 그 인재가 필요해서 뽑는 것이기도 하다. 하지만 뜬금없이 "해당 지역 말고 다른 지역에 근무할 수 있나?"라고 물어보면 얼마나 황당하겠는가? 때론 자신에 대해 정확하게 어필하는 것도 좋다.

> 제가 지원한 직무는 ○○ 관리입니다. 특히 ○○회사 같은 경우 ○○ 비전을 통해 나아가고 있으며 그 일을 하려면 ○○ 만큼 중요한 게 없다고 생각합니다. 저는 ○○에 필요한 ○○○, ○○○, ○○○을 배워 왔으며 ○○○ 만큼은 누구에게도 뒤처지지 않습니다. 그리고 서울 지역에서만 뽑는 이 직무에 있어 최선을 다해 성과를 내는 인재의 모습을 보여 드릴 수 있기에 저는 서울에서 일하고 싶습니다.

직무에 대한 자신감을 보여 줄 수 있는 답변이다. 기업에서는 좋아할 수 있지만, 공무원 같은 경우 보직이라든가 희망 근무 지역을 바꿔서 일해야 하는 경우가 있으니 공무원 면접에 임한다면 고려하여 답변한다.

? 📝 비슷한 질문 유형

1. 원하지 않는 부서에 발령이 난다면?
2. 해외로 발령이 난다면?
3. 집하고 거리가 먼데 괜찮은가요?
4. 자신이 원하는 일은 동료에게 시키고, 동료가 원하는 업무를 자신에게 시키면?

05
인성 질문으로 그 사람의 됨됨이를 파악한다

'인성'은 과거나 지금이나 삶에서 가장 크게 영향을 미치는 중요한 부분이다. 사람을 볼 때 우리는 기본 됨됨이, 즉 인성을 보기 마련이다. 면접에서도 그 사람의 인성은 꼭 확인한다. 간혹 "일만 잘하면 되지 왜 이런 인성 질문을 하나?" 생각할 수도 있다. 인성은 그 사람의 됨됨이기에 회사 입장에서는 면접자가 생각하는 기준, 가치관, 생각을 듣고 싶어 한다. 면접이 이루어지는 짧은 시간 동안 인성 질문 몇 개를 통해 그 사람의 인성을 모두 알기는 어렵지만, 오랫동안 사람을 보는 일을 하는 인사담당자들은 짧은 면접 시간에 충분히 면접자의 인성을 판단할 수 있다고 본다. 여럿이서 함께하는 사회생활은 내 맘대로 되는 것이 아니기에 면접자는 자신의 생각을 있는 그대로 너무 솔직하게 드러내기보다는 사회생활에 기본적으로 통용이 되는 대답을 하는 게 가장 좋고 이상적이다.

1. 존경하는 인물이 있나요?

2. 본인의 좌우명은?

3. 취미나 특기는 무엇인가요?

4. 가장 기억에 남는 책이나 영화가 있다면?

5. 학창시절 가장 기억에 남는 경험(활동)은?

6. 기억에 남는 봉사활동은?

7. 첫 월급을 받으면 어떻게 할 것 같습니까?

8. 친구에 대해 소개해 보세요.

무대 위에서만이 아니라
현실 세계에서도 그 사람의 진정한 성격은
무심코 내뱉은 말 한마디 또는 혼잣말 속에
가장 잘 나타나는 것이다.

– 알렉산더 스미스 –

존경하는 인물이 있나요?

면접에서 존경하는 인물을 물어보는 경우가 있다. 면접을 준비하는 취업준비생들은 은근히 이 질문이 어렵다고 말한다. 누구를 얘기해야 할지도 모르겠고, 존경하는 인물이 없다고 한다. 그렇다 보니 지어내기도 하고, 흔하디 흔한 사람을 말하기도 한다. 한국 갤럽에서 '한국인이 존경하는 인물'에 대해 조사한 적이 있다. 1위가 누구일까? 바로 이순신 장군이다. 이런 존경하는 인물은 시대에 따라 차이는 있어도 중요 인물들은 해마다 비슷하다.

〈한국인이 존경하는 인물〉

1위	2위	3위	4위	5위
이순신	세종대왕	노무현	박정희	김구

6위	7위	8위	9위	10위
정주영	유관순	김대중	반기문	안중근

존경하는 인물을 묻는 질문은 과거에는 자주 물어봤지만, 요즘은 많이 묻지 않는 추세이다. 하지만 혹시 모를 질문에 대비해 한 번쯤은 생각해 보고 가는 것이 좋다. 존경하는 인물에 관해 물어본다면 세 가지의 개념을 생각하고 가면 좋다.

1. 생각지도 못한 존경하는 인물을 말해라.

면접 자리에서 존경하는 인물로 많이 언급되는 인물로는 부모님, 이순신 장군, 박지성, 한비아 등이 있다. 앞 지원자가 내가 생각했던 인물을 먼저 말하거나 면접 자리에서 항상 언급되는 인물을 말하는 지원자가 부지기수다. 그렇기 때문에 같은 인물도 남들과 다르게 말을 하든가 생각지도 못한 인물을 말해 면접관이 귀를 쫑긋하도록 만들어야 한다. 어떤 면접자는 노홍철을 존경한다고 말한 사람도 있다. 노홍철이 문제가 아니라 노홍철을 왜 존경하는지 정확한 이유를 제시하면 되는데, 이 면접자는 노홍철의 유쾌함, 즐거운 분위기 조성, 항상 먼저 다가가는 마음 자세가 본인이 부족한 부분이라 보고 많이 배웠다고 말하였다. 존경하는 인물을 말하되 구체적인 이유를 제시하여야 한다.

2. 누군지 궁금하도록 만든다.

존경하는 인물로 부모님을 말하지 말라는 경우가 많다. 하지만 본인이 가장 존경하는 인물이 부모님이라면 말할 수도 있다. 단, 많은 면접자가 말을 하다 보니 조금이라도 다른 답변을 준비해야 한다.

> **면접관** : 가장 존경하는 인물은 누구인가요?
> 면접자 : 부모님이십니다.

이렇게 단답형으로 말을 하면 면접관이 '또 부모님이야'라고 생각할 것이다. 식상하게 느껴 반응이 시큰둥할 수 있다. 그리고 추가 질문을 하는 경우도 있을 수 있다.

"부모님을 왜 존경하는지 이유를 말해 보세요."
"부모님 말고 다른 분을 말해 보세요."
"부모님은 누구나 당연히 존경하는 것 아닌가요?"

이렇게 추가 질문을 받는 순간 면접자는 당황하기 마련이다.
그러므로 서두를 다르게 시작해서 "누군지 궁금하도록" 만들어 보는 것이다.

> 면접관 : 가장 존경하는 인물은 누구인가요?
> 면접자 : 제가 인생을 살면서 저에게 많은 가르침과 배움을 주신 분이 있습니다. 그분을 보면서 삶의 지침을 배우게 되었습니다. 그분은 저의 부모님이십니다.

이렇게 서두를 남들과 다르게 시작해 보면 면접관이 중간에 끊지도 않고 누군지 궁금해 할 수도 있다. 그러므로 호기심을 자극하는 말로 한번 시작해 보는 것이다. 말을 하는 순서만 바꾸어도 좀 더 전략적인 답변이 될 수 있다.

3. 지원한 직무와 분야의 인물을 생각해 본다.

이왕이면 지원한 직무와 분야에 관련된 인물을 말하는 것도 좋다. 아나운서가 되려는 면접자는 존경하는 아나운서 한 사람쯤은 있어야 할 것이다. 그리고 기업에 지원한 면접자 역시 존경하는 기업인, 해당 분야의 최고를 말하는 것도 방법이다. 설문조사를 해 보면 언론인은 손석희, 운동선수는 김연아, 박지성, 경제인은 이건희, 만화가는 강풀, 영화감독은 봉준호 등 다양한 분야에서 존경하는 사람들이 거론된다. 자기가 지원한 분야의 존경하는 사람이 있다는 건 분명 플러스 요인이 된다.

면접관 : 가장 존경하는 인물은 누구인가요?

면접자 : 중학교 때부터 제 꿈은 아나운서였습니다. 그러다 보니 아나운서에 대해 자연스럽게 관심을 가지게 되었고, 특히 백지연 아나운서를 가장 존경합니다. 백지연 아나운서의 뉴스를 보면 논리적이고 설득력 있게 다가왔습니다. 그리고 호소력 있는 톤으로 청중에게 신뢰감을 주는 모습이 제가 꿈꿔왔던 아나운서입니다. 지금도 휴대폰으로 시간이 날 때마다 듣고 따라 해보고 있습니다.

---

4. 존경하는 인물에 대한 응용력을 키워야 한다.

면접 질문 중에 존경하는 인물과 비슷한 질문들이 있다. 존경하는 인물과 비슷한 말로는 멘토라든가 배움을 준 사람, 그리고 삶에 영향을 준 사람 등이 있을 것이다. 다 비슷한 말이다. 자신에게 무언가 배움이 될 만한 인물이 있었다면 생각해 보는 것도 좋다.

본인에게 배움을 주는 분이 있는가?
혹시 멘토는 있는가?
삶에 영향을 준 사람은?

앞부분만 바꾸어서 말해도 되고, 응용하여 대답하는 습관을 키워야 할 것이다. '존경하는 인물'에 대한 답만 준비했다고 해서 당황하지 말고 대답을 시작할 때, 질문의 내용에 맞게끔 응용해서 답변하면 된다.

"저에게 배움을 주신 분은 ~ "
"저에게 항상 멘토가 되어주신 분은 ~ "
"제 삶에 영향을 준 사람은 ~ "

5. 때론 주변 인물을 찾아봐도 좋다.

존경하는 인물이라 하면 무조건 유명한 사람, 업적이 있는 사람 등을 생각하기 마련이다. 하지만 존경하는 사람이란 나에게 배움과 영향력을 준 사람을 말하기도 한다. 그러니 너무 멀리만 보지 말고 주변에 있는 사람 중에서 나에게 의미 있는 사람을 찾아보는 것도 좋다. 오히려 가까이서 깨달은 게 많아서 한결 말하기가 쉽게 느껴질 것이다.

1) 주변에 배움을 준 친구
2) 학교 교수님
3) 아르바이트(인턴)를 하면서 본 직장동료
4) 형제자매
5) 친인척 등

주변을 둘러보면 다양하게 배움을 준 사람이 많다. 사는 과정에서 배움을 준 사람도 존경의 기준이 될 수도 있으니 찾아보자.

비슷한 질문 유형

1. 닮고 싶은 사람은?
2. 지원한 직무에서 배우고 싶은 사람은?
3. 리더 중 가장 이상적인 리더는?
4. 멘토가 있나요?
5. 현재 우리 기업 내에서 닮고 싶은 사람이 있다면?

본인의 좌우명은?

좌우명(座右銘)은 '늘 가까이 두고 스스로 경계하거나 가르침으로 삼는 말'이다. 면접에서는 좌우명뿐만 아니라 가훈, 생활신조 등을 자주 물어본다. 그러나 하나쯤은 좌우명이 있음에도 불구하고, 질문의 의도를 명확히 이해하지 못해, '면접에서 이야기해도 되나?' 하는 의문을 많이 가지는 것 같다. 그래서 실제로 나의 좌우명은 아니지만, 그 회사의 비전이나 인재상에 맞는 좌우명을 억지로 찾아서 연결하는 경우도 많다. 효과적으로 답변하기 위해서는 어떻게 해야 할까?

1. 태도를 엿볼 수 있는 좌우명

> 지원자 A의 좌우명 : 친절을 베풀고 보답을 바라지 말라.
> 지원자 B의 좌우명 : 내 사전에 불가능은 없다.
> 지원자 C의 좌우명 : 아는 길도 물어서 가라.

위의 지원자 A, B, C는 어떤 사람일까? A는 이타적인 것을 추구하는 사람, B는 도전적인 삶을 추구하는 사람, C는 매사에 신중함을 추구하는 사람이라고 예상할 수 있다. 좌우명 하나를 보고 모든 것을 판단하기는 어렵지만, 좌우명을 보면 이 사람이 중요하게 여기는 것, 추구하는 것, 삶을 대하는 태도와 같은 것들을 어느 정도는 예상해 볼 수 있다는 이야기다. 면접에서 좌우명을 묻는 것은 일하면서 성과를 내는 데 있어 이 사람의 삶의 태도가 얼마나 긍정적으로 영향을 끼칠지가 궁금하기 때문이다. 따라서 면접에서 좌우명에 관해 물으면 좌우명만을 이야기하고 끝내기보다는 왜 그것을 좌우명으로 삼았는지, 그리고 일을 하면서도 그 좌우명을 어떻게 업무에 적용할지에 대해 함께 이야기하는 것이 좋다.

2. 무엇이든 좌우명이 될 수 있다.

면접에서 좌우명을 물었을 때, 없다고 하는 것보다는 일단 무엇이라도 말하는 것이 낫다. 어릴 적부터 듣고 자란 집안의 가훈, 종교적 신념, 친구나 선후배의 말 한마디, 책에서 본 글귀나 좋아하는 영화의 명대사, 어떤 것이든 좌우명이 될 수 있다. 만약 좌우명이 없다면 지금이라도 다양한 책과 영화 등을 접하면서 자신에게 와닿는 말을 좌우명으로 삼아보면 어떨까?

제 인생에 큰 영향을 주었던 말이 있습니다. 고등학교 시절 형편이 어려워서 늘 행정실에 불려 다녔습니다. 그때 늘 같이 불려 다니던 친구가 있었는데, 늘 울상이던 저와는 달리 그 친구는 늘 웃고 있었습니다. 친구에게 기분이 나쁘지 않느냐고 묻자, 친구가 "야, 부모님이 가난하지, 내가 가난하냐?"라고 답했는데, 그 말을 듣는 순간 정말 많은 것을 생각하게 되었습니다. 그때부터 저는 부모님에게 의존하는 태도에서 벗어나, 좀 더 주도적이고 당당한 마인드를 가지게 되었고, 학교생활에서도 칭찬을 받기 위해서가 아니라 제 스스로의 능력을 기른다는 생각으로 임했습니다. ○○기업에 입사해서도 제가 속한 회사와 함께 성장할 수 있도록 적극적인 자세로 업무에 임하겠습니다.

스티브잡스가 한 연설에서 이야기했던 'Stay hungry, Stay foolish, 항상 갈망하라, 항상 무모하라'라는 말이 저에게는 가장 와닿았습니다. 대학 생활을 하면서 사실 무슨 일을 해야 할지, 어떤 분야로 취업을 해야 할지 막막했는데 그 말을 듣고, 무언가를 최선을 다해 열정적으로 해 본 적이 많지 않다는 생각이 들었습니다. 그때부터 제가 무엇을 하면 좋을지 진로에 대해 깊이 있게 고민하고 지금 ○○분야에 지원하기 위해 ○○자격증 취득과 ○○교육을 받는 등 열정적으로 준비했습니다. 입사 후에도 늘 좋은 성과를 갈망하고 도전하는 사람이 되겠습니다.

좌우명까지는 아니더라도 1) 인상 깊었던 말, 2) 변화, 3) 입사 후 포부로 연결지어 답한다면 질문의 의도에 맞는 효과적인 답변을 할 수 있다.

3. 면접에서 좌우명을 말하는 효과적인 방법

좌우명을 이야기할 때, 나에게 전혀 와닿지 않는 내용을 억지로 만들어 답하려고 하면 어렵게 느껴질 수 있다. 그리고 자신에게 어려운 내용을 전달하다 보면 자신 있게 말하기가 어렵다. 그러므로 좌우명을 이야기할 때는 적어도 자신에게 와닿는 것, 평소 자신의 태도를 반영할 수 있는 좌우명을 활용하는 것이 답변하기가 좋다. 그리고 면접이니만큼, 회사나 내가 하게 될 업무와 연결 짓는 것이 좋은데, 회사의 인재상이나 자신의 세부직무와 같이 내가 아직 겪어보지 않은 것과 연결하는 것이 어렵다면, 업무를 하는 '태도'와 연결하면 좀 더 쉽게 느껴질 것이다. 다음과 같은 방식으로 이야기하면 효과적이므로 나의 좌우명으로 답변 연습을 해 보자.

좌우명	➡	좌우명의 의미	➡	좌우명으로 삼게 된 계기	➡	나아갈 방향

저의 좌우명은 "카르페디엠"입니다.　　　　　　　　　　→ 좌우명

이 말은 '죽은 시인의 사회'라는 영화에서 등장하는 말로
"현재를 살아라"는 뜻입니다.　　　　　　　　　　→ 좌우명의 의미

항상 지나간 일을 후회하거나 미래를 걱정하는 저에게 저 말은 큰 깨달음을
주었습니다. 그래서 저는 "지금, 여기, 바로 이 순간"이 인생에서 가장 소중
하다 생각하고 살아가려고 노력합니다.　　　　　　→ 좌우명으로 삼게 된 계기

입사 후에도 이 좌우명처럼, 실수하거나 어려운 일에 부딪혔을 때,
과거를 자책하거나 미래를 미리 걱정하면서 감정을 소모하기보다는 문제를
해결하기 위해 할 수 있는 것이 무엇이 있는지 방법을 찾으려고 노력할 것
입니다. 그리고 반드시 방법을 찾아 문제를 해결할 것입니다.　→ 나아갈 방향

좌우명	➡	관련 경험	➡	나아갈 방향

"생각하는 대로 살지 않으면 사는 대로 생각하게 된다"는 프랑스 시인 폴
발레리의 말을 인생의 좌우명으로 삼고 살아가고 있습니다.　　→ 좌우명

예전에 카페에서 1년 정도 장기 아르바이트를 한 적이 있었습니다.
처음에는 열정적으로 일했지만, 매일 같은 일을 반복하다 보니 3개월쯤 지났을 때는 대충대충 일하게 되었습니다. 지친다는 생각이 들 때, 우연히 책에서 "생각하는 대로 살지 않으면 사는 대로 생각하게 된다"는 글귀를 발견하고 정신이 번쩍 들었습니다.
카페를 찾아오는 사람들에게 기쁨을 주기 위해서 일하자는 마음으로 다시 최선을 다하면서 일하자, 매출도 오르고 손님들의 반응도 달라졌습니다. 그때부터 저 말은 제 인생의 지침이 되었습니다. → 관련 경험

입사를 하고 일을 하다 보면 분명 지칠 때가 있을 것이라 생각합니다.
그럴 때마다 저에게 동기부여를 할 수 있도록 저 말을 책상에 붙여두고 항상 깨어있는 마음으로 업무를 해 보겠습니다. → 나아갈 방향

"친절해라, 부지런해라, 누구에게든 무엇이든 배워라"
이 세 가지가 저의 좌우명입니다. 어릴 적부터 아버지께 항상 들어온 말입니다. → 좌우명

그래서 저는 매일 아침 6시에 일어나 청소를 하는 습관이 몸에 배어 있습니다. 그리고 그날 하루 만나는 모든 이들에게 친절하려고 합니다. 또한 누구에게든 무엇이든 배우려고 하는 자세도 제가 성장하는 데 큰 도움이 됩니다. 무엇보다 제가 힘들 때도 아버지의 말씀을 기억하고 행동에 옮기면 항상 저에게 좋은 일들이 생겼습니다. → 관련 경험

회사 생활을 할 때도 친절하고, 부지런하고, 배우는 자세로 성장하는 사람, 성과를 내는 사람이 되겠습니다. → 나아갈 방향

4. 좌우명은 곧 명언이 될 수 있다.

면접자에게 좌우명을 물어보면 있는 사람도 있고 없는 사람도 의외로 많다. 무엇이든 좌우명이 되기도 하지만 없는 면접자에겐 생각할 시간이 많이 필요하다.

갑자기 만들어야 하나?

없으면 없다고 말하면 안 되나?

있어 보이는 것을 말해야 하나?

가장 쉽게 좌우명을 만든다면, 바로 명언이 될 수 있다. 명언(名言)은 '사리에 맞는 훌륭한 말, 널리 알려진 말'이라고 한다. 죽은 사람이 하는 것이 꼭 명언은 아니다. 주변에 있는 친구, 선후배, 가족 등 다양한 사람에게도 있을 수 있는 게 명언이다. 그리고 명언은 말을 논리적이면서 설득력 있게 한 마디로 요약 정리하는 데 아주 유용하다. 자신이 추구하는 좌우명을 본인에게 좋고 감동적이라고 해서 무조건 사용하는 것보다 직무에 연관성이 있는 명언을 쓴다면 더 좋고, 그 전파력이 클 것이다.

💬 주제별 명언 예시

1. 도전과 성공, 행동
성공하기까지는 항상 실패를 거친다. - 미키 루니

실패하는 것은 곧 성공으로 한 발짝 더 나아가는 것이다. - 메리 케이

성공은 열심히 노력하며 기다리는 사람에게 찾아온다. - 에디슨

성공한 사람보다는 가치 있는 사람이 되라. - 알버트 아인슈타인

승리는 가장 끈기 있는 자에게 돌아간다. - 나폴레옹

성공이란 열정을 잃지 않고 실패를 거듭할 수 있는 능력이다. - 처칠

비장의 무기는 아직 손안에 있다. 그것이 바로 희망이다. - 나폴레옹
묻는 걸 겁내는 사람은 배우는 걸 부끄러이 여기는 사람이다. - 덴마크 속담

2. 행복

행복은 우리 자신에게 달려 있다. - 아리스토텔레스
모자라는 부분을 채워가는 것이 행복이다. - 로버트 프로스트
대부분의 사람은 마음 먹은 만큼 행복하다. - 에이브러햄 링컨
행복은 생각, 말, 행동이 조화를 이룰 때 찾아온다. - 마하트마 간디
어리석은 자는 멀리서 행복을 찾고,
현명한 자는 자신의 발치에서 행복을 키운다. - 제임스 오펜하임
누군가를 미워하고 있다면, 그 사람의 모습 속에 보이는 자신의 일부
분을 미워하는 것이다. - 헤르만 헤세

3. 인생

인생은 밀림 속의 동물원이다. - 피터 드 브리스
인생이란 결코 공평하지 않다. 이 사실에 익숙해져라. - 빌 게이츠
태어나면서부터 현명한 이는 없다. - 미겔 데 세르반테스
반성하지 않는 삶은 살 가치가 없다. - 소크라테스
허물이 있다면, 버리기를 두려워 말라. - 공자
인생은 가까이서 보면 비극이지만 멀리서 보면 희극이다. - 찰리 채플린
영원히 살 것처럼 꿈꾸고 오늘 죽을 것처럼 살아라. - 제임스 딘
시련은 있어도 실패는 없다. - 정주영
사람은 책을 만들고 책은 사람을 만든다. - 신용호

4. 말, 배움

말하는 것은 지식의 영역이고 듣는 것은 지혜의 특권이다. - 오릴버 웬델 홈즈
당신이 단지 말을 지혜롭게 선택하는 것만으로도,
말의 힘을 깨닫게 될 것이다. - 앤소니 라빈스
의사소통을 잘하면 잘할수록 이익은 커진다. - 존 밀턴

당신 마음속에 무엇이 들어가 있는가가 현재의 당신을 만든다. – 지그 지글러

실천이 말보다 낫다. – 벤자민 프랭클린

아는 것이 힘이다. – 프랜시스 베이컨

웃음은 마음의 조깅이다. – 노먼 커즌즈

🗨 비슷한 질문 유형

1. 가훈이 있나요?

2. 생활신조가 있다면 무엇인가요?

3. 인생에서 가장 중요하다고 생각하는 가치관은 무엇인가요?

4. 자신에게 가장 소중하다고 생각하는 것을 이야기해 보세요.

5. 내 삶의 기준은?

6. 학교생활을 하면서 반드시 지킨 원칙이 한 가지 있다면 무엇인가요?

취미나 특기는 무엇인가요?

'오늘은 뭐 먹지?'라는 질문을 하거나 받아본 적이 있는가? 물어보기는 쉽지만 대답하기는 정말 어려운 질문이다. 메뉴가 많아 선택지가 많은 것도 어렵고, 함께 먹는 사람들이 있다면 개인의 취향 등 고려해야 하는 것도 많기 때문이다. 면접에서는 취미나 특기에 대한 질문이 그렇다. 시간이 나면 이것저것 즐겨 하는 것은 많지만 그렇다고 '면접'이라는 자리에서 딱히 취미나 특기로 내세울 만큼 지속해서 하거나 잘하는 것도 없는 경우가 대부분이다. 그래서 실제로 면접 컨설팅을 진행하다 보면 취미나 특기가 없어서 무엇을 이야기해야 할지 어려워하는 경우가 많고, 일부러 직무에 도움이 되는 취미나 특기를 따로 준비해야 하냐고 물어보는 일도 있다.

1. 취미나 특기로 무엇을 말할까?

간단히 말하자면, 취미는 '즐겨 하는 일', 특기는 '특별히 잘하는 일'이다. 취미와 특기를 따로 생각하고 고민을 하는 경우가 많은데, 사실 좋아하는 일을 지속해서 하다 보면 잘하게 된다. 취미가 곧 특기가 될 수 있다는 말이다. 그리고 면접이라는 자리에서 '내세울 만한' 취미나 특기는 좀 더 근사해야 한다고 생각하는 경우가 많은 것 같다. 그러나 사소하더라도 내가 자주 하는 일이 있거나 나에게 어떤 '유익'이 있는 일들이 있다. 예를 들어, 스트레스를 받거나 마음이 복잡할 때마다 요리를 한다거나 평소에 영화나 책을 즐겨 본다거나 하는 것 말이다. 내가 평소에 즐겨 하는 일이 있다면 그것을 통해 내가 얻을 수 있는 것이 무엇인지 생각해 보고 면접에서 당당하게 취미와 특기로 답변해 보자.

면접관 : 취미나 특기가 있습니까?

면접자 : 시간이 나면 웹툰이나 영화, 드라마를 보는 것을 좋아합니다. 원래는 재미로만 보았는데, 계속 보다 보니 거기에 등장하는 캐릭터들의 심리를 자연스럽게 분석하게 되었습니다. 그리고 '만약 나라면 저 상황에서 어떻게 했을까?'를 생각해 보면서 저에 대해 이해하고, 타인에 대해 이해하는 데 많은 도움이 되었습니다. 이런 저의 경험이 인사직무뿐만 아니라 조직 생활을 하는 데도 많은 도움이 되리라 생각합니다.

평소 자신이 즐겨 보는 웹툰, 영화, 드라마를 인사직무와 자연스럽게 연결 지어 이야기한 사례이다. 단순히 '웹툰이나 영화, 드라마를 즐겨 본다. 스트레스가 풀린다'와 같이 대답하는 것보다 구체적으로 이유를 설명하면 훨씬 설득력이 있어 보인다.

2. 이렇게 생각하면 답하기 쉽다.

면접에서 취미와 특기를 묻는 이유는 크게 1) 자기관리 능력을 보기 위해, 2) 직무와 잘 맞고 열정이 있는가를 보기 위해서다. 따라서 이 두 가지 측면에서 답을 하면 쉽다. 자신이 자주 하는 일이나 얻을 수 있는 유익을 이 두 가지로 연결시켜 답변을 해 보는 것이다. 그리고 좀 더 효과적으로 답하려면 취미/특기 - 이유 - 사례-의미와 같이 패턴을 만들어 자신의 경험을 적용한다면 답하기 쉬울 것이다.

(취미/특기) 제 취미는 조깅입니다.

(이유) 조깅을 하고 나면 상쾌한 기분으로 하루를 시작할 수 있기 때문입니다.

(사례) 매일 아침 집 앞에 있는 운동장에서 30분 정도 조깅을 합니다. 태풍이 불거나 하지 않는 이상은 빠짐없이 하고 있습니다.

(의미) 이렇게 몸과 마음의 건강을 잘 유지하면서 ○○기업에 입사해서도 성과를 내겠습니다.

3. 자기관리와 연관 지어 답할 경우

면접에서는 스트레스와 자기관리 차원에서 취미와 특기를 물어보는 경우가 더 많다. 스트레스를 잘 관리하고 자기관리를 잘하는 사람이 업무에서도 더 좋은 성과를 발휘할 가능성이 크다고 생각하므로 심리적인 측면에서 업무 스트레스를 해소하는 방법이나 체력 및 건강과 같은 자기관리와 연관 지으면 좋은 답변을 할 수 있다.

면접관 : 특기를 '청소'라고 썼는데 특별한 이유가 있나요?

면접자 : (취미/특기) 저는 스트레스를 받거나 어떤 일이 잘되지 않을 때는 청소를 합니다.

(이유) 제가 생활하는 공간을 깔끔하게 정리하고 나면 새로운 마음가짐을 가질 수 있고 기분도 좋아집니다.

(사례) 우선 먼지가 쌓이는 곳을 말끔하게 치우고 제가 쓰는 물건들을 쓰기 쉽도록 수납하고 불필요한 물건들을 모두 처리하고 나면 꽤 오랫동안 새롭고 좋은 기분을 유지할 수 있습니다.

(의미) 그리고 그렇게 하는 것이 저의 기분뿐만 아니라 소비생활 등 생활 전반에 걸쳐 좋은 영향을 줍니다. 회계사무 업무를 할 때도 회사의 살림을 저의 살림이라고 생각하고 항상 깔끔하고 낭비 없이 처리할 수 있도록 노력하겠습니다.

면접관 : 취미나 특기가 있나요?

면접자 : (취미/특기) 제 취미이자 특기는 축구입니다.

(이유) 건강도 지키고 다양한 사람들과 만나 팀워크 능력을 기를 수 있기 때문입니다.

(사례) ○○년도부터 지금까지 3년이 넘게 조기축구에 참여하고 있습니다. 일주일에 3번 정도, 아침 일찍 나가서 축구를 합니다.

(의미) 여러 팀들과 경기를 하다 보면 저보다 나이가 훨씬 많은 분과도 쉽게 친해질 수 있고, 배울 점도 많습니다. 그리고 체력도 굉장히 좋아졌습니다. 입사 후에 직장 동료들과 일과 후 같이 축구를 해 보고도 싶습니다.

4. 직무와 잘 맞고, 직무에 대한 열정과 연관 지어 답하는 경우

취미는 '흥미'와 연관이 있고, 이 '흥미'는 '성격'과도 연관이 있다. 좋아하거나 잘하는 일을 보면 그 사람의 성향도 알 수 있는데, 이 성향이 지원하고자 하는 직무와 잘 맞는지를 유추할 수도 있다.

1) 회계사무직 → 뜨개질 → 꼼꼼한 성향을 유추
2) 영업직 → 동호회 활동 → 친화력이 좋을 거라고 유추
3) 보건의료직/서비스직 → 봉사활동 → 봉사 정신이 강할 거라 유추
4) 품질관리/생산관리 → 바둑 → 꼼꼼하고 사고가 깊을 것이라 유추
5) 생명공학/연구직 → 운동 → 강한 체력과 끈기가 있을 것이라 유추

만약 자신이 지원하는 업무와 자신의 성향이 잘 맞는다는 것을 보여 줄 수 있는 취미활동이나 특기가 있다면 연관 지어 이야기하는 것도 좋은 답변이 될 수 있다.

(취미/특기) 제 취미이자 특기는 바둑입니다.

(이유) 사실 처음부터 바둑을 좋아하지는 않았습니다. 차분하고 신중함이 다소 부족하다고 생각해서

(사례) 이를 보완하기 위해서 몇 개월 전부터 아버지로부터 바둑을 배우고 있습니다. 배워 보니 집중력도 좋아지고 차분해질 수 있어서 조금씩 재미를 붙이고 있습니다.

(의미) 아직 잘하는 것은 아니지만, 바둑의 수를 생각하면 인생에도 도움이 되는 철학들을 배울 수 있어서 계속해 볼 생각입니다.

(취미/특기) 제 특기는 사람 이름과 얼굴을 외우는 것입니다.

(이유) 예전에 카페에서 아르바이트를 했는데 단골 손님들의 얼굴과 이름을 기억하려고 노력했습니다. 그게 나중에는 습관처럼 되어서 지금은 한 번 만난 사람의 얼굴을 기억하는 것이 특기가 되었습니다.

(사례) 실제로 카페에서 아르바이트를 하면서 지갑을 잃어버린 손님이 다시 찾아오셨을 때, 얼굴과 앉았던 자리를 기억하고 바로 자리로 가서 지갑을 찾아드린 적도 있습니다.

(의미) 사람을 기억하는 것은 앞으로 제가 영업직으로 일을 하는 데 큰 도움이 될 것입니다. 고객의 얼굴과 이름뿐만 아니라 어려운 점도 기억하여 고객에게 맞춤형으로 서비스를 제공해 영업 성과를 한번 내보겠습니다.

그리고 실제 면접 컨설팅에서 있었던 사례로 자신의 취미인 캘리그라피로 회사의 비전을 미리 써서 면접관에게 제출한 경우도 있었다.

면접관 : 취미가 캘리그라피인가요?

면접자 : 네. 저는 시간이 날 때 붓펜과 물감으로 캘리그라피 작품을 그리는 것이 취미입니다. 좋을 글귀들을 예쁘게 써서 자주 보기도 하고 지인들에게 선물하기도 합니다. 아직 아마추어지만, 그림을 그리고 글을 쓰는 데 집중하다 보면 마음이 힘들 때도 좀 잊을 수 있고 스트레스도 풀 수 있어서 좋았습니다. 오늘의 면접을 준비하면서도 긴장을 많이 해서 불안한 마음을 달래보려고 캘리그라피를 했는데, 선물로 드리려고 ○○사의 비전을 캘리그라피로 써서 가지고 왔습니다.

(써온 작품을 건네며) 합격 여부와 관계없이 선물로 드리고 싶습니다.

면접관 : 와, 멋진데요? 감사합니다.

실제로 저렇게 답변을 하고 면접자는 합격을 했다. 단순히 저 캘리그라피 때문만은 아니겠지만 면접관에게 감동을 주기에는 충분하다. 자신이 가진 취미와 특기를 어떻게 활용해서 면접에 좋은 영향력을 줄 수 있을지 한 번 생각해 보는 것도 좋겠다.

5. 이야기하면 불리한 취미와 특기가 있다.

면접에서 이야기하면 자신에게 불리한 취미와 특기가 있다. 온라인 게임이나 술을 먹는 등 별다른 유익이 없거나 너무 특이한 취미나 특기를 이야기하면 불리할 수 있다.

면접관 : 취미나 특기가 있나요?

면접자 : 제 취미는 모바일 게임입니다. 게임을 하는 동안은 아무 생각 없이 스트레스를 풀 수 있어서 좋고, 게임 안에서는 무엇이든 자유롭게 할 수 있어 좋아합니다.

면접관 : 취미나 특기가 있나요?

면접자 : 저는 술을 마시면 스트레스가 풀려서 즐겨 마십니다.

위와 같은 답변을 들으면 면접관은 어떤 생각을 하게 될까? 아마 업무에 지장을 주지는 않을까 우려할지도 모른다. 실제로 저런 취미나 특기를 가지고 있다고 해도 면접에서는 불리하게 작용할 수 있으니 좀 더 긍정적이고 유익한 취미나 특기를 이야기하는 것이 더 유리할 것이다.

6. 취미나 특기를 면접장에서 확인하는 경우도 있다.

그리고 간혹 면접을 보는 현장에서 본인의 취미나 특기를 확인하려는 경우가 있을 수 있다. 서류에 노래를 취미로 적은 면접자에게는 '노래를 불러 보세요' 라든가, 취미를 바둑으로 적은 면접자에게는 바둑의 용어나 수를 물어보는 경우도 있을 수 있다. 그리고 등산을 즐겨한다고 이야기하는 경우 등산코스에 대해 묻거나 추천을 해 보라는 경우도 있을 수 있다. 그러므로, 자신이 자신 있게 이야기할 수 있을 정도로 준비를 미리 하는 것이 유리하다.

가장 기억에 남는
책이나 영화가 있다면?

당신은 1년에 몇 권 정도의 책을 읽는가? 최근 문화체육관광부에서 실시한 '한국인 독서실태조사'에 따르면 우리나라 사람 중에 1년에 책을 한 권도 읽지 않는 사람의 비율이 48%나 된다고 한다. 현실이 이렇다 보니 책을 읽지 않는 사람들에게는 면접에서 '감명 깊게 읽은 책'에 관한 질문은 답변하기 매우 부담스러운 질문이다.

1. 정말 중요한 건 책이 아니다.

책은 나보다 앞서서 삶을 살아본 사람들이 자신의 경험을 바탕으로 쓴 이야기다. 직접 경험하지 않아도 그 사람들의 이야기를 통해 간접적으로 다양한 경험을 할 수 있다. 그래서 책을 읽는 것은 "책을 읽기 전의 나와 읽은 후의 내가 달라지는 하나의 경험"인 것이다. 그리고 같은 경험을 해도 깨달은 점이나 느낀 점은 사람마다 다를 수 있다. 그러므로 면접에서 감명 깊게 읽은 책을 물어보는 것은 어떤 경험을 했는지 묻는 것과 같은 의미일 수 있다. 책을 읽고 어떤 것을 깨닫고, 어떤 점이 달라졌는지를 보면 그 사람이 현재 지닌 가치관을 알 수 있는데, 면접관이 진짜 궁금한 내용은 이것이다. 책을 얼마나 많이 읽는지, 어떤 책을 주로 읽는지, 읽은 책의 내용을 기억하고 있는지를 평가하려고 묻는 것이 아니다. 그러니 답변을 할 때, 책의 종류나 내용보다는 그 책을 읽고 왜 감명을 받았는지에 초점을 두고 이야기하는 것이 좀 더 질문의 의도에 맞다고 할 수 있다.

감명 깊게 읽은 책에 대해 물을 때는 1) 직무와 관련된 책, 2) 직무와 관련은 없지만 감명 깊게 읽은 책, 3) 감명 깊게 읽은 책이 없는 경우로 나누어 생각해 보고 답변을 준비하면 좀 더 효과적인 답변을 할 수 있다.

2. 직무와 관련된 책을 읽었다면

면접관 : 감명 깊게 읽은 책이 있나요?

면접자 : 네. 저는 〈침묵의 봄〉이라는 책을 가장 감명 깊게 읽었습니다. 유독화학물질이 환경에 악영향을 끼쳐 새들이 노래하지 않는 봄을 맞이하게 된 마을의 일화를 읽으면서 화학폐기물의 처리가 얼마나 중요한지 깨닫게 되었고, 화학폐기물 처리 전문가가 되기로 결심했습니다. 새들이 계속 노래하는 봄을 위해 ○○기업에서 화학폐기물 전문가로 일하고 싶습니다.

평소에 면접 컨설팅을 진행해 보면 감명 깊게 읽은 책을 이야기할 때, "직무와 관련된 책을 이야기해야 하지 않나요?"라는 질문을 정말 자주 받는데, 위 예시처럼 대답할 수 있다면 더할 나위 없이 좋을 것이다. 감명 깊게 읽은 책에 대한 질문을 직무와 연결 지어 잘 답변한 모범 사례라고 볼 수 있다. 직무목표가 뚜렷하고, 정말로 저렇게 이야기할 수 있는 책이 있다면 효과적으로 답변할 수 있겠지만, 과연 저렇게 답할 수 있는 지원자가 얼마나 될까?

3. 직무와 관련은 없지만 감명 깊게 읽은 책이 있다면

일단 감명 깊게 읽은 책을 물었을 때, '없다'고 답하는 것보다는 어떤 내용이든 이야기를 하는 것이 더 낫다. 살면서 책을 단 한 권도 읽지 않은 사람은 드물 것이므로 어떤 책이든 이야기하는 게 낫다. 그리고 '감명 깊게 읽은 책'에 대한 답을 무조건 책에서 찾을 필요는 없다. 책이 영화로 만들어지기도 하고, 영화가 책으로 만들어지기도 한다. 자신이 감명 깊게 본 영화에서 힌트를 얻는 것도 도움이 된다. 감명 깊게 본 영화가 있다면 "책을 자주 읽지 못하는 대신에 영화를 좋아하는데, 감명 깊게 읽은 책 대신 감명 깊게 본 영화에 관해 말씀드려도 될까요?"라고 물어보는 것도 좋다. 면접 시간이 모자라는 경우가 아니라면 "네, 한 번 이야기해 보세요"라고 할 것이다. 가볍게 읽을 수 있는 만화책이나 웹툰도 좋다. 신세계 이마트의 최병렬 전 부회장은 음식 만화를 탐독한 덕분에 마트에서 초밥 제품을 최초로 론칭하는 데 큰 도움이 되었다고 한다. 만화책이나 웹툰도 자신이 어떤 영향을 받았는지 이유가 명확하면 이야기해도 무방하다.

감명 깊게 읽은 책이 있다면 다음과 같은 형식으로 답변을 준비해 보자.

1 감명 깊게 읽은 책 간단 소개

감명 깊게 읽은 책의 제목, 간단한 줄거리, 책을 읽게 된 계기 등

2 독서 후 변화한 점

가장 인상 깊었던 내용, 느낀 점, 깨달은 점, 독서 후 자신에게 있었던 가장 큰 변화

3 업무 태도 및 입사 후 포부

독서 후 달라진 가치관이 업무에 어떻게 영향을 미칠지, 어떻게 적용할지에 대한 내용

1. 최근에 자기계발 서적을 자주 읽었습니다. 그중에서 〈성공이 뭔지 몰라도 일단 성공하고 싶다〉는 책이 있는데, 제목이 저의 마음을 그대로 써둔 것 같아서 읽게 되었습니다. 금융업계에서 10년 정도 일한 중년의 사업가인 저자가 저와 같은 90년대생들을 위해 이 책을 썼습니다. 가장 인상 깊었던 점은 마음을 표현할 때, 말이나 문자로만 하지 말고, 작은 상자, 카드, 예쁜 쇼핑백을 항상 준비해 두었다가 양말 같은 값싼 선물이라도 직접 전하라는 내용이었습니다.

2. 평소에 '감사하다', '죄송하다' 이런 말들을 잘 표현하지 못하면서 지냈는데, 이 책에 나온 방법대로 하면 어색함도 줄이면서 상대방에게 감동을 줄 수 있겠다는 생각이 들었습니다.

3. 일을 하게 된다면 처음에는 부족해서 실수도 하고 사과와 감사를 표현해야 할 일이 많을 거라 생각됩니다. 일은 사람을 통해 배우고 익히는데, 이런 좋은 방법들로 제 마음을 잘 전달해서 대인 관계와 업무까지 모두 다 잘 해내는 신입사원이 되고 싶습니다.

1. 제가 가장 감명 깊게 읽은 책은 파울로 코엘료의 〈연금술사〉라는 소설입니다. 어릴 때 부모님께서 선물로 주신 책인데, 최근 들어 다시 읽게 되었습니다.

2. 어릴 때는 책의 내용이 그저 재미있다고만 생각했는데, 취업을 준비하는 중에 이 책을 다시 보니 '누구나 자신만의 신화가 있고, 그걸 찾아야 한다'는 내용 하나하나가 너무나 와닿았습니다. 다른 친구들이 취업했다는 소식을 들을 때 조금 불안하기도 했는데, 이 책을 읽고 나서 저 자신의 이야기에 진심으로 귀를 기울이며 마음이 단단해졌습니다.

3. 입사 후에도 어려운 일들이 분명 있을 것이라 생각합니다. 그때마다 이 책을 교훈 삼아서 강한 마음으로 잘 해결해 나갈 것입니다.

4. 감명 깊게 읽은 책이 없다면

요즘은 책 말고도 소비할 수 있는 콘텐츠가 너무나 많다. 그래서 책을 보지 않는 사람도 많고, 책 대신 영상콘텐츠를 소비하는 사람들도 많다. 그렇지만, 면접 전에 책 한 권 정도는 읽고 가기를 권하고 싶다. 책을 읽는다고 해서 누구나 알 만한 고전 문학이나 소설 같은 근사한 책을 읽어야 하는 것도 아니고 또 한 권의 책을 모조리 읽어야 할 필요도 없다.

💬 **쉽고 빠르게, 그러나 제대로, 면접 전 책 한 권 읽는 방법**

1. 오디오북 또는 전자책의 읽기 기능
   – 다른 일을 하면서 책을 듣고 기억에 남는 내용 체크
2. 책을 읽고 리뷰를 해 놓은 영상 보기
   – 영상을 보면서 와닿는 책 일부분 읽기(발췌독)

3. 어릴 때 읽었던 책 다시 읽기
   - 어느 정도 내용을 알고 있으므로 빠르게 읽기 가능
4. 수필집이나 단편소설을 엮은 책
   - 짧은 내용만 읽어도 완결이 되므로 어느 한 부분만 읽어도 답변 준비
     가능

면접에서 아예 읽지 않은 책을 가지고 거짓으로 답하는 것은 쉬운 일이 아니며, 그렇다고 "감명 깊게 읽은 책이 없습니다"라고 답하는 것은 면접자에게 좋은 방향이 아니므로, 위와 같은 방법으로라도 책을 읽고 답변을 준비해 보는 것이 좋겠다.

1. 나무 의사 우종영 작가의 〈나는 나무에게 인생을 배웠다〉라는 책을 감명 깊게 읽었습니다. 30년간 아픈 나무를 돌보는 일을 한 저자가 나무로부터 인간이 배워야 할 삶의 태도를 신문에 오랫동안 연재했는데, 그것을 엮은 에세이집입니다.
   나무의 맨 꼭대기에는 하늘을 향해 수직으로 자라면서, 아래 가지들이 제멋대로 자라는 것을 통제하는 '우듬지'라는 줄기가 있다고 합니다. "당신의 우듬지는 무엇입니까?"라는 저자의 질문이 가장 기억에 남습니다.

2. 제 인생의 우듬지가 무엇인지를 오랫동안 생각해 보았는데, 사실은 아직 찾지 못한 것 같습니다. 다만, 지금 현재의 제 우듬지는 이 면접에 통과해서 이 일을 하는 것으로 생각하고 면접에 임하고 있습니다.

3. 합격해서 일할 기회가 주어진다면 또 다른 인생의 우듬지를 찾는다는 마음으로 열심히 일할 것이고, 만약 찾게 된다면 하늘을 향해 자라는 나무처럼 이 회사와 함께 성장하는 사람이 되고 싶습니다.

5. 이런 책에 대해서는 생각해 봐야 한다.

감명 깊게 읽은 책을 이야기할 때, 정치적인 색이나 종교적인 색이 강한 책은
피하는 것이 좋다. 사람마다 가지고 있는 신념과 생각이 다르고, 그중에서도
특히 정치적인 성향과 신념은 쉽게 바뀌거나 받아들여지기 힘든 경우가 많다.
이런 책을 가지고 이야기를 하다 보면 면접 분위기까지 어색해질 수 있고, 신
입사원을 뽑을 때 중요한 평가 요소인 '조직과의 융화성'에서 불리한 평가를 받
을 수도 있으므로, 주의하는 것이 좋겠다.

비슷한 질문 유형

1. 가장 감명 깊게 본 영화는?
2. 최근에 읽은 책이 있다면 무엇인가요?
3. 자신에게 가장 큰 영향을 준 책이 있다면?
4. 책을 자주 읽나요?
5. 한 달에(일 년에) 책 몇 권을 읽나요?
6. 면접관에게 추천하고 싶은 책 또는 영화가 있다면?
7. 최근 국민 독서량이 감소하는 것에 대해서 어떻게 생각하는가?

학창시절 가장 기억에 남는 경험(활동)은?

학창시절에 대한 질문을 받으면 어떤 것이 떠오르는가?

먼저 학창시절이라고 하면 청소년기를 떠올릴 수 있다. 청소년기의 사전적인 의미를 살펴보면, 아동기에서 성인기에 이르는 과정이며, 다양한 발달이 이루어지는 시기이다. 이러한 발달의 시기를 어떻게 지내왔는가는 한 사람의 역사를 말해 주고, 그 사람의 생활 태도나 생각을 짐작해 볼 수 있는 부분이기도 하다.

보통 학창시절에 대한 질문을 받으면 학교 내에서의 생활만 떠올리는 경우가 많은데, 학교 밖의 활동이나 봉사활동 등 폭넓은 활동을 생각해 볼 필요가 있다. 학창시절을 지내오면서 적극적으로 다양한 활동을 해 온 사람도 있을 것이고, 비교적 대외활동 없이 조용하게 학교생활을 해 온 사람도 있을 것이다. 활동이 많았든 적었든 간에 자신의 경험에 관한 이야기를 잘 살리는 것은 중요하다. 경험 자체가 중요하다기보다는 경험을 통해 배운 점이나 면접자가 느꼈던 교훈이 중요할 것이다.

그렇다면 중요한 질문에서 면접자는 어떤 경험을 어필하는 것이 유리할지 생각해 보자.

1. 학창시절에 있었던 다양한 나의 경험 찾기

자신의 학창시절 경험을 몇 가지 선택한다. 일반적으로 자신의 경험을 이야기해 보라고 하면 그럴듯해 보이는 대외활동이나 남들과 다른 활동을 생각하는 사람이 많다. 하지만 작은 경험 속에서 배운 점이 있다면 어떤 경험이든 상관없다.

여러분의 중학교 시절이나 고등학교 시절의 핵심 키워드를 표현하라고 하면 어떤 단어로 표현할 수 있을지 생각해 보자. 그 키워드를 바탕으로 본인에게 적용할 수 있는 활동을 경험으로 표현해 보라.

1 동아리 활동

동아리 활동이나 개인적으로 마음 맞는 친구들끼리 만든 작은 모임도 상관없다. 자신이 리더로 활동했는지 그렇지 않은지가 중요한 것이 아니라, 자신의 역할을 어떻게 수행했는지, 활동을 하며 겪었던 어려움이나 교훈에 대한 내용이 더 중요하다.

2 학교 축제나 행사 준비

여러 사람이 모여 공연이나 행사를 계획하고 준비하는 과정, 그리고 결과에 대한 이야기도 좋은 사례가 될 수 있다. 여기서 중요한 포인트는 계획과 준비 과정에서의 어려움을 어떤 식으로 극복하였는가 또는 행사를 마친 후 느꼈던 교훈 등을 다루는 것이다.

3 인턴이나 아르바이트

인턴으로 일한 경험은 매우 좋은 사례가 될 수 있다. 학교에서 학점을 인정해 주는 인턴도 있고, 학점 인정은 안 되지만 정규직으로 전환이 가능한 인턴직도 있다. 인턴으로 첫 사회 경험이나 업무 경험을 하면서 느꼈던 점과 얻은 점, 그 것을 통해 자신이 노력한 점과 마음가짐 등을 언급하면 좋다.

4 팀 프로젝트 / 경진대회 / 공모전

학교 내에서 또는 학급 내에서 팀별로 모여 발표를 하게 되는 경우나 팀을 만 들어 경진대회에 나가는 경우가 있을 것이다. 그때 성향이 다른 사람들이 모여서 준비·발표 과정을 거치면서 어떤 어려움과 교훈을 느꼈는지, 그러한 프로젝트 나 대회 준비를 통해서 알게 된 점이나 성장할 수 있었던 점을 말할 수 있다.

5 봉사활동, 방학 때 했던 특이한 활동, 삶의 깨달음을 준 경험

국내나 해외에서 하는 봉사활동 또는 자신의 성장을 위한 단체 활동도 자신의 경험으로 활용할 수 있는 좋은 예이다. 이런 활동을 표현할 때 중요한 점은 이 러한 활동을 하게 된 동기를 명확하게 표현해야 한다는 것이다. '○○활동/봉 사활동을 경험해 보니 좋더라'보다는 "저는 말수가 적고 새로운 사람들과 친해 지는 데 시간이 걸리는 편입니다. 그런 저의 성격을 개선하고 싶은 의지를 갖 고 한 달이라는 기간을 투자해 활동하게 되었습니다" 등의 명확한 목표의식이 있다면 어필할 만한 경험이 될 수 있다.

명확한 목표의식 + 경험 + 자신이 변화한 점 순으로 이야기를 하면 자연스럽 게 자신의 경험을 표현할 수 있을 것이다.

6 개인적으로 어려움을 겪거나 좋은 평가를 받았던 순간

학창시절의 경험을 질문한다고 해서 학교 내에서 했던 활동이나 일에 대해서 만 질문하는 것은 아니다. 학창시절 동안 자신이 겪어왔던 모든 일이 경험에 포함될 수 있다.

친구 관계에서 어려움을 겪었던 사례, 친구들 간 이견이 있을 때 중재를 잘 했던 사례, 선생님이나 선후배로부터 좋은 평가를 받았던 사례 등을 활용할 수 있다. 이러한 사례 역시 구체적인 경험에 대한 이야기 + 이 일을 통해 얻게 된 교훈 + 이후 노력하고 있는 점 순으로 표현하면 된다.

7 나에게 영향을 준 책, 영화, 취미생활

직접 경험한 내용이 부족하다면, 영화나 책 등을 보고 감명을 받았던 간접경험을 이야기하는 것도 나쁘지 않다. 자신이 보았던 책이나 영화의 내용 중에서 특히 영향을 받았던 부분을 이야기하되, 그 이후로 자신의 어떤 점이 변화했는지, 변화된 모습을 사례로 함께 이야기하는 것이 효과적이다.

위에서 설명한 경험 중에서 본인의 경험을 살려도 좋고, 잘 떠오르지 않는다면 앨범이나 기록을 찾아보며 자신의 학교생활을 돌아보는 것도 아이디어를 얻는 좋은 방법이 될 수 있다.

2. 스토리텔링을 통해 설득력 높이기

'스토리텔링'이라는 말을 종종 들어보았을 것이다. 스토리텔링이란 '스토리(story)'와 '텔링(telling)'을 합친 말로 '이야기하다'라는 뜻이 있다. 내가 설명하고 싶은 이야기를 더 재미있고 살아있는 것처럼 전달하는 것을 의미한다. 스토리텔링은 단순히 이야기하는 것이 아니라, 전달하고자 하는 것을 쉽게 이해시키고 공감을 끌어내면서 상대방을 설득하는 방법이다.

면접에서 스토리텔링을 활용하여 '학창시절의 경험'에 대한 답을 하게 되면 자신이 그 회사나 조직에 필요한 사람이라는 것을 설득하는 데 도움이 될 수 있다. 스토리텔링을 할 때 주의해야 할 점은 "제가 학교생활에서 동아리 리더를 했던 경험이 있습니다. 저는 동아리에서 리더로 활동하면서 리더십과 성실성을 인정받았습니다" 식의 구체적인 내용 없이 이야기를 마무리하는 것이다. 구체적인 내용 속에서 자신을 드러낼 필요가 있다.

스토리텔링은 주제 설명(어떤 주제로 스토리텔링 할 것인지 말하기), 상황 설명(구체적인 이야기로 공감과 설득력 높이기), 배운 점이나 교훈 설명(자신의 경험을 통해 배운 점 또는 자신이 변화한 점)의 형식을 갖추는 것이 좋다.

면접관 : 학창시절 가장 기억에 남는 활동이 있나요?

면접자 : 제가 학교 임원으로 축제준비를 하면서 제대로 일이 추진되지 않아서 힘들었던 상황이 있었습니다. → 주제 설명

면접관 : 왜 그 활동이 힘들었나요?

면접자 : 임원들 간 소통이 잘 되지 않아 갈등이 있었고, 이견을 좁히기 힘들어서 추진이 더딘 상황이었는데 회장은 "우리 이번에는 플랜 A로 갑시다!"라는 말을 하였고, 저는 홍보부장으로서 막중한 책임을 갖고 "다시 한번 회의를 통해 계획을 수정하고 새로운 방향을 모색해 보는 것은 어떨까요?"라는 의견을 낸 적이 있었습니다. 저의 제안 덕에 다시 한 번 회의가 열렸고, → 상황 설명

플랜 A보다 임원들이 발로 더 많이 뛰어야 하는 방법이었지만 플랜 B로 추진하기로 결정하였습니다. 그렇게 준비 과정에서 고생이 많았지만 축제 이후 학생들의 환호를 받으며 긍정적인 평가로 마무리할 수 있었습니다. 그리고 임원진들도 저에게 "진행 과정에서 플랜 변경을 요청한 것이 좋은 결과를 낼 수 있는 전환점이었다"라고 했습니다. 저는 이 일을 계기로 쉬운 방법보다는 결과를 예측해 보았을 때 긍정적인 결과가 될 만한 방법을 고민하며 일하는 습관을 갖게 되었습니다. → 배운 점, 느낀 점, 방향 제시

위와 같은 형식을 기본으로 자신의 경험을 이야기한다면, 자연스러우면서도 체계적인 스토리로 풀어낼 수 있다.

3. 자신이 경험했던 상황에서 느꼈던 교훈이나 그 일을 통하여 받았던 평가 어필하기

앞서 스토리텔링에서 다루었던 내용 중 3단계에서 언급했던 배운 점이나 느낀 점에서 자신의 성장과 긍정적인 변화를 만들게 된 계기에 대해 좀 더 자세하게 다룰 필요가 있다. 기업이나 기관의 입장에서는 면접자가 어떤 경험을 하고 살아왔는지 알아야 할 필요가 있고, 그 경험들 속에서 면접자가 어떤 것을 배우고 어떤 변화를 겪고 있는지 파악하는 것도 중요하다.

그런데 자신의 경험을 말할 때 두서없이 이야기를 서술하는 것은 자칫 알맹이 없는 껍데기뿐인 이야기가 될 수 있다. 이때 꼭 좋은 평가를 받았던 경험만 생각해 내려고 하지 말고, 실수했던 경험이 자신에게 긍정적인 변화를 가져왔다면 실수담이 더 효과적일 수도 있다.

자신의 경험 속에서 전달하고 싶은 내용이 무엇인지 먼저 기록해 보고, 생각을 다듬어 이야기를 펼쳐 보자.

1 실수했던 경험을 통한 변화

자신의 실수담을 남에게 말하는 것은 그리 쉬운 일은 아니다. 하지만 실수를 잘 극복했다고 생각하는 사람은 자신의 실수에 대해 말하는 것이 그리 어렵지만은 않을 것이다. 실수를 계기로 변화한 삶에 관해 이야기하는 것은 반전 있는 스토리이므로, 면접자에 대한 흥미와 설득력을 높일 수 있다.

주제 설명

제가 학교생활을 하면서 실수했던 경험이 있습니다.

상황 설명

학교에서 팀 발표를 하게 된 상황에서 다른 팀원들이 잘 준비할 것이라 믿고 제가 맡은 부분마저도 꼼꼼히 준비하지 못했던 적이 있습니다. 그런데 발표 당일 갑자기 팀원들이 모두 참석하지 못하는 상황이 생겨, 발표를 제대로 하지 못했고 결국 낙제점수까지 받았던 경험이 있습니다.

배운 점 / 느낀 점 / 방향 제시

그날 이후 저는 발표할 기회가 생기면 저의 역할을 충실하게 하는 것은 물론이고, 다른 팀원이 준비하는 내용과 진행 상황까지도 모두 확인하며 대비하는 책임감을 갖게 되었습니다.

2 좋은 성과를 내었던 경험

일상적인 학교 활동 중에 예상보다 좋은 평가를 받은 경우가 있는가? 좋은 평가를 받은 이유는 무엇이었는가? 어떤 부분에서 칭찬을 받을 만했는가?
이 같은 질문에 대한 답을 생각하며 자신의 경험을 정리해 보자.

주제 설명

제가 교내 대회에서 좋은 평가를 받았던 경험을 말씀드리겠습니다.

교내 발명품 대회가 있었는데, 저와 제 짝은 아이디어를 나누며 장난스럽게 대화를 하다가 '정말 만들어 볼까?' 하는 생각으로 아이디어를 실행하였고 그것을 계기로 대회에 출전하게 되었습니다. 아이디어에 대한 반응이 좋아서 반 대표로 출전하게 되었고, 뜻하지 않게 전교에서 1등 상을 받게 되어 전국대회에까지 출전하게 된 일이 있습니다. 전국대회까지 올라가다 보니 아이디어에 대한 보완이 필요했고, 주변 사람들의 아이디어를 모아 추진한 결과 전국대회 2등이라는 좋은 결과를 얻게 되었습니다.

많은 사람의 힘이 합쳐져 좋은 결과를 얻었지만, 그 과정이 순탄하기만 한 것은 아니었습니다. 하지만 '할 수 있다!'는 믿음과 '해 보자!'는 마인드로 추진하였고 좋은 결과를 낼 수 있었습니다.

사람들은 수많은 아이디어를 생각하지만, 직접 실행하는 사람은 많지 않다고 생각합니다. 저의 실행 의지와 좋은 의견을 잘 선택하고 적용하는 능력이 긍정적인 결과에 영향을 미쳤다고 생각합니다.

3 평소 관심 없던 분야에 대해 긍정적인 생각의 변화를 갖게 된 계기

학교생활을 하면서 자신이 하고 싶은 활동이나 공부만 했던 사람은 거의 없을 것이다. 단체 생활 속에서는 자신이 흥미를 갖고 있지 않더라도 해야 할 때가 있고, 그러한 과정에서 생각지도 않게 흥미를 갖게 되는 분야들이 생길 수 있다.

회사나 기관, 새롭게 진학하는 학교도 이전의 단체 생활과 마찬가지로 하고 싶은 일만 하기는 어려울 수 있다. 그렇기 때문에 지원자가 평소 관심을 갖고 있지 않던 부분에 대해 긍정적인 생각의 전환을 하게 된 경험이 있다면 새로운 조직에 자신을 어필할 때 도움이 될 수 있다.

> **주제 설명**
> 제가 학교생활을 하는 과정에서 이전에 전혀 관심이 없던 분야에 새롭게 관심을 두게 된 경험을 말씀드리겠습니다.
>
> **상황 설명**
> 고등학교 때, 학교 과제로 '세계의 환경 실태와 현재 상황, 그리고 앞으로의 방향'에 대해 조사를 한 적이 있었습니다. 평소 환경에 대해 전혀 관심을 두지 않고 지내왔던 터라 환경에 대한 상식이 거의 없는 상태에서 조사를 시작하고 공부했습니다. 환경에 관한 책과 다양한 자료들을 찾아가며 열심히 과제를 완성하여 제출하였습니다.
>
> **배운 점 / 느낀 점 / 방향 제시**
> 그 과제를 수행한 이후 '나 하나라도 지구환경이 나아질 수 있도록 생활 속에서 실천하자'는 생각을 하게 되었습니다. 또한, 환경 관련 세미나나 뉴스에도 지속적으로 관심을 갖게 되었습니다. 이러한 변화를 경험한 이후, 평소 저의 관심사가 아닌 일에도 늘 눈과 귀를 열어 두고 열린 마음으로 생활하고 있습니다.

이 같은 변화에 대한 경험은 새로운 조직에서의 적응력을 판단할 때 유리한 면이 될 수 있으므로 잘 살려서 말할 필요가 있다.

비슷한 질문 유형

1. 학창시절 어려웠던 경험은 무엇인가?
2. 어울리기 힘들었던 사람과 공동의 이익을 만들 수 있었던 경험이 있다면, 그

경험에 대해 말해 주세요. (조직적응력)

3. 조직 활동(단체 활동)에서 성취의 경험이 있나요? (조직적응력)

4. 남이 하기 싫어하는 일을 했던 경험을 말해 보세요. (조직적응력)

5. 해외경험이 많은데 경비를 어떻게 조달했나요? (압박질문)

6. 본인의 갈등이나 좌절한 경험에 대해 말해 주세요. (대외활동 및 성격)

7. 본인의 약점은 무엇이고 이를 극복한 경험은 있나요? (대외활동 및 성격)

8. 가장 크게 실패/성공했던 경험에 대해 말해 주세요. (대외활동 및 성격)

9. 기억에 남는 대학생활(학교생활) 경험에 대해 말해 보세요. (대외활동 및 성격)

10. 학업 이외에 시간이나 노력을 열정적으로 투자해 본 경험은 무엇입니까? (대외활동 및 성격)

11. 완벽성을 추구한다고 했는데, 이와 관련된 경험을 말해 보세요. (대외활동 및 성격)

12. 팀원들과 의견을 조율한 경험이 있는가? (팀워크 및 의사소통)

13. 직무와 관련된 경험이 있는가? (직무역량)

14. 창의란 무엇인가? 자신이 창의적이었던 경험은? (창의력 및 변화대응능력)

15. 아르바이트 경험이 있는가? (대외활동 및 조직적응력)

16. 인턴 경험이 있는가? (직무역량 및 조직적응력)

17. 인턴 경험이 지원자에게 어떤 영향을 주었는가? (직무역량 및 조직적응력)

18. 위기관리 경험이 있나요? (문제해결력)

19. 가장 어려웠던 커뮤니케이션 경험은? (의사소통능력 및 성격)

20. 다른 사람을 설득해 본 경험이 있는가? (의사소통능력 및 성격)

21. 리더십을 발휘해 본 경험이 있는가? (리더십 및 적극성)

22. 사회봉사활동을 한 경험에 대해 말해 보세요. (조직적응력)

23. 과거 근무 경험에서 가장 크게 배운 점은 무엇인가? (성장가능성)

기억에 남는 봉사활동은?

봉사활동을 하고 있거나 한 적이 있는가? 봉사활동을 한 경험이 없거나 부족하다면 혹시나 면접에서 이런 질문을 받았을 때 어떻게 대답해야 할지 걱정이 될 것이다. 그러나 모든 기업에서 저 질문을 하는 것도 아니고, 직무별로 봉사활동의 중요도가 다를 수 있다. 그리고 봉사활동의 경험이 없을 때도 방법이 없는 것이 아니니, 지금부터 어떻게 해야 하는지 대처방법들을 잘 알고 미리 효과적인 답변을 준비해 보자.

1. 일단 봉사활동 경험은 무조건 플러스 요인이 된다.

우리나라 자원봉사자의 참여율을 보면 거의 매년 10대의 자원봉사 참여율이 가장 높다고 한다. 이유는 자발적인 참여보다는 학교나 기관에서 단체로 하는 봉사활동이 많기 때문이다. 그래서 청소년기에는 아마 대부분 한 번 정도는 봉사활동을 해 본 경험이 있을 것이다. 그러나 성인이 되어서도 꾸준히, 자발적으로 봉사활동을 하는 경우는 드물다. 실제로 우리나라 성인의 봉사활동 참여비율도 전체 인구대비 5.2% 정도로 낮은 편이라고 한다. 그러므로 기업에서도 예전만큼 봉사활동에 대해 그리 중요하게 생각하지는 않는 추세이다.

그러나 봉사활동을 꾸준히 하는 경우가 드물어서 만약 꾸준히 하고 있다면 오히려 그만큼 플러스 요인이 될 수 있다. 회사에서 업무를 할 때, 혼자서 잘하는 것보다는 여러 사람이 함께 일하기 때문에 대인관계 능력, 의사소통, 문제해결력, 배려와 협력 등을 중요하게 생각한다. 그리고 이런 능력을 기르는 데 봉사활동이 많은 도움이 되기 때문에 이를 면접에서 묻는 것이다. 특히, 경찰직, 군인, 공무원으로 지원하거나 공공기관에 입사하고자 한다면 봉사활동을 꾸준히할 필요가 있다. 또 사회복지 및 교육, 보건·의료와 같은 직군에서는 봉사활동을 중요하게 생각하므로 이런 분야의 지원을 고려한다면 봉사활동에 대한면접 답변을 충실히 준비해야 한다.

2. 봉사활동 경험이 없다면?

꾸준하게 봉사를 하고 있거나 다양한 봉사활동 경험이 있다면 실제 경험을 이야기하면 된다. 그러나 봉사활동 경험이 너무 적거나 없을 때는 어떻게 해야할까? "봉사활동 경험이 없습니다"라고 답변하기보다는 일단 다음 목록에 해당하는 것이 하나라도 있다면 무엇이든 이야기하는 것이 좋다.

1) 과거의 봉사활동 경험
2) 헌혈, 기부 등 직접 활동 이외의 봉사 경험
3) 자발적으로 누군가를 도와준 경험
4) 차후에 하고 싶은 봉사활동

위 목록에도 해당하는 것이 없는데, 봉사활동이 중요한 직무나 기업에 지원을희망한다면 지금이라도 짧게나마 봉사활동에 참여해 보는 것이 좋다. 단기간에 며칠씩 다양한 봉사활동에 참여하는 것도 좋은 방법이 될 수 있다. 그렇게하다 보면 단순히 면접을 위해 하는 봉사활동이라 할지라도 분명 깨닫고 변화하는 것이 있을 것이다. 특히, 재난 상황으로 많은 어려움이 있는 때라면 봉사활동이 필요한 곳이 많으니 귀찮다고 여기기보다는 좋은 마음가짐으로 봉사활동에 차후 참여해 본다고 말하면 좋은 인상을 줄 수 있다.

봉사활동 경험이 하나도 없다면 차후 하고 싶은 봉사활동에 대해 말하는 방법도 있다. 오히려 해 보지 않은 봉사활동 경험을 만들어서 답변하려고 하다 보면 부담이 되고 불필요하게 말이 길어질 수 있다. 이런 답을 할 때는 솔직한 상황을 전달하고 짧게 말하는 것이 도움이 된다.

> 저는 학창시절에 내세울 만한 봉사활동 경험이 없습니다. 하지만 나중에 장기기증 신청에 대한 생각을 가지고 있습니다. 저로 인해 누군가가 새로운 삶을 살 수 있다면 이보다 값진 일은 없을 것이라 생각합니다.

3. 상황별 봉사활동 답변 요령

봉사활동에 대해서 이야기할 때는 1) 봉사 요약, 2) 구체적인 경험, 3) 느낀 점, 4) 입사 후 업무 태도 및 방향의 형식으로 이야기하면 간결하면서도 질문의 의도에 맞는 답변을 할 수 있다. 다음의 예시를 보면서 본인의 답변을 준비해 보자.

✅ 봉사활동 경험이 풍부한 경우

봉사 요약

지금까지 ○○이라는 동아리 활동을 통해 8년 이상 꾸준히 봉사활동을 하면서 봉사활동은 남이 아니라 저에게 도움이 된다는 것을 깨달았습니다.

구체적인 경험

고등학교 시절에는 주로 어르신들을 대상으로 요양원에서 식사를 돕고, 말동무가 되어 드리는 활동을 매월 1회 이상 지속해서 했고, 대학교 시절에는 혼자 사시는 어르신들을 주기적으로 방문해서 도시락이나 생필품을 배달하거나, 특히 건강에 이상이 없는지 확인하고 기본 의약품을 지급해 드리는 일을 방학마다 했습니다.

느낀 점

제가 할 수 있는 이 어렵지 않은 활동이 누군가에게는 삶에 큰 행복을 줄 만큼 큰일이 될 수도 있다는 생각에 보람을 느꼈습니다. 결국, 봉사는 남을 위해서가 아니라 저 자신을 위해서 하는 것이라는 걸 깨달았습니다.

입사 후 업무 태도 및 방향

앞으로 ○○병원에서 일하게 된다면 매일 반복하는 사소한 업무라도 환자들에게는 큰 도움이 될 수 있다는 생각으로 늘 깨어있는 마음으로 환자를 위하는 사람이 되겠습니다.

봉사 요약

고등학교 시절 ○○ 지역의 ○○마을이라는 곳에서 두 달에 한 번씩, 이틀 동안 몸이 불편하신 어르신들을 위해 봉사활동을 수행하면서 봉사 정신을 기를 수 있었습니다.

구체적인 경험

제가 다니던 학교에서는 수학여행에서 그 지역을 방문해 봉사활동을 하는 것이 전통이었는데, 수학여행에서 어르신들과 보냈던 이틀 동안 오히려 제가 더 많은 것을 배우고 깨달을 수 있었습니다. 그래서 뜻이 맞는 친구들 3명과 함께 여행 삼아 정기적으로 ○○지역의 ○○마을을 방문해 봉사를 했습니다. 1년의 시간 동안 총 6번을 방문했는데,

느낀 점

몸이 불편하고 장애가 있으신 어르신들을 도우면서 타인을 돕는 것이 얼마나 보람되고 진정으로 행복한 일인지를 몸소 깨달았습니다. 마음이 힘들 때, 그때의 일을 떠올리면 힘이 되곤 합니다.

입사 후 업무 태도 및 방향

제가 입사하게 된다면 ○○복지관에 오시는 모든 분들에게 도움을 드리면서 '진정한 행복'을 느끼고 싶습니다.

✅ 과거의 봉사활동 경험을 이야기할 경우 – 2

봉사 요약

고등학교 2학년 때, 저소득층 초등학생들에게 재능기부로 공부방에서 공부를 가르친 적이 있는데, 그때의 경험이 지금의 일을 선택하는 데 밑거름이 되었습니다.

구체적인 경험

주말을 이용해 저희 동네에 있던 작은 공부방에서 매주 4~5명씩 소그룹으로 초등학교 4~6학년 학생들에게 공부를 가르쳐 주었습니다. 가정환경이 어려운 친구들에게 공부뿐만 아니라, 고민 상담도 해 주면서 정말 좋은 형, 좋은 오빠로 멘토 역할을 했습니다.

느낀 점

그러면서 저 자신도 인성적으로 많이 성장할 수 있었고, 그때부터 꼭 타인을 돕는 일을 직업으로 삼겠다고 마음먹게 되었습니다.

입사 후 업무 태도 및 방향

제가 이 일을 하게 된다면 그때의 시간을 떠올리면서 항상 진심을 다해 일하겠습니다.

✅ 헌혈, 기부 등 직접 활동 이외의 봉사 경험

봉사 요약

직접 몸으로 활동하는 봉사활동 경험은 없지만, 최근 3년 동안 총 6회의 헌혈을 했고, SNS를 통해 알게 된 수혈이 절실히 필요한 분에게 헌혈증을 기부했습니다.

구체적인 경험

처음에는 단체로 헌혈을 하면서 시작했고, 친한 친구의 권유로 계속 헌혈을 하면서 헌혈증을 가지고 있었습니다. 그러다가 우연히 SNS에서 급하게 혈액이 필요한 환자가 있다는 피드를 보게 되었고, 바로 가지고 있던 헌혈증을 기부할 수 있었습니다.

느낀 점

별로 중요하다고 생각하지 않았던 작은 일이 누군가에게는 목숨을 구할 만큼 큰 도움이 될 수 있음을 깨달았습니다.

입사 후 업무 태도 및 방향

일을 할 기회가 주어진다면 사소한 일이라도 친절을 베풀며 도움을 줄 수 있는 동료, 후배가 되고 싶습니다.

첫 월급을 받으면 어떻게 할 것 같습니까?

취업을 준비하는 사회초년생에게 첫 월급은 큰 의미를 가지고 있다. 첫 월급을 받으면 그 귀한 돈으로 부모님께 선물을 사드릴 수도 있고, 저축을 시작할 수도 있고, 평소에 너무 갖고 싶었던 물건을 살 수도 있다. 어떻게 보면 지극히 개인적인 일일 수도 있는데, 면접에서 첫 월급을 어떻게 쓸지는 왜 물어보는 걸까? 사람들은 자신이 중요하다고 생각하는 것에 돈을 쓴다. 가벼운 질문처럼 보이지만, 첫 월급의 쓰임새를 통해 그 사람의 '돈에 대한 개념'과 보이지 않는 인성까지도 알 수 있는 질문이기에 한 번쯤은 생각해 보는 것이 좋을 것이다.

1. 돈 관리를 잘하면 일을 잘할 가능성도 높을 것이다.

실제로 강연에 가서 만난 특성화고 선생님으로부터 A군에 대한 이야기를 들은 적이 있다. 평소 성적이 우수하고 활발한 성격의 A군은 기계과를 졸업하고 신입기준 연봉이 3천만 원 가까이 되는 탄탄한 중견기업에 현장기술직으로 입사했다고 한다. 입사 후 1년 뒤에 운전면허증을 딴 뒤 실제로 자신이 평소에 사고 싶었던 고가의 자동차를 할부로 구매했다. 구매한 직후에는 정말로 기분이 좋았지만, 자동차 할부금, 보험료와 세금, 주유비는 물론 자동차를 더 멋지게 꾸미고 싶어 자동차 액세서리까지 구매를 하다 보니 매달 월급의 상당 부분을 소비하게 되었다. 함께 입사했던 친구 B군은 돈을 꾸준히 모아서 통장에 두둑한 목돈이 쌓여갔지만 A군은 입사한 지 5년이 되어서도 돈을 전혀 모으지 못했다. 그리고 놀라운 것은 입사할 때는 A군보다 다소 낮은 평가를 받았던 B군이 5년이 지난 지금은 더 빨리 승진해서 더 많은 월급을 받고 있다는 것이었다.

돈을 어떻게 관리하느냐를 보면 평소 그 사람의 생활을 알 수 있다. 예를 들어 한 달 동안의 나의 수입과 지출이 어느 정도인지를 바로바로 답할 수 있는 사람이라면 적어도 돈을 허투루 쓰는 사람은 아닐 것이다. 그런 사람이라면 일을 할 때도 좀 더 효율적으로 처리할 것이라고 충분히 예상할 수 있고, 계획적이며 자신을 잘 관리할 수 있는 비즈니스 마인드를 갖춘 사람이라고 여겨질 것이다.

2. 대부분 사람은 자신이 중요하다고 생각하는 일에 돈을 쓴다.

우리가 어떤 일을 할 때 돈을 들였다면 아마 그 일이 중요하기 때문일 것이다. 그래서 무엇을 사는지, 누구에게 돈을 쓰는지, 그 사람의 지출 내역을 보면 그 사람이 중요하게 생각하는 가치에 대해 알 수 있다. 그래서 처음 자신의 힘으로 번 소중한 첫 월급을 어디에 쓸지를 보면 그 사람이 가장 중요하게 생각하는 가치관이 무엇인지를 짐작해 볼 수 있는 것이다. 따라서 면접에서 첫 월급의 사용처를 묻는 것은 가장 중요하게 생각하는 것이 무엇인지를 보고자 하는 의도도 있다. 그렇다고 해서 '부모님께 선물을 사드리겠다', '저축을 하겠다', '기부를 하겠다' 등의 듣기 좋은 답변, 한 가지만 이야기하는 단순한 답변보다는 조금 더 구체적이고 현실적인 답변을 준비해야 한다.

3. 구체적인 계획을 세워 보자.

예를 들어, 한 달에 50만 원씩 5년을 저축하면 3천만 원을 모을 수 있다. 이런 식으로 직접 계산을 해 보면 돈을 어떻게 써야 할지, 왜 모아야 하는지 알게 되고 일을 하는 데도 동기부여가 될 수 있다. 계획을 세워 보면서 그 소중한 돈을 왜 그렇게 쓰고 싶은지에 대한 이유도 함께 생각해 보는 것이다.

첫 월급을 받으면 우선 50%는 저축하고, 25%는 부모님과 감사한 분들을 위해 쓰고 20%는 생활비, 나머지 5%는 기부를 하고 싶습니다. 직장인이 되면 가장 하고 싶었던 일이 저축과 기부입니다. 저를 사랑하는 사람들과 어려운 사람들을 위해 지금부터 성실하게 일해 돈을 잘 모아서 경제적으로 자유로워지고 싶은 것이 저의 꿈입니다. 제 꿈을 이룰 수 있도록 일할 기회를 주신다면 열심히 성과를 내어 ○○사의 이익을 창출하는 데도 이바지하고 싶습니다.

첫 월급을 받으면 저축할 금액과 제가 생활하는 데 필요한 만큼의 금액을 제외하고는 제가 취업을 하는 데 도움을 주신 분들께 감사의 마음을 전하고 싶습니다. 제가 취업을 하는 데 물심양면으로 애써주신 선생님과 부모님께 선물을 드리고 싶고, 저와 함께 일하면서 많은 도움을 주신 선배님과 동기들을 위해 맛있는 간식이라도 사서 나눠 드리고 싶습니다. 어떤 일을 하든 혼자서 성장할 수 있는 사람은 없습니다. 주변에 도움을 주시는 분들에 대한 감사의 마음을 늘 간직하면서 일하겠습니다.

첫 월급을 받으면 10%는 자기계발을 위해 쓰고 싶습니다. 업무에 도움이 되는 자격증을 취득하거나, ○○분야에서 성공한 사람들이 쓴 책을 사는 등 10년 뒤 ○○분야의 전문가가 되기 위해 투자하겠습니다. 그리고 나머지 90%는 저축 60%, 생활비 30% 정도로 구성하여 체계적으로 소비할 생각입니다. 소중한 월급을 알차게 사용하고 성장을 위해 투자하면서 ○○사와 함께 성장하는 인재가 되겠습니다.

❓🗩 비슷한 질문 유형

1. 갑자기 나에게 돈 100만 원이 생기면 어떻게 할 것인가?

2. 로또에 당첨되었다. 그 돈으로 무엇을 할 것인가?

3. 회사에서 본인에게만 보너스를 준다면?

4. 회사 업무 외에 다른 일을 겸하는 N잡에 대해서 어떻게 생각하는가?

친구에 대해 소개해 보세요.

면접에서 친구에 관해 묻는 질문도 종종 등장한다. 일하기 위해 보는 면접인데 갑자기 친구에 관해서 이야기해 보라는 질문이 좀 뜬금없게 느껴질 수도 있다. 친구 관계에 관해 묻는 것은 면접자의 평소 인간관계를 쉽게 알 수 있는 질문이기도 하다. 인간관계에 대해 어떤 가치관을 가지고 있는지, 대인관계 능력이 얼마나 뛰어난지를 예상할 수 있다. 어떤 일도 혼자 할 수 없으므로 '인간관계'에 관한 질문은 면접에서 필수로 등장한다. 특히, 영업, 인사처럼 주로 사람을 상대해야 하는 직무라면 더욱 그렇다.

1. 친구에 관해 묻고 있지만, 결국 '나'에 관해 묻는 것이다.

면접관은 "친구에 대해 소개해 보세요"라고 물었지만 사실 면접관이 진짜 궁금한 것은 지금 자신의 눈앞에 있는 '면접자가 어떤 사람인가' 하는 것이다.

1) 인간관계를 맺을 때 무엇을 중요하게 생각하는가?
2) 어떻게 좋은 관계를 맺는가?
3) 입사 후에 상사, 동료, 후배와 어떻게 좋은 관계를 유지할 것인가?
4) 이 사람의 인간관계와 대인관계 능력이 업무에 어떤 영향을 줄 것인가?

이런 의도를 잘 파악하고 답변을 해야 좋은 인상을 줄 수 있다.

2. 좋은 친구라면, '좋은' 이유가 있다.

정말 오랫동안 좋은 관계를 유지하는 친구가 있는가? 그렇다면 분명 좋은 관계가 유지되는 이유가 있을 것이다. 면접에서 실제로 이 질문을 받았을 때, 머릿속에 떠오르는 친구가 있다면 우선, 그 친구의 장점이 무엇인지를 생각해 보자. 그리고 그 장점이 나에게 어떤 영향을 끼쳤는지를 생각해 보면 그 내용이 좋은 답변의 소재가 될 수 있다.

저는 고등학교 시절부터 친하게 지내 온 친구들이 5명 정도 있습니다. 오랫동안 좋은 관계를 유지하면서 힘들 때 힘이 되어주는 좋은 친구들입니다. 그중에서 저는 임○○이라는 친구와 특별히 좀 더 친한데, 이 친구는 다른 사람의 이야기를 진심으로 경청합니다. 한 번도 제 이야기를 중간에 끊는 법이 없고, 끝까지 들으려고 노력합니다. 그래서 함께 있으면 항상 존중받고 있다고 느껴집니다. 이 친구를 통해 저도 진심 어린 '경청'이 얼마나 중요한지 깨달았고, 저도 다른 사람을 대할 때 그렇게 하려고 노력하고 있습니다. 입사 후에도 진심으로 경청하고, 모르면 물으면서 빠르게 업무를 습득하도록 노력하는 사람이 되겠습니다.

3. 좋은 관계를 맺기 위해 나는 평소에 어떤 노력을 하고 있을까?

평소에 친구들과 좋은 관계를 맺기 위해서 내가 어떤 노력을 하고 있는지 생각해 보자. 좋은 관계가 유지되고 있다면 친구가 좋아하는 일을 함께 하거나, 싫어하는 일을 하지 않거나, 자주 연락하거나, 만날 때 항상 사소한 것이라도 먼저 배려해 주거나 하는 자신만의 노력이 있을 것이다. 평소 관계 유지를 위해 자신이 노력하고 있는 점들을 이야기해도 좋다.

저는 두루두루 친한 친구들이 많은 편입니다. 그러나 그중에서도 어릴 적부터 가장 친했던 친구들이 6명 정도 있습니다. 평소에는 장난도 치고 서로 편하게 대하지만, 다른 사람들이 함께 있거나 다른 그룹과 함께 있을 때, 한 친구가 저에 대해 칭찬을 해 준 적이 있습니다. 쑥스러웠지만, 매우 기분이 좋았고, 그 이후로는 저도 매번 그 친구들을 만나면 칭찬이나 좋은 말을 하려고 노력합니다.
같은 목표를 가지고 일하는 직장 내 관계에서도 서로 '존중'하는 마음이 좋은 관계를 유지하는 데 중요하다고 생각합니다. 평소에도 서로를 존중하고 또 배려하는 말과 행동으로 좋은 협력관계를 만들도록 노력하겠습니다.

4. 인간관계에서 내가 가장 중요하게 생각하는 가치관은 무엇일까?

인간관계를 맺을 때, 자신이 가장 중요하게 생각하는 가치관이 무엇인지도 생각해 보자. 예를 들어, 관계에서 '믿음'이 가장 중요하다고 생각한다면, 가장 친한 친구를 떠올렸을 때, '믿음'을 유지하는 이유가 있을 것이다. 이런 측면으로 생각해 보고 답변하는 것도 좋은 방법이다.

저와 십년지기인 박○○이라는 친구에 관해 이야기하고 싶습니다. 고등학교 시절부터 알고 지낸 십년지기 친구인데, 저와 성향이 비슷해 오랫동안 친하게 지냈습니다. 그러나 사소한 일로 다투어 서로 관계가 소원해진 적이 있었는데, 저의 할머니가 돌아가셨다는 이야기를 듣고, 가장 먼저 그 친구가 찾아와 저를 위로하고 도와주었습니다. 그 이후로 저도 그 친구가 어려운 일을 겪을 때 항상 발 벗고 나서서 도와주었습니다. 어려울 때 서로 도울 수 있는 관계가 정말 좋은 관계라는 걸 그 친구를 통해 깨달았습니다.

회사에서 일을 할 때도, 업무상 어려움을 겪을 때 서로 돕고 협업하는 것이 팀워크를 좋게 하고 성과를 내는 데 도움이 된다고 생각합니다. 전문성을 키워 함께 일하는 사람을 돕는 직원이 되고 싶습니다.

5. 사람을 상대하는 직무에 지원한다면?

만약 영업, 인사, 판매, 서비스, 상담 등과 같이 사람을 상대하는 직무에 지원한다면 이 질문에 대한 답변이 평가에 중요한 요소가 될 수 있다. 실제로 영업직에 지원하면서 다음과 같이 답변해 합격한 사례가 있으니 참고하자.

> 저에게는 조금 특별한 친구들이 있습니다. 저는 19살 때부터 지금까지 5년 동안 '○○영어모임'이라는 모임에 참여하고 있습니다. 이 모임은 20대부터 60대까지 다양한 연령대의 한국 사람과 다양한 나라의 외국인들이 함께 모여 서로 영어로 대화하면서 영어공부도 하고 문화에 대해서도 서로 교류하는 커뮤니티인데, 오랫동안 나가다 보니 이제는 다 친구처럼 좋은 관계를 유지하며 지내고 있습니다. 특히, 운영진들은 20대부터 50대까지 다양한 연령대에 의사, 교사, 마케터 등 직업도 다양하신데, 나이에 상관없이 모두 친구처럼 지내고 앞으로도 계속해서 좋은 관계를 유지할 것입니다.
> 제가 입사하게 된다면, 영업직으로 성과를 내는 데 이 모임이 많은 도움이 되리라 생각합니다.

6. 이것만은 금물!

친구에 관해 이야기하면서 부정적인 내용을 말하거나 사적인 관계와 공적인 관계를 그대로 연결 지어 답변하는 것은 금물이다. 또 개인의 가치관에 따라 넓은 인간관계보다 깊은 인간관계를 선호할 수도 있지만, 너무 협소한 인간관계를 강조할 필요는 없다. 그리고 앞서 이야기했듯이 친구에 대한 이야기만 하고 끝내기보다는 항상 자신의 이야기로 마무리하는 것이 좋다. 다음처럼 질문의 목적을 벗어나는 답변은 피하도록 하자.

친구에 대한 답변의 나쁜 예

1. 저는 깊은 인간관계를 더 선호합니다. 정말 친한 친구는 3명 정도 있고, 사람을 두루두루 많이 사귀는 것은 별로 좋아하지 않습니다.

2. 친구는 진짜 자기 마음속까지 모두 털어놓는 것이 진정한 친구라고 생각합니다. 입사해서도 진정한 친구라 여겨질 만큼 좋은 관계를 만들기 위해 노력하겠습니다.

3. 제 주변에는 소개할 만큼 좋은 친구들이 별로 없는 것 같습니다. 그래서 친구들과 자주 만나지는 않습니다.

4. 제 친구 ○○○은 정말 좋은 친구입니다. 항상 자주 만나서 밥도 먹고 이야기를 나눕니다. 그 친구를 만나고 나면 힘들었던 일이나 스트레스도 모두 풀릴 정도로 즐겁습니다.

비슷한 질문 유형

1. 정말 친한 친구와 그렇지 않은 친구는 몇 명인가요?
2. 휴대폰에 몇 명의 번호가 저장되어 있나요?
3. 친구를 사귈 때, 어떤 점을 가장 중요하게 생각하나요?
4. 좋은 인간관계를 맺는 자신만의 방법이 있다면?
5. 요즘 가장 자주 만나는 사람은 누구인가요?

06
당황스러운 질문을 하기도 한다

사람인이라는 취업포털사이트에서 300개사를 대상으로 조사한 결과, 기업의 1인 평균 면접시간은 단 26분이라고 한다. 회사, 직무, 인성에 관한 질문으로만 지원자가 우리 회사에 적합한 인재인지를 파악하기에, 26분은 한없이 적은 시간이기도 하다. 그러다 보니 짧은 시간 안에 지원자들의 가치관이라든가 창의적 사고, 순간 대응능력 등을 판단하기 위해 돌발 질문, 당황스러운 질문을 하게 된다.

과거에 구글에서 황당한 질문을 돌발적으로 하는 경우가 많았다. 대표적으로 "스쿨버스 안에는 얼마나 많은 골프공이 들어갈까요?", "샌프란시스코 재난 시 재난 대피 계획을 설계하라", "하루에 시계 분침과 시침은 몇 번 겹치는가?", "맨홀 뚜껑이 둥근 이유는?" 이런 별나고 황당한 질문은 포스코와 같은 국내 기업에서도 자주 출제하던 질문 중에 하나다. 구글에서는 이런 질문을 '브레인 티저(Brain-Teaser) 질문'이라고 하는데, 이제 구글에서도 이런 황당한 질문들을 잘 하지 않는다. 이런 질문에 잘 대답한다고 해서 무조건 창의적이고 문제해결능력이 뛰어나다고 말하기는 어렵기 때문이다.

하지만 아직도 이런 당황스러운 질문들을 종종 면접에서 하고 있고, 나름대로 논리적인 근거로 답할 수 있는 '합리적인 당황스러운 질문'을 하기도 한다. 이런 질문들은 직무 트렌드에 관한 내용, 개인적으로 불편한 내용 등을 통해 면접자를 당황스럽게 만들기도 하므로 평소에 꾸준히 상대가 듣고 싶어 하는 말을 생각해 보고, 정리하고, 점검하는 태도가 필요하다.

* 다양한 기업에서 다양하게 황당한 질문을 한다.

1. 주량과 흡연은 어느 정도인가요?

2. 결혼 후 배우자가 직장생활을 반대한다면?

3. 직속상관이 본인보다 어린데 어떻게 생각하나요?

4. 본인에게만 차 심부름을 시킨다면?

5. 만약 로또에 당첨이 된다면?

6. 당신을 한마디로 표현한다면?

7. 입사하면 얼마나 오래 일할 건가요?

8. 자신이 얼마짜리 사람이라고 생각하나요?

9. 학점이 다른 지원자보다 낮네요.

모든 변화는 저항을 받는다.
특히 시작할 때는 더욱더 그렇다.

– 앤드류 매튜스 –

다양한 기업에서 다양하게 황당한 질문을 한다.

애플에서 말하는 황당한 면접 질문 10가지가 있다. 애플의 CEO인 팀 쿡은 "애플은 아이디어와 열정이 있는 사람만을 채용한다"라고 밝힌 바가 있다 보니, 단순한 대답보다는 재치있고 창의적으로 나름의 근거를 들어 답변하는지를 확인하고자 한다.

💬 **애플의 황당한 면접 질문 10가지**

1. 당신이 애플 제품 중 하나라면, 어떤 제품일까요?
2. 당신이 신혼여행을 떠났습니다. 가방 안에 결혼식과 신혼여행 사진이 전부 담겨 있는 아이폰이 있는데, 가방 안에 있던 물병이 넘어졌습니다. 어떻게 대처할 건가요?
3. 애플에서 일한다는 것은 당신에게 어떤 의미가 있나요?
4. 여기 펜 한 자루가 있습니다. 이 펜을 나에게 팔아 보세요.
5. 당신은 우리 시스템을 해킹할 수 있습니까? (할 수 있다면) 어떤 방법으로 해킹할 건가요?
6. 아이폰의 배터리를 절약하는 방법 다섯 가지를 말해 주세요.
7. 하루에 몇 명의 아이들이 태어날까요?
8. 8살 아이에게 '모뎀'과 '라우터'의 개념과 기능을 어떻게 설명할 건가요?
9. 애플은 왜 '애플 컴퓨터'에서 '애플'로 이름을 바꾸었을까요?
10. 당신이 입사 후 애플의 무언가를 바꿀 수 있다면, 어떤 것을 바꾸고 싶나요?

1. 합리적인 황당한 질문

황당한 질문이라 해서 무조건 특이한 질문을 하는 것은 아니다. 회사나 지원직무와 관련해 나름대로 논리적인 근거를 들어 답할 수 있는 '합리적인 황당한 질문'을 하는 기업이 의외로 많다. 그리고 최근 면접 자리에서 황당한 질문은 상황을 제시해서 그 상황에 어떻게 대응하는지를 평가하는 경우도 있으므로 사전에 어떤 질문들이 나오는가 파악해 보는 것도 면접에 도움이 될 것이다.

- 한국전력공사 : 본인 집의 전기 요금은 얼마인가요? 조직 내 어디까지 올라갈 것을 목표로 하는가?
- 우리은행 : 주거래 은행이 어디인가요?
- 동양생명 : 자신이 얼마짜리 사람이라고 생각하나요?
- NH농협 : 첫 월급을 받으면 가장 하고 싶은 것은 무엇인가요?
- 신한은행 : 신한은행에서 오늘 하루 동안 거래되는 금액은 얼마일까요?
- KB카드 : 자신을 잘 표현할 수 있는 그림을 그려라.
- LG전자 : 당신이 목표로 하는 직장에서 최고의 직위는 무엇이며, 자신의 10년 뒤 직위를 예상해 본다면?
- 이랜드월드 : 기독교 문화에 적응할 수 있겠는가?
- 포스코 : 자신에게 가장 소중한 것은?

2. 아주 황당한 질문

과거에는 입사까지 포기하게 할 만큼 황당한 질문을 하는 경우도 있었다. 특히
업무능력과 무관한 신변잡기를 묻거나, 프라이버시를 아무렇지 않게 확인하는
질문, 압박을 위한 질문, 성차별 의식이 드러나는 질문 등이 그 예다. 현재 이
런 황당한 질문은 사회적 인식과 시대에 맞지 않는 경우가 많아 거의 하지 않
고 있으며, SNS 발달로 인해 사회적 이슈가 되기도 한다.

- 신한은행 : 오늘 점심에 섭취한 음식의 칼로리는 얼마인가요?
- 한국전력 : 자기 결혼식에 친구가 몇 명 올 것 같은가?
- LG : 어느 날 지구가 멸망 위기에 처했다. 대피용 비행선은 2인용, 당신의
  가족은 4명(배우자, 아들, 딸), 누구를 태울 것인가?
- 아마존 : 당신은 지금 막 지구에 도착한 화성인입니다. 지구가 맞닥뜨릴 각
  종 문제를 어떻게 풀 건가요?
- 구글: 연필 한 상자가 앞에 있다고 생각하고, 일반적인 용도 외에 그걸로 할
  수 있는 10가지 일을 말해 보세요.
- 현대중공업 : 유재석의 리더십과 강호동의 리더십 중 더 선호하는 리더십은
  무엇인가?
- LG생활건강 : 피카소와 애플 디자이너의 공통점을 이야기해 보세요.
- 삼성화재 : 당신이 같이 일하는 직원 중 하나를 해고해야 한다면 어떤 사람
  을 해고해야 할 것인가?
- 삼성전자 : 교통사고를 줄이는 방안을 논리적으로 제시해 보세요.
- SK : 본인은 창의적이라고 생각하는지 아니면 현실적이라고 생각하는지 말
  해 보세요. 사물인터넷을 통해 세상이 어떻게 바뀌나?
- 이랜드월드 : 이랜드 말고 가고 싶은 회사 3곳을 이야기해 보세요.
- 금호타이어 : 복권이 당첨되면 무얼 하겠는가?

이런 당황스러운 질문을 무조건 하는 건 아니다. 최근에 당황스러운 질문의 추세는 상황을 제시하고 그 상황에 맞는 대답을 하는 방향으로 가고 있다. 특히 직무에 관련된 상황질문이라든가 직장생활을 하면서 있을 만한 상황질문이 많으니 어려워하지 말고 본인이 직장생활을 한다는 마음으로, 회사에서 듣고 싶어 하는 말들을 고민해 본다면 아주 좋은 대답이 나올 것이다.

주량과 흡연은 어느 정도인가요?

과거에 많이 물어봤던 질문 중에 "혹시 남자(여자)친구 있으세요?", "결혼하실 건가요?", "혹시 담배는 피우시나요?", "주량이 어느 정도 되시나요?", "술은 잘 드시나요?" 이런 부류의 질문들은 요즘 안 물어보는 추세이다. 개인의 가치관이 중요한 시대가 되다 보니 이런 질문을 하지 않는 건 분명하다. 하지만 이런 질문이 나오지 않을 거로 생각하고 전혀 준비 없이 임했다가 당황하는 경우가 생길 수 있으니 사전에 한 번쯤 생각해 본다면 분명 손해는 보지 않을 것이다. '이런 질문을 도대체 왜 할까?' 생각하기보다는 기업의 입장에서 듣고 싶어 하는 말을 하는 것이 면접자에게 더 유리하다.

1. 너무 사실대로 말하면 손해를 볼 수 있다.

우리가 지원한 직무에 대해 생각해 보면 답이 나온다. 과거보다 회식, 접대가 많이 줄었지만, 간혹 영업 직군은 그래도 술은 조금 먹는 사람을 좋아하긴 한다. 그리고 남자가 많은 직업군에선 간혹 물어보기도 하며, 대기업보다는 중소기업에서 물어볼 가능성이 더 크다. 시대가 바뀌었는데도 이런 질문을 한다는 자체가 문제가 있을 수 있지만 아직도 직무에 따라 물어보는 경우가 있다. 사실대로 말하기보다 적당한 선에서 답변하는 것이 좋을 것이다.

> 면접관 : 혹시 주량이 어떻게 되나요?
>
> 면접자 : 저 술 못 먹는데요.
>
> 면접관 : 회사생활을 하다 보면 술을 먹을 수도 있는데 그럴 경우는 어찌할
> 것인가요?
>
> 면접자 : 그럴 경우 회식은 참석하지만 상사님께 술을 못 먹는다고 말씀드
> 리고 양해를 구하겠습니다.

실제 있었던 답변이다. 내용상으로는 전혀 문제가 없지만 면접관의 마음에 드는 답변은 아닐 수 있다. 무조건 사실대로 말하면 약간의 손해를 볼 수 있으니 한 번쯤 생각해 봐야 한다.

2. 적당한 선에서 말하는 것도 크게 문제는 없다.

아직도 회사에선 성인이라면 많은 양이 아니더라도 술을 적당히 먹는 사람을 좋아하는 경향이 분명히 있다. 면접 보는 과정에서 주량을 확인하기는 어렵다. 그렇기 때문에 적당한 선에서 말하는 것도 크게 문제는 없다.

> 면접관 : 혹시 주량이 어떻게 되나요?
>
> 면접자 : 소주 반 병 정도 먹습니다. (소주는 잘 못 먹지만 맥주는 2병 정도
> 먹습니다)
>
> 면접관 : 아, 그래요.

이 정도만 말해도 크게 문제는 없다. 그러니 술을 잘 못 먹는 면접자는 이 정도 선에서 말하는 것도 좋다. 그리고 반대로 술을 많이 먹는 면접자도 있을 것이다. 있는 그대로 말하면 면접자가 손해를 볼 수 있다.

면접관 : 혹시 주량이 어떻게 되나요?
면접자 : 소주 10병 정도 먹습니다.
면접관 : 그렇게 많이 먹으면 다음 날 어떠한가요?
면접자 : 전혀 문제없었습니다.

사실일 수 있지만 회사 입장에선 5병이든 10병이든 적게 먹는 숫자가 아니다. 그리고 면접관 입장에서는 "다음 날 근무에 지장을 주지 않을까?", "술로 인해 다른 사람에게 피해를 주지는 않을까?"와 같은 우려를 하게 된다. 술을 잘 먹어서 훌륭하다고 생각하는 면접관은 드물 것이다.

3. 흡연은 하지 않는다고 하는 것이 좋다.

개인의 기호품이고 사생활이기에 묻지 않기도 한다. 그러나 과거보다 건강을 중요시하는 시대이다 보니 점점 담배에 대해 안 좋은 인식이 있어 직장에서도 선호하진 않는 편이다. 개인 건강에서도 담배는 치명타이고 주변 사람들에게도 피해를 줄 수 있다. 그렇기 때문에 간혹 '흡연은 하시나요?'라고 물어보면 비흡연자는 "안 핍니다"라고 하면 되고, 흡연자는 적당한 선에서 "3일에 한 갑 정도 피긴 합니다" 정도로 말해도 무방하다.

결혼 후 배우자가
직장생활을 반대한다면?

이 질문은 과거 남성보다 여성에게 많이 물어보았다. 과거에는 여성이 결혼하면 회사를 퇴직하는 경우가 많아 이런 질문을 자주 했다. 여전히 아이를 맡기기 어려워 육아로 인해 경력이 단절되는 경우도 많고, 실제로 배우자가 직장생활을 반대하는 경우도 있어 여전히 이런 질문을 종종 하기도 한다.

아마 대부분의 면접자가 이 질문을 보자마자 이런 답변이 떠오를지도 모르겠다.

> **면접관** : 결혼 후 배우자가 직장생활을 반대한다면 어떻게 할 건가요?
> 면접자 : 예! 반대하더라도 제가 선택한 회사이기에 계속 다닐 것입니다.

대부분이 같은 결론으로 답변을 하겠지만, 이 질문의 핵심은 직장에 대한 가치관을 묻는 것이다. 즉, 면접자가 생각하는 직장, 일의 의미를 묻는 질문이다. 그리고 회사생활을 하면서 충분히 일어날 수 있는 문제 상황에서 업무에 지장이 없도록 어떻게 지혜롭게 해결할지를 보기 위함도 있다. "해외발령이 날 경우(또는 다른 지방으로 발령이 날 경우) 배우자가 반대한다면 어떻게 하겠는가?" 같은 질문도 비슷한 의도이다.

1. 회사의 경영이념, 인재상을 파악하자.

최근에는 회사에서도 자신의 개인 생활과 회사 생활을 조화롭게 유지하며 근무하는 지원자를 원한다. 이런 질문에 대비하기 위해서는 먼저 회사의 경영이념, 인재상, 문화 등을 회사 홈페이지에 접속하여 체크하는 것이 중요하다. 개인의 가치관도 중요하겠지만 회사가 생각하는 경영이념, 인재상 등을 참고하여 준비하는 것이 필요하다. 이와 연결하여 배우자가 반대할 경우 어떻게 설득하고, 행동할 것인지, 문제를 해결할 방법까지 제시하면 좋다.

회사 경영이념 - 화합, 소통, 창조

면접자 : 결혼 후에 배우자가 직장생활을 반대한다면 저는 배우자와 많은 이야기를 통해서 제가 왜 ○○회사에 지원했고 어떤 일을 하고 있는지 왜 저에게 중요한지 소통을 통해서 설득하며, 배우자와 함께 화합해서 일과 가정 모두 잘 돌보도록 하겠습니다.

면접자 : 결혼하게 된다면 분명 어려움은 있을 수 있습니다. 하지만 과거와는 많이 달라졌고 배우자와 같이 서로 소통한다면 반대는 안 할 것이라고 생각합니다.

---

2. 육아휴직 제도가 정답은 아니다.

변형된 질문 중 육아로 인해 직장생활 반대에 부딪혔을 때 어떻게 할지에 관해 묻기도 한다.

> **면접관** : 육아로 인해 직장생활을 계속 하기 어렵다면 어떻게 하겠습니까?
> **면접자** : 회사를 다니면서 육아를 하기엔 여전히 어려움이 있겠지만, 육아 휴직 제도를 잘 활용한다면 문제가 없다고 생각합니다.

대다수 면접자는 법적인 육아휴직에 대해서 언급하며 이 기간을 통해 가정을 돌보겠다고 답변한다. 물론 맞는 말이긴 하다. 그러나 사실 육아휴직 제도가 잘 되어 있는 공공기관이나 공기업, 대기업에서는 위와 같은 질문을 잘 하지 않을 가능성이 크다. 육아휴직으로 인력 공백이 생길 수 있는 중소기업에서 물어볼 가능성이 크다는 걸 잘 생각해 보아야 한다. 그러므로 근로자 규정 및 법적 제도에 대해 먼저 언급을 하는 것보다는, 정부의 복지제도를 활용해 아이를 맡기거나 가족과의 협력 등 다른 방안을 우선순위로 말하는 것도 현명한 방법이다. 그리고 이런 질문이 나오면 자신에게 실제 저 상황이 벌어진 것이 아니라 그저 면접 질문일 뿐이라는 것, 그리고 목표는 '면접 합격'이라는 사실을 항상 잊지 말자.

직속상관이 본인보다 어린데 어떻게 생각하나요?

나보다 나이가 어린 회사 선배와 생활하게 된다면 어떨까? 실제로 직장인 중에서는 '나이 어린 선배', 또는 '나이 많은 후배'와 같이 '직급에 의한 서열'과 '나이에 의한 서열'이 다른 사람과의 관계로 스트레스를 받는 사람이 적지 않다. 이런 상황을 직접 겪게 된다면 어떻게 대처해야 할까? 그리고 면접에서 이런 질문을 받게 된다면 어떻게 이야기하는 게 좋을까?

사실 이 질문은 면접자 나이가 어린 경우엔 물어보지 않을 가능성이 크다. 요즘은 휴학이라든가 졸업 유예와 같이 졸업을 늦게 하거나, 공무원 시험이나 고시 준비를 하다가 실패하는 경우도 많다. 그러다 보니 취업이 늦어지는 경우가 있고 먼저 취업한 사람의 나이가 어린 경우도 생기기 마련이다.

1. 직급의 필요성에 대해 먼저 이해하자.

우리나라처럼 나이를 따지는 곳이 있을까 싶다. 학교에서도 한 살밖에 차이가 나지 않는 선배에게 존댓말을 쓰면서 깍듯하게 대하는 게 당연한 문화이다. 그런데 직장에서 나보다 나이가 어린 사람으로부터 업무 지시를 받게 되면 불편한 마음이 당연히 든다. 그러나 '회사'는 '이익 창출'이라는 공동의 목표를 가진 집단이다. 효율적으로 성과를 내려면 관리가 필요하고, 효율적으로 관리를 하기 위해서는 직급이 필요하다. '직급이 높다'는 것은 '책임의 범위'도 크다는 의미이다. 요즘은 경영환경의 변화로 인해 외국계 기업이나 IT 등 창의력이 요구

되는 산업 분야 외에도 수평적인 조직문화를 지향하는 회사가 늘어나고 있지만, 산업과 직무에 따라서는 수직적인 문화가 성과를 창출하는 데 더 효과적이라는 의견도 여전히 있다.

2. 신입사원의 업무습득력은 대인관계 능력과 비례한다.

사실 회사에서는 신입사원에게 처음부터 많은 것을 기대하지 않는다. 업무에 대해 모르는 게 당연하기 때문에 교육을 하고 조직문화에 적응하는 기간을 둔다. 그래서 성과를 기대하기보다는 업무를 얼마나 빨리 배우고 습득하는지를 본다. 업무를 빨리 배우려면 경험이 많은 선배나 상사들로부터 배우는 것이 가장 좋은 방법이므로 관계를 맺는 능력과 업무습득력은 비례한다고 해도 과언이 아니다. 직장 내에서 함께 일하는 사람들과 좋은 관계를 맺으려고 노력하다 보면 그만큼 업무를 습득하는 데 도움이 되는 것은 당연하다. 따라서 나이와 관계없이 배우고자 하는 자세를 가진 사람이라면 업무습득력도 좋을 것이고, 장기적으로 보아 성과를 낼 가능성, 리더십 등이 있을 거라고 평가하는 것이다.

3. 직속상관의 나이보다 '배울 점'에 주목하는 자세가 필요하다.

옛말에 '세 살 아이에게도 배울 것이 있다'는 말이 있다. 나보다 나이가 어려도 직급이 높다면 분명 이유가 있을 것이고, 일하다가 문제가 생겼을 때도 나보다 더 큰 책임을 지게 될 것이다. 그러니 나이에 연연하기보다는 업무상 나보다 경험이 많은 사람으로부터 배우려는 자세가 필요하다. 업무적으로 뛰어난 점, 인성적으로 본보기가 되는 점이 있다면 당연히 배우고 내 것으로 만들어서 업무성과를 낼 수 있도록 노력해야 한다.

일하는 데 있어서 나이보다는 능력이 우선이라고 생각합니다. 저보다 나이가 어린데 직급이 높다면 분명히 어떤 이유가 있으리라 생각합니다. 저보다 먼저 입사하셨으니 업무 경험도 많을 것이고, 배울 점도 많으리라 생각합니다. 나이에 상관없이 좋은 관계를 맺고 빠르게 업무를 습득하도록 노력할 것입니다.

효율적으로 성과를 내기 위해 나이가 걸림돌이 되어서는 안 된다고 생각합니다. 함께 협력해서 성과를 내기 위해서는 부족한 점이 있다면 배우고, 도울 점이 있다면 적극적으로 협업하는 것이 중요하다고 생각합니다. 저보다 업무 경험과 노하우가 많고 또 어린 분이라면 더더욱 배울 점이 많을 것이고 저에게는 행운이라고 생각합니다. 꼭 합격해서 그분과 서로 돕고 배우며 일해 보고 싶습니다.

4. "나이가 어린데 일을 잘할 수 있나요?"라고 역으로 물어보는 질문도 있다.

회사 일을 얼마나 잘할 수 있는지는 나이보다는 업무 태도와 열정에 더 관련이 있다. 그러므로 본인이 나이가 어리다고 주눅 들지 말고 당당하고 자신감 있게 대답을 해야 한다.

업무를 수행하면서 나이가 어린 것은 크게 지장이 없을 거라고 생각합니다. 저는 아직 배워야 할 것이 많은 신입이기 때문에 모르는 것이 많은 게 맞다고 생각합니다. 항상 모르는 것을 적극적으로 물어보며 배우려는 자세로 업무에 임하는 모습을 보여 드린다면 곧 좋은 성과를 낼 수 있다고 생각합니다.

비슷한 질문 유형

1. 후배 또는 입사 동기가 자신보다 먼저 승진을 하면 어떻게 할 건가요?

2. 입사 동기가 함께한 프로젝트에서 더 좋은 평가를 받으면 어떻게 할 건가요?

3. 후배가 입사했는데, 나보다 나이가 많다면 어떻게 할 건가요?

4. 회의시간에 후배가 내 의견에 좋지 않은 피드백을 한다면 어떻게 할 건가요?

본인에게만 차 심부름을 시킨다면?

만약 실제로 내가 입사한 회사에서 상사가 나에게만 커피 심부름을 시키면 어떨까? 요즘은 회사에서 이런 심부름을 시키는 일이 거의 없고 이 질문을 자주 묻지는 않는다. 그래도 직무에 따라, 또는 회사에 따라 상황이 다를 수도 있다. 만약 면접에서 이런 질문을 받았다면 어떻게 답변하는 것이 현명한 방법일까?

1. 감정적으로 대처하지는 말자!

이런 질문을 받았을 때 자기도 모르게 감정적으로 대처할 수 있다. '차 심부름'에 대해 평소에 부정적으로 생각하고 있었다면 더욱 그럴 수 있다. 그러나 기억하자. 오늘 처음 만난 면접관은 나에게 아무런 감정도 없다. 지금은 진짜 차 심부름을 시킨 것이 아니라 만약에 시킨다면 어떻게 할 것인지 질문을 받은 것이다. 면접관이 이런 질문을 하는 이유는 실제로 당신에게 이 일을 시킬 생각이 있는 게 아니라 이런 상황에 대해서 어떻게 생각하는지, 그리고 어떻게 대처하는지 1) 사고 방식, 2) 대처 방식, 3) 직장인 마인드 이 세 가지를 보고자 하는 의도가 있다. 질문 너머에 있는 이 의도를 파악하지 못하고 너무 감정적으로 대처하는 것은 현명하지 못하다.

> **면접관** : 상사가 본인에게만 차 심부름을 시킨다면 어떻게 하겠습니까?
>
> **면접자** : 직장은 업무를 통해 성과를 내는 곳이지, 차 심부름을 하러 가는 곳은 아니라고 생각하고, 저에게만 그런 일을 시키는 것은 부당하다고 생각합니다. 만약 그런 일을 시키신다면 저는 단호히 거절하고 하지 않겠습니다.

위의 예시처럼 답변한다면 어떨까? 사실 틀린 말은 하나도 없다. 그러나 면접장의 분위기는 요즘 말로 '갑분싸'가 될 수 있다. 면접에서는 바른말을 하는 것도 좋지만, 업무의 연장이라 생각하는 마음가짐으로 답하는 것이 자신에게 훨씬 유리하다는 것을 기억하자.

> **면접관** : 만약에 상사가 본인에게만 차 심부름을 시킨다면 어떻게 하겠습니까?
>
> **면접자** : 차 심부름이 업무에 지장을 줄 만큼 오랜 시간이 걸리거나 어려운 일은 아니라고 생각합니다. 저도 차를 좋아하기 때문에 상사와 좋은 관계를 맺는 데 도움이 되는 일이라면 제 것과 함께 준비해서 드리는 건 별로 어렵지 않다고 생각합니다. 하지만 다른 이유로 부당하게 업무에 지장이 될 정도로 저에게만 심부름을 시키신다면 이것은 관계의 문제라고 생각합니다. 먼저 대화를 청하거나 원인을 잘 생각해 보고 관계가 좋아지도록 노력할 것 같습니다.

위의 예시에서 면접자는 '차 심부름' 자체는 기분 좋게 할 수 있는 일로 생각하지만, 만약 그것이 '관계의 문제'라면 진지하게 생각하고 그에 따라 다르게 대처하겠다고 이야기하고 있다. 답변을 통해 면접자가 중요하게 생각하는 것이 무엇인지, 사고방식에 따라 어떻게 다르게 행동하고 대처하는지 알 수 있다.

면접관 : 상사가 본인에게만 차 심부름을 시킨다면 어떻게 하겠습니까?

면접자 : 일단 어떤 일이든 상사가 시키는 데는 다 이유가 있다고 생각합니다. 차를 타는 일이 그리 오래 걸리거나 업무에 지장을 주는 일은 아니므로 기꺼이 하겠습니다. 좋은 관계를 유지하는 것도 업무의 연장이라고 생각합니다.

2. 업무 외적인 지시에 대처하는 자세

영업직이나 서비스직 등 특정 직군에서는 상사가 업무 외적인 일, 사적인 일을 지시하는 때도 종종 있다. 그럴 때, 가장 먼저 생각해야 할 것은 지시를 따라서 문제가 생겼을 때, '책임을 누가 지는가'이다. 상사는 나보다 더 많은 책임을 지는 사람이다. 문제가 될 만한 일을 지시했다면 책임을 지는 사람도 내가 아니라 상사임을 기억해야 한다.

예전에는 특히, 여성 직원에게 차 심부름을 시키는 경우가 있었지만, 지금은 이런 경우는 거의 없다. 업무에 지장을 줄 만큼 차 심부름을 계속 시키거나 성차별이라고 생각될 만큼의 부당한 지시라면 문제가 되겠지만 그게 아니라면, 어려운 일은 아니므로 가볍게 생각하고 기분 좋게 대처할 수도 있다.

비슷한 질문 유형

1. 상사가 업무 외적인 지시를 자주 한다면 어떻게 대처하겠습니까?
2. 상사가 이유 없이 나만 싫어하는 것 같다면?
3. 상사가 내 성과를 질투한다면?
4. 관계가 어려운 상사가 있다면 어떻게 대처하겠습니까?

만약 로또에 당첨이 된다면?

'로또에 당첨이 된다면' 생각만 해도 너무 기쁘다. 로또가 당첨되면 굳이 회사에 다닐 필요 없다고 생각하는 사람도 있을 것이고, 로또와 일은 별개의 문제라고 생각하는 사람들도 있을 것이다. 그리고 '로또에 당첨이 된다면'이라는 질문에는 "돈을 어디다 쓸 것인가?", "회사는 계속 다닐 것인가?"라는 추가 질문이 따라오기 마련이다. 대단한 질문은 아니지만 면접자의 생각이 궁금해 물어보기도 하니 한 번쯤 생각해 보는 것도 좋다.

> 면접관 : 만약 로또에 당첨이 된다면 어떻게 하시겠습니까?
> 면접자 : 로또에 당첨이 되었으니 회사는 그만두는 게 맞다고 생각됩니다.
> 면접관 : 아... 그래요?
> 면접자 : 예.

위 예문이 사실 현실적이고 솔직한 마음일 것이다. 하지만 면접자가 면접관이 되어 이 말을 들었다면 어떤 생각을 할까? 그만두고 싶은 마음이 있어도 바로 "그만두겠습니다"라고 말을 하면 회사 입장에서는 회사에 대한 애착이라든가 애사심이 없다고 느낄 수도 있다.

면접관 : 만약 로또에 당첨이 된다면 회사는 다니실 건가요?

면접자 : 전 로또는 로또고 일은 일이라고 생각합니다. 제가 좋아서 선택한 일을 한다는 건 저에게 아주 행복하고 즐거운 일입니다.

면접관 : 그래도 로또면 수억 원이 순간 들어오는데 회사를 다닌다는 건 좀 웃기지 않나요?

면접자 : 전 그렇게 생각 안 합니다. 당첨되면 당연히 기분이 좋겠지만 사람은 일을 통해 삶의 가치를 추구해야 한다고 생각합니다.

위처럼 소신껏 말을 했는데 순간 압박 질문을 받으면 면접자는 당황하면서 자기의 소신을 바꿔 말하는 경우가 있다. 이 경우 앞에 말한 내용이 무색하니 당황하지 말고 자신의 소신을 쭉 밀고 나아가는 것이 신뢰와 좋은 인상을 줄 수 있다.

면접관 : 만약 로또에 당첨이 된다면 어디에다 쓰실 건가요?

면접자 : 로또에 당첨이 된다면 생각만 해도 너무 좋을 것 같습니다. 저에게 항상 도움만 주신 저희 부모님께 집 한채 선물해 드리고 싶습니다. 그리고 저도 집을 하나 장만할 것이며 나머진 저축하여 차후에 필요한 상황이 생기면 소소한 기부를 하거나 감사한 분께 식사 대접 등을 하면서 의미 있게 쓰고 싶습니다.

면접관 : 그러면 회사는 계속 다니실 건가요?

면접자 : 회사에 들어오려고 얼마나 노력했는데 로또 하나로 그만둔다는 건 아니라고 생각됩니다. 제가 좋아하는 일이기에 즐겁게 다닐 겁니다.

연계성 있는 질문을 받게 되는 경우가 있다. 그리고 입사를 위해 면접을 보는 상황이므로 회사를 안 다닐 거라는 의미의 말은 하지 않는 것이 당연히 유리하다.

당신을 한마디로 표현한다면?

면접 컨설팅을 할 때 면접자들이 "도대체 왜 이런 걸 물어보냐"고 가장 많이 묻는 질문 중 하나다. 나를 한마디로 표현하는 것 자체가 어려운 일이기도 하고, 추상적이고 답이 없는 질문처럼 느껴지기 때문이다. 그러나 면접에서 의미가 없는 질문은 없다. 이 질문 역시 자기소개나 강점을 묻는 말과 비슷한 의도가 있지만, 답변을 통해서 좀 더 명확하게 자신의 색깔을 보여줄 수 있으므로 답변 내용을 고민해 보고 잘 준비해야 한다.

1. 면접관은 신속하고 명쾌하게 면접자를 파악하고 싶다.

사실 요즘은 업무에 바로 투입할 수 있는 실무형 인재를 선호하면서 이런 질문들을 많이 하지는 않는 추세지만, 면접관이 이 질문을 통해 기본적으로 알고자하는 것은 '이 사람이 스스로에 대해서 얼마나 파악하고 있는가'이다. 면접관의 입장을 잠시 생각해 보자. 면접관은 면접일이 되면 온종일 비슷비슷한 면접자와 계속 이야기를 한다. 짧은 시간 안에 사람을 파악하고 평가해서 적합한 사람을 가려내는 것은 정말 어려운 일이다. 모두가 비슷한 장점을 말하고, 별 차이 없는 자기소개를 반복해서 듣다 보면 이 사람이 그 사람 같고, 그 사람이 이 사람 같다. 그럴 때 "당신을 한마디로 표현한다면?"과 같은 질문을 던지면, 좀 더 신속하고 명쾌하게 면접자의 캐릭터를 파악할 수 있는 것이다.

2. '나는 밥통 같은 사람입니다!', 황당한 답변은 그만

많은 사람이 이 질문을 받으면 사물이나 동물 등 그럴듯한 대상을 찾아 자신의 특징을 끼워 맞추는 식으로 답을 찾으려고 한다. 그러다 보니 종종 황당한 답변이 나오기도 한다.

> 면접관 : 당신을 한마디로 표현한다면?
> 면접자 : 저는 '밥통' 같은 사람입니다. 버튼만 누르면 따뜻한 밥을 짓는 밥통처럼 업무 성과를 잘 내도록 하겠습니다.

대답은 좋았지만, 성과를 낼 수 있는 다른 근거를 함께 이야기하지 않아서 신뢰도도 떨어지고 지원자의 강점을 표현하기에는 설득력이 다소 부족해 보인다. 면접관의 기억에는 확실하게 남을 것 같지만, 과연 뽑고 싶은 사람으로 기억될지는 의문이다. 면접관도 공감할 수 있고, 자신의 강점을 잘 기억하도록 하는 센스 있는 답변을 하려면, 근거를 들어서 세부내용과 방향성을 포함하여 이야기하는 것이 좋다.

> 면접관 : 당신을 한마디로 표현한다면?
> 면접자 : 저는 '밥통' 같은 사람입니다. 버튼만 누르면 따뜻한 밥만 짓는 밥통이 아닌 잡곡을 넣으면 잡곡밥, 나물을 넣으면 나물밥을 짓는 밥통처럼 저는 어느 환경에서든 함께 잘 어울리고 먼저 따뜻하게 다가가는 사람입니다. 밥통 같은 모습으로 현장에서 필요로 하는 그리고 업무 성과를 내는 모습을 보여 드리겠습니다.

3. 요약하거나, 비유하거나

단순히 비유 대상을 먼저 찾기보다는 '어떤 상황에서도 변하지 않는 나의 강점'을 발견하고 정리해 보는 시간이 필요하다. 그래야 그 '한마디' 속에도 진짜 나의 모습이 반영되고 듣는 사람도 공감할 수 있기 때문이다. 따라서 이 답변을 만들려면 먼저 하얀 종이를 꺼내 지난 경험 중에서 반복적으로 발견할 수 있는 나의 장점이 무엇인지를 생각해 보고 다음과 같이 쭉 나열해서 적어 보자.

> 나의 장점 : 원칙을 잘 지킨다. 규칙적인 생활을 한다. 부지런하다. 양심적이다. 솔직하다. 거짓말을 하지 않는다. 꼼꼼하다. 신중하다. 체계화시킨다. 우직하다. 믿을 만하다.

> 나의 장점 : 친화력이 있다. 협업한다. 개방적이다. 긍정적이다. 재미있다. 재치가 있다. 배려심이 강하다. 솔선수범한다. 사람들을 잘 이끈다.

나의 장점을 쭉 적어 보았다면 이제 자신을 표현할 '한마디'를 찾아야 한다. 여기에는 두 가지 방법이 있는데, 하나는 '요약'이고, 나머지 하나는 '비유'다. 나열한 장점 중에서 여러 가지 장점들을 포괄하는 의미의 단어나 대표할 수 있는 단어를 찾아 보자. 비유해서 이야기하는 것이 자신 없다면, 어설프게 비유하는 것보다 이렇게 요약해서 이야기하는 것이 더 명확하게 자신의 장점을 나타낼 수 있다.

나의 장점 : 원칙을 잘 지킨다. 규칙적인 생활을 한다. 부지런하다. 양심적이다. 솔직하다. 거짓말을 하지 않는다. 꼼꼼하다. 신중하다. 체계화시킨다. 우직하다. 믿을 만하다. = **나는 '솔직한 사람'이다.**

나의 장점 : 친화력이 있다. 협업한다. 개방적이다. 긍정적이다. 재미있다. 재치가 있다. 배려심이 강하다. 솔선수범한다. 사람들을 잘 이끈다. **= 나는 '협업하는 사람'이다.**

비유의 방식으로 답변을 하려면, 나열한 장점들을 가장 잘 표현할 수 있는 대상을 찾아야 한다. 무턱대고 비유할 대상부터 찾는 것보다는 자신을 더 잘 반영한 답변이 나올 수 있다. 비유의 대상은 동물, 사물, 색깔 등 주변에서 찾을 수도 있고, 역사 속 인물이나 영화 속 캐릭터에서 찾을 수도 있다. 생각나는 대로 나열해 보고 그중에 가장 답변하기 좋은 것을 골라 보자. 주의할 점은 누구나 아는 보편적인 것을 이야기해야 하고, 부정적인 느낌을 주는 대상은 피해야 한다는 것이다. 그리고 비유 대상에 대한 설명에 집중하기보다는 자신의 장점을 설명하는 데 비중을 두고 이야기하는 것이 더 효과적이다.

나의 장점 : 따뜻하다. 차분하다. 성실하다. 포용력이 있다. 인내심이 강하다. 끝까지 한다.
비유 대상 : 거북이(느리지만 끝까지 함), 모닥불(오래오래 열정적으로 탐), 주황색(따뜻하지만 과하지 않은 색), 엄마(포용력) = 나는 '모닥불' 같은 사람이다.

나의 장점 : 창의적이다. 새로운 것을 좋아한다. 트렌드를 잘 읽는다. 감각적
이다. 누구와도 잘 어울린다. 끈기가 있다.

비유 대상 : 무지개(다채로움), 카멜레온(트렌드에 맞춰 색깔을 바꿈), 나비
(오랜 인내를 통해 아름다운 나비가 됨), 비빔밥(여러 재료가 어
우러져 새로운 맛을 냄) = 나는 '비빔밥' 같은 사람이다.

4. 핵심을 놓치지 않는 답변 형식

나를 나타내는 '한마디'에만 집중하다 보면 핵심을 놓칠 수 있다. 면접에서는
항상 모든 답변이 앞으로 내가 하게 될 '일'과 연결되어야 합격과 가까워질 수
있다. 따라서 1) 나를 나타내는 한마디, 2) 의미, 3) 근거(관련 경험), 4) 직무
와 연결 짓기 또는 포부와 같은 형식의 답변을 하면 효과적이다.

저를 한마디로 표현하자면, 저는 '솔직한 사람'입니다. 만약 저에게 어떤
일이 주어졌을 때 잘 모르면, 저는 솔직하게 이야기합니다. 그러나 반드시
물어보고 어떻게든 방법을 찾아내는 사람입니다. 과거에 2주 동안 조별 과
제를 수행할 때, 교수님께서 주제만 알려 주시고 과제 제출과 발표 방법에
대해 자세히 설명해 주지 않으셨는데, 아무도 거기에 대해서 질문하지 않
고 각자 자신의 방법대로 과제를 수행하고 있었습니다. 저는 중간에 교수
님께 정확하게 방법을 여쭤 보았습니다. 교수님께서 생각하시는 제출 방
법이 있었는데, 공지하지 않았다며, 물어봐 주어서 고맙다고 말씀하셨고,
다른 학우들도 빨리 방식을 바꾸어 과제를 작성하고 제출할 수 있었습니다.
저에게 일할 기회가 주어진다면, 모르는 것을 묻고, 답을 찾아 빨리 업무

를 습득하겠습니다. 그리고 시간이 지날수록, 믿고 맡길 수 있는 사람이 되고 싶습니다.

저는 '협업하는 사람'입니다. 어떤 일을 혼자 하는 것보다 같이 할 때 더 잘 해냅니다. '프레젠테이션 실습'이라는 전공 시간에 조별 과제를 하면서 팀 장으로 팀을 이끌었습니다. 개인 발표와 팀별 발표를 동시에 하는 시간이 었는데, 팀별 발표에서 더 훌륭하게 과제를 수행했습니다. 팀원들이 각자 의 역할을 더 잘할 수 있도록 동기부여를 하고, 부족한 부분을 서로가 채 워줄 수 있었기 때문입니다. 입사 후 성장하기 위해 사람들로부터 늘 배우 고, 또 그들을 도우려는 자세로 업무에 임하겠습니다.

저는 '모닥불 같은 사람'입니다. 갑자기 확 타올랐다 꺼지는 성냥불과는 달 리 모닥불은 모든 재료가 다 탈 때까지 오래오래 따뜻하게 탑니다. 그래서 그 주변에는 사람들이 모입니다. 저는 특유의 따뜻한 이미지와 어려운 일 도 오랫동안 꾸준히 하는 성실함으로 주변 사람들에게 긍정적인 영향을 주는 사람이라고 생각합니다.
광고기획 공모전에 참여할 때, 아이디어 회의를 하면서 메인 아이디어가 잘 풀리지 않아서 팀원끼리 갈등이 생긴 적이 있습니다. 그때, 어려운 부 분이 무엇인지 핵심을 찾고 원점에서 다시 문제를 해결하도록 제안하였습 니다. 팀원들의 문제가 아니라 아이디어의 방향이 맞지 않았음을 강조하 면서 끝까지 방향을 찾고, 관련된 정보를 모았습니다. 저의 노력을 보고 다른 팀원들도 다시 화합해서 모두가 끝까지 노력해서 기획서를 완성하 고, 우수상을 수상할 수 있었습니다.
입사 후에도 어려움에 부딪히면 열정을 잃지 않고, 끝까지 해결방법을 찾 고 협업하여 사람들을 따뜻하게 포용하는 사람이 되고 싶습니다.

저를 한마디로 표현하자면, '비빔밥' 같은 사람입니다. 비빔밥은 다채로운 색깔의 맛있는 재료가 어우러져 조화롭고 새로운 맛을 냅니다. 그 덕분에 우리나라뿐만 아니라 전 세계 많은 사람의 입맛을 사로잡았습니다. 저는 백화점 의류판매, 서빙, 시청률 조사, 근로장학생, 연구 프로젝트 참여, 기획서 디자인 등 다양한 아르바이트를 했습니다. 뿐만 아니라 디자인 분야는 물론 인문학과 심리학 분야, 철학 분야 등 다양한 분야의 독서를 꾸준히 해왔습니다. 저의 이런 다채로운 직간접 경험을 바탕으로 새롭고 조화로운 디자인을 할 수 있는 디자이너가 되겠습니다.

비슷한 질문 유형

1. 당신을 색깔로 표현한다면?

2. 당신을 한 문장으로 표현해 본다면?

3. 당신과 가장 닮은 인물이나 캐릭터가 있다면?

4. 당신을 사물/동물에 비유한다면?

5. 당신을 어떤 브랜드에 비유해서 표현한다면?

6. 우리 회사의 제품이나 서비스로 본인을 비유한다면?

입사하면 얼마나 오래 일할 건가요?

면접자에게 현실적이면서 마음속에 와닿는 질문이 있다. 바로 "회사에 입사하면 얼마나 오래 일할 건가요?"라는 질문이다. 이런 질문을 하면 불편하기도 할 것이다. 회사생활을 해 보지도 않았는데 얼마나 오래 다닐지를 어떻게 알 것인가? 아직 입사도 못 했는데 미리 확답하기가 쉽지 않다. 이런 질문에 대답할 때는 창의적으로 해서는 절대 안 된다. 기업에서 왜 이런 질문을 하는지 생각해 봐야 한다. 지원하고자 하는 기업이 어떤 곳인지를 미리 잘 파악하면 적절하게 답할 수 있다.

1. 이직률이 높은 기업에서 물어볼 가능성이 크다.

사실 이직률이 낮은 공기업이나 대기업보다는 퇴사율과 이직률이 다소 높은 기업에서 물어볼 가능성이 크다. 기업에선 이 사람이 어느 정도 근무할 것인지 내심 궁금해 하며 이왕이면 우리 회사에서 오랫동안 일할 사람을 선호한다.

> 면접관 : 회사에 입사하면 어느 정도 일할 것인가요?
>
> 면접자 : 제가 선택한 직무에 가장 맞는 기업이 ○○이라고 생각했습니다. 귀사에 입사하게 된다면 ○○ 업무를 진행하여 이 분야에서 제 이름 석자를 남길 수 있도록 제대로 일하고 싶습니다. 이 회사의 핵심 인재로서 오랫동안 일해 보고 싶습니다.

단순한 답이지만 가장 합리적인 답변이라고 볼 수 있다. 면접관이 가장 듣고 싶어 하는 말을 해주는 것이 면접 합격을 위해 더 유리하다.

2. 이력서의 경력 기간이 짧으면 물어볼 가능성이 있다.

요즘은 직무 경험이 있고, 실전에 바로 투입이 가능한 사람을 원해 서류상의 경력을 더욱 비중 있게 보는 추세다. 경력이 있을 경우 경력 기간을 기재해야 하고, 퇴사 사유까지 적도록 요구하기도 한다. 가장 이상적인 퇴사 사유는 '계약만료'이나 사실 그대로 적기 어려운 이유도 있다. 그래서 기간이 짧은 경력이 많거나 퇴사 사유란이 비어 있으면 연결 질문으로 같이 많이 물어본다.

"전 직장에서 왜 퇴사하셨나요?" 사람들과의 관계가 틀어진다든가, 회사의 문화에 적응을 못한다든가, 대우가 자신이 생각한 것과 차이가 있다든가, 업무의 범위가 과하다든가 등 다양한 이유로 그만두게 된다. 이런 내용을 솔직하게 말하는 것이 좋을까? 회사의 입장에서 생각해 보면, 인간관계에 관해 이야기하면 직장 동료 사이에서 적응을 못할 것처럼 보일 수도 있고, 단순히 회사의 비전에 대해 말하면 차후 지원하는 회사가 어려워졌을 때 이직하지 않을까 하는 우려를 할 것이다.
때문에 상황에 따라 사실에 기반하여 말해야겠지만 본인의 모든 이력에 대해 오픈할 필요는 없다. 하지만 과장이나 허위를 말하는 것은 피한다.

> 면접관 : 전 직장에서 왜 퇴사하셨나요?
>
> 면접자 : 전 직장에서 했던 업무는 ○○○이었습니다. 일을 하다 보니 제 적성과는 맞지 않았습니다. 그래서 제가 잘할 수 있는 일은 무엇일까 고민하면서 ○○○ 직무에 대해 알게 되었고, 이 직무를 하기 위해 1) 2) 3)을 채움으로써 현재 이 자리에 왔습니다.

'적성에 맞지 않아서'라고 답변한다면 "현재 직무는 적성에 맞는가?"라는 질문이 나오리라 예상할 수 있다. 그러므로 현재 지원한 직무를 위해 준비해 온 과정을 함께 설명하면 추가 질문에 대비할 수 있다. 그렇기 때문에 왜 이 직무가 적성에 맞는가를 생각해 보고 가야 한다.

> 면접관 : 현재 이력서를 보니 업무 공백 기간이 2년이 넘네요.
>
> 면접자 : 2년은 저에게 아주 중요한 시간이었습니다. 어머니께서 몸이 편찮으셔서 도와줄 사람이 없었습니다. 계속 일을 해야 하나 고민하였지만 이때 아니면 어머니를 도와드리지 못할 것 같아 집안일과 어머니의 가게를 보고 병간호를 하면서 2년을 보냈습니다. 그러면서 부족한 부분을 채우기 위해 ○○ 자격증도 취득하였습니다. 현재 어머니께서는 괜찮아지셔서 제가 하고 싶은 일을 할 수 있는 시점이 되었습니다.

2년이란 공백 시간이 자신에게 부담스럽지만, 합리적인 이유를 제시한다면 면접관 역시 이해할 것이다. 그렇기 때문에 진정성 있는 공백 기간이라면 솔직하게 말하는 것이 좋다. 그리고 덧붙이자면 솔직하게 이야기해도 좋은 평가를 받지 못하는 경우도 분명히 있을 것이다. 예를 들어, 공무원 시험 준비를 했다든지, 고시 공부에 실패한 경우, 대기업이나 공기업을 준비하다가 중소기업에 지원하는 경우 등이다. 기업의 입장에서는 나중에 공무원, 대기업으로 다시 가지 않을까 우려하기 때문이다. 그러니 이런 경우에는 기업의 입장에서 그런 우려를 하지 않도록, 누구보다 이 일을 원하고, 나름대로 최선을 다해 준비했다는 진솔함을 보여 줄 필요성이 있다.

그리고 자주 이직을 한 취업준비생도 있을 것이다. 왜 그만두었냐고 물어보면 답하기 난감하다. '이런 것까지 말해야 하나'라는 생각이 들 수도 있겠지만 이직을 많이 한 사실은 변하지 않고, 기업의 입장에서는 합리적인 의문을 갖는 것이다. 이직을 자주 했다면 거기에 대한 답변을 준비해야 하고, 질문을 받았을 때 "네, 짧은 경력들이 많아 우려하실 줄로 압니다"라고 사실을 인정하고, 진솔함을 담아 현재 지원하는 회사를 준비하는 마음가짐과 실제 준비한 내용을 기죽지 말고 당당하게 말하는 수밖에 없다. 누구나 가지고 있는 경험이기도 하니, 스트레스를 받더라도 긍정적으로 생각하자. 긍정적으로 생각하는 순간 얼굴 표정도 밝아질 것이다.

비슷한 질문 유형

1. 회사에 근무하다 이직을 하는 경우가 있는데 그것에 대해 어떻게 생각하나요?
2. 직장생활에서 가장 중요한 건 무엇일까요?
3. 입사하게 되면 3개월 인턴 후 정규직 시험을 다시 봐야 하는데 어떻게 생각하는가?
4. 본인이 생각하기에 정년은 언제까지가 적당하다고 생각하는가?

자신이 얼마짜리
사람이라고 생각하나요?

사람에게 얼마짜리라고 가격을 매긴다는 것 자체가 웃길 수 있다. 그러나 기업에서 왜 이런 질문을 하는지 한 번쯤 생각해 볼 필요는 있다. 황당하지만 스스로가 자신의 가치를 매긴다는 것에서 면접자가 어느 정도의 자존감을 가졌는지 알아보는 질문이기도 하다. 가치는 인간이 어떤 대상과의 관계에 의해 지니게 되는 중요성을 말한다. 정답은 없지만 너무 겸손해도, 너무 지나쳐도 좋지 않다.

면접자의 가치나 본인을 얼마나 귀하게 여기는지 보기 위해 "본인의 가치는 얼마 정도 되는 것 같나요?", "돈으로 본다면 얼마 정도 될까요?", "자신을 물건으로 비유한다면 무엇이라고 생각하나요?" 등 다양한 관점에서 물어본다.

1. 숫자로 표현할 수 있다.

때론 자신의 가치를 돈으로 표현하기도 한다. 어떤 면접자는 아주 높은 금액을 말하기도 하고, 어떤 면접자는 아주 낮은 금액을 말함으로써 자신감이 부족해 보일 수도 있다. 그러나 합리적인 근거를 잘 뒷받침하여 이야기하면 훌륭한 답이 되기도 한다.

면접관 : 자신이 얼마짜리 사람이라고 생각하나요?

면접자 : 만약 합격해서 입사하게 된다면 제가 받게 될 신입사원 연봉이 저의 가치라고 생각합니다. 그러나 제가 입사해서 경험과 전문성을 갖춘다면 제 가치를 무한하게 높일 가능성이 있다고 생각합니다. 앞으로 5년 뒤에는 이 회사의 핵심인재로 더 높은 수익을 낼 수 있는 사람이 되고 싶습니다.

면접관 : 자신이 얼마짜리 사람이라고 생각하나요?

면접자 : 사람을 얼마짜리라 평가하기엔 무리가 있을 수 있지만, 저를 화폐에 비유하자면 2달러라고 말씀드리고 싶습니다. 다른 화폐에 비해 희소성의 가치가 있고 미국에서의 2달러는 행운을 가져온다고 합니다. 운에 기대지 않고 최선의 노력과 준비를 하는 모습을 보인다면 2달러의 행운도 같이 올 것이라고 생각합니다.

2. 숫자가 아닌 물건으로 표현해도 좋다.

자신의 가치를 높은 숫자로 말하려니 어느 정도가 합리적인지 모르겠고, 낮은 숫자로 말하려니 자기 자신을 너무 저평가하는 것처럼 보일까 봐 어려울 수 있다. 그럴 때는 숫자 대신 물건에 비유해도 좋은 표현이 된다. 그리고 만약 내가 지원하는 회사가 제조업이라면 주력 제품 등에 비유해 보는 것도 센스 있는 답이 될 수 있다.

면접관 : 자신이 얼마짜리 사람이라고 생각하나요?

면접자 : 저는 제가 얼마짜리라고 말하기보다는 '○○라면'이라는 제품의 가치에 비유하고 싶습니다. ○○라면은 군대에서 가장 힘들고 어려운 시간을 보낼 때 먹었던 라면입니다. ○○라면의 액면가는 몇천 원밖에 안 되지만, 그때 저에게 ○○라면은 이 세상 무엇과도 바꿀 수 없는 소중한 추억을 선물해 주었습니다. 40년이 넘는 시간 동안 ○○라면은 저뿐만 아니라 많은 사람들에게 제품 그 이상의 가치를 주었을 것입니다. 저도 제가 받는 월급, 그 이상의 가치를 가진 사람이 되고 싶습니다. 단순히 이 회사에 소속된 직원이 아니라, 없어서는 안 될 핵심인재가 되도록 노력하겠습니다.

면접관 : 자신이 얼마짜리 사람이라고 생각하나요?

면접자 : 저는 얼마짜리 사람이라고 표현하기보다 제 자신을 사물로 표현하고 싶습니다. 저를 사물로 표현한다면 알로에로 표현하고 싶습니다. 알로에는 먹기도 하고, 피부에 사용하기도 하고, 공기정화용 등 다양한 용도로 쓰입니다. 저도 알로에처럼 모든 곳에서 필요로 하는 사람이라고 말씀드리고 싶습니다. 현장에서 필요한 지식과 기술을 얻기 위해서 가스, 용접, 특수 용접 등의 자격증을 취득하였고, 새로운 업무를 잘하기 위해서 항상 배우는 자세로 임했습니다. 이러한 자세로 학창시절 다양한 분야에서 활동하면서 적극적으로 생활해 왔습니다. 이런 적극적으로 배우는 자세로 현장의 모든 곳에서 필요로 하는 알로에 같은 사람의 모습을 보여 드리겠습니다.

"자신이 얼마짜리 사람이라고 생각하나요?"라는 질문은 표면적으로 봤을 때는 돈이나 구체적인 액수로 답해야만 할 것 같지만 꼭 그렇지는 않다. 의미 있는 숫자나 가치에 대해 말하기에 합리적인 물건을 들어 얘기하는 경우가 의외로 많다. 자기가 가지고 있는 보물에 대해 말하는 경우도 있고, 삶에서 중요하게 여기는 가치관도 있을 수 있다.

사물이 아닌 인물을 들어 말하는 경우도 있다. 대표적으로 '어머니', '아버지'가 있다. 그리고 삶에서 가장 중요하게 여기는 가치관을 들어 '좌우명', '명언' 등을 말하는 경우도 드물게 있긴 하다.

학점이 다른 지원자보다 낮네요.

학창시절 학점에 대해 고민 안 해 본 지원자는 없을 것이다. 학점이 낮아 계절학기에 보완을 한 지원자도 있을 것이며, 성적 관리를 잘해 여유 있게 다녔다든가 장학금까지 받으면서 다닌 지원자도 있을 것이다. 과거에 취업에선 성적증명서를 제출하던 시기도 있었다. 하지만 요즘은 따로 제출은 안 한다.

면접에서 학점에 대해 고민하던 시기가 있었다. 기업마다 학점을 반영하는 범위에는 확연하게 차이가 있으며 이력서에서 "학점을 어떻게 반영하는가?"를 제대로 보고 면접 준비를 해야지 손해를 보지 않을 것이다. 기업에서 무난하게 생각하는 학점은 평균적으로 3.4~4.2점 정도로 보고 있다. 특히 NCS에서 보는 이력서는 해당 직무에 관련된 이수학점이라든가 시간을 보는 경우가 있기 때문에 면접에서 크게 비중을 두지는 않는다. 단, 중소기업에서는 아직도 NCS가 아닌 이력서에 1~4학년까지의 평균이수 및 학점을 적는 곳이 있어 너무 높거나 너무 낮으면 면접에서 물어볼 가능성이 있으니 준비하는 것이 좋다.

<기관별 학점 반영 범위>

기관	학점에 반영하는 범위
대기업	해당 직무에 관련된 개별/총 이수 시간 해당 직무에 관련된 총 이수 학점
중견기업	해당 직무에 관련된 개별/총 이수 시간 해당 직무에 관련된 총 이수 학점 1~4학년 평균 학점

중소기업	해당 직무에 관련된 개별/총 이수 시간 해당 직무에 관련된 총 이수 학점 1~4학년 평균 학점
공기업	이수 학점 해당 직무에 관련된 총 이수 학점
공무원	해당사항 없음

학점은 제출한 서류에 보면 적혀 있는 경우가 있다. 그러다 보니 최근 작성하는 서류를 보면 총 학점과 평점을 적는 경우가 거의 없기도 하다.

[과거 이력서의 예]

■ 직무관련 교육사항

구분	교육과정명	주요내용	시간	기관
학교교육	마케팅관리론	3P, 4C, 포지셔닝 등 마케팅 지식 습득		
학교교육	경영IT실무	엑셀을 이용한 데이터 분석 및 문서 작성 능력 함양		
학교교육	재무관리론	재무(기업 재무, 금융시장, 투자) 관련 지식 습득		
학교교육	회계실무	대차대조표 분석을 통한 기업 의사 결정 방식 습득		

[현재 NCS 직무 관련 예]

1. 학점이 낮을 경우

NCS

학교교육		학교교육 총 이수학점	15 학점
마케팅관리론 [행정]			3 학점 이수
3P, 4C, STP, SWOT 등 마케팅 실무 지식 습득 및 경영환경/외부환경 분석 기법 숙달			
경영IT실무 [행정]			3 학점 이수
경영정보 시스템(MIS) 활용 기법, 정보검색 능력, 업무용 소프트웨어 활용능력, 회계시스템 사용 능력, 문서 작성/분류 기술 숙달			
재무관리론 [행정]			3 학점 이수
재무 자료 취합·정리·분류 기술 습득 및 합리적인 기업 경영을 위한 재무 상태 변동표 작성과 재무제표를 통한 회계 정보 활용 기법 습득			
회계실무 [행정]			3 학점 이수
장부기록의 원리, 재무제표 작성의 기본적인 내용, 재무제표의 세부 계정별 회계처리 학습 및 회계 자료 취합·정리·분류 기술 습득			

학점이 낮을 경우 어떻게 말해도 핑계로 들릴 수 있다. 그렇다고 아무 말도 안 하기에도 난감한 질문이다. 학점이 낮았다 해서 학교생활을 제대로 하지 않은 건 아니기도 하다. 학점이 낮더라도 자신의 취업(직무)준비 노력에 대해 말을 하면 면접관도 수긍을 할 것이고 합리적으로 들을 수도 있다. 몇 년 동안 노력한 자신의 준비사항을 찾아보는 것이다. 자격증, 동아리 활동, 봉사 활동, 인턴 경험, 아르바이트 등 다양하게 찾을 수 있다.

> **면접관** : 다른 지원자에 비해 학점이 낮네요?
>
> **면접자** : 저는 학교에 다니면서 학점도 중요하지만 경험이 더 중요하다고 생각했습니다. 그래서 ○○ 자격증, ○○ 자격증을 취득하고, 대학 4년간 100번의 봉사 활동, 인턴 경험 등을 통해 저의 직무능력을 키워 왔습니다.

평균학점은 낮을 수 있지만 전공과목을 노력한 면접자도 있다. 전공과목을 열심히 했다 하면 추가 질문으로 "전공과목에서 배운 내용이 어떤 것이 있는가?", "가장 기억에 남는 전공과목은 무엇이 있는가?"라는 질문을 간혹 하기도 한다.

> **면접관** : 다른 지원자에 비해 학점이 낮네요.
>
> **면접자** : 평균학점은 낮지만 전공과목은 A학점 이상을 받았습니다.

직무에 관련된 경험이 없고, 학점도 낮고, 자격증 준비도 안 된 면접자도 있을 것이다. 그렇다고 해서 주눅 들어서는 안 된다. 그럴 때는 자신감 있게 자신의 상황을 인정하고 자신이 나아갈 방향에 대해 말하면 면접관 중에서 좋게 보는 경우도 있다. 때론 "그래도 학생의 기본이 성적인데..."라고 말꼬리를 잡는 면접관이 있겠지만 "열심히 하겠습니다"라는 자신감 있는 말로 대응해 보는 것이다. 아니면 "학점도 중요하지만 저의 직무의 발전 사항에 대해 말해 봐도 괜찮겠습니까?"라고 엉뚱하지만 전략적으로 면접에 대응하는 것도 좋을 수 있다.

면접관 : 다른 지원자에 비해 학점이 낮네요.

면접자 : 학교에 다니면서 학점관리를 잘해야 하는데 그러지 못한 제 자신이 부끄럽기도 합니다. 하지만 학점이 제 삶 전부를 반영한다고 생각하지 않습니다. 제 직무에 A+를 받을 수 있도록 하겠습니다.

면접관 : 그래도 학생의 기본이 성적인데…

면접자 : 학점도 중요하지만 저의 직무의 발전 사항에 대해 말해 봐도 괜찮겠습니까?

2. 학점이 높을 경우

과거에 기업에선 학점이 너무 높으면 사회성과 활동성이 부족하다고 생각하는 경우가 간혹 있기도 했다. 그리고 공부만 하다 보니 일은 못할 것 같다는 편견이 있어 학점이 너무 높으면 꼭 "학점이 다른 지원자보다 많이 높네요. 공부만 했나 봐요?"라는 식으로 유도 질문을 하는 경우가 있었다. 면접자가 "학창시절 공부를 열심히 했습니다"라고 말하는 순간 면접관은 많은 생각들을 하게 될 것이다. 있는 그대로 진솔하게 얘기하는 것도 좋을 수 있지만 그래도 활동적인 경험을 같이 말하면 한결 편하게 다가갈 수 있고, 면접자의 또 다른 능력을 어필할 수 있기도 하다. 그러므로 '활동적인 취미생활', '동아리 활동' 등을 연관 지어 말을 하면 더 좋다.

면접관 : 학점이 다른 지원자보다 많이 높네요. 공부만 했나 봐요?

면접자 : 학생의 기본은 학업이라고 생각했습니다. 그래서 학업엔 소홀함
이 없이 열심히 하였고, 친구들과 축구 같은 활동적인 취미 생활
을 즐기면서 스트레스를 풀기도 했습니다. 현재는 수영도 같이 즐
기고 있습니다.

면접관 : 아, 그래요?

면접관 : 학점이 다른 지원자보다 많이 높네요. 공부만 했나 봐요?

면접자 : 학생의 기본은 학업이라고 생각했습니다. 학업엔 소홀함이 없이
열심히 하였고 경험 역시 중요하다고 생각했습니다. 그래서 대학
4년간 여행 동아리 활동 및 봉사 활동, 친구들과 한 ○○공모전,
아이디어 경진대회, 인턴 경험 등을 통해 저의 직무능력과 학창시
절을 보람차게 보내왔습니다.

면접관 : 공부하기도 힘들었을 텐데 다양한 활동을 많이 했네요.

면접자 : 대학 생활에는 여러 가지를 도전하고 누릴 수 있는 기회가 있고,
이 시간이 다시 돌아오지 않는다는 생각에 다양한 경험을 하고자
했습니다.

Ⅲ

끌리는 면접자는
질문대응능력이 다르다

면접관이 본 면접 불합격의 이유

누구든 면접은 쉽지가 않다. 최종 관문인 면접을 멋지게 마무리하여 성공 취업까지 가기엔 험난한 과정이지만 면접에 대해 얼마나 알고 임하느냐에 따라 면접 성공률은 확연히 차이가 있을 것이다. "아는 만큼 보인다"라는 말을 잊어선 안 된다. 면접을 볼 때 순간대응력이 좋아지려면 상황에 대해 사전에 생각해 보고 가야 한다. 결국 면접은 "아는 만큼 쉬워진다"라고 말하고 싶다.

취업의 최종 관문이 면접이라는 건 아무도 부정하지 않는다. 연애할 때도 상대방이 어떤 사람인지, 나와 잘 맞는 사람인지를 알아보는데, 어떤 기업이든 지원자가 우리 회사와 맞는지 최종 점검하는 것은 당연하다. 취업뿐만 아니라 다양한 곳에서 면접을 보고 있으며, 면접은 사람을 파악하는 데 중요한 부분이라는 것을 명심해야 한다.

최근 잡코리아의 조사에 따르면 면접관 89.8%가 안타까운 지원자가 있었다고 말했다. 그리고 취업이 빨리 되지 않는 이유 TOP 5를 면접자에게 전하고 주의하길 당부하기도 했다.

취업이 빨리 되지 않는 이유 TOP 5

1. 지원 분야의 전문지식이 너무 부족해서
2. 질문의 의도를 파악하지 못해서
3. 사회성이 부족해 보여서
4. 지원 분야의 경험이 부족해서
5. 지나치게 개인적인 성향을 보여서

사실 지원자도 아는 내용일 것이다. 취업의 마지막 단계인 면접을 잘 보기 위해선 철저한 사전 준비가 필요하다. 면접에서 무엇보다 중요한 건 경험을 바탕으로 한 자기 스토리이다.

직무에 관한 전문지식 + 자신만의 삶의 경험 + 본인과 관련된 인성

면접을 제대로 보기 위해선 이 세 가지가 면접의 핵심이라는 것을 알아야 하며 이것을 통한 자신만의 스토리를 잘 연결해서 말해야 한다. 잡코리아에서 말한 설문조사뿐만 아니라 다양한 설문조사에서도 비슷한 결과였다. 처음 접하는 면접이 어려울 수 있지만 면접도 경험이 중요하고, 사전에 준비를 체계적으로 한다면 자신감 있게 임할 수 있을 것이다.

손자병법 모공(謀攻)편에 보면 "지피지기 백전불태, 부지피 이지기 일승일부, 부지피 부지기 매전필태"라는 말이 있다. 즉, "적을 알고 나를 알면 백 번 싸워도 위태롭지 않다. 적을 알지 못하고 나를 알면 한 번 이기고 한 번 진다. 적도 모르고 나도 모르면 싸울 때마다 반드시 위태롭다."라는 말이다. 면접 역시 면접 질문과 면접관의 의도를 제대로 파악하지 못하면 면접자도 반드시 위태로울 수 있으며, 제대로 파악하는 순간 면접의 승리자가 될 것이다.

"질문을 알면 면접이 보인다"

이 책을 통해 면접 질문에 대해 철저하고 체계적으로 파악하면서 우리가 잊고 있는 면접사고인 다양한 인간관계, 의사소통, 사회성, 창의력, 문제해결능력, 직무능력, 자기관리, 상황대처능력 등을 다시 한 번 짚어볼 수 있기를 바란다. 면접 질문에 자신만의 삶의 스토리를 잘 접목하고 자신감 있게 대답할 수 있는 기본과 전략을 갖출 수 있을 것이다. 면접에서 승리하기 위해선 질문에 따른 대응능력이 달라야 한다는 것을 잊어선 안 된다.

면접 달인에게 들어보는
면접 스피치의 공통점

우리가 생각하는 면접의 달인에는 누가 있을까?

주변에 말 잘하는 사람은 많아도 면접을 잘 보는 사람을 보기는 쉽지가 않다. 면접은 평가로 인한 당락이라는 중요한 판단 순간들이 있다 보니 어느 누구도 면접을 쉽게 느끼진 않는다. 경력자 면접에서도 경험이 많아도 면접이 어렵게 느껴진다고 한다. 면접은 일상적으로 자주 보는 게 아니기 때문일 것이다.

스피치를 잘하는 사람들을 보면 유재석, 김제동, 강호동의 공통점은 재치있게 말을 하는 사람이라고 할 수 있고, 백지연, 손석희, 김효석은 논리적이고 체계적으로 말하는 사람, 이금희, 임성훈, 오프라윈프리는 편안한 스피치를 구사하는 달변가이다. 스피치를 잘하는 사람은 공통점이 있다.

면접도 마찬가지이다. 다수의 면접 자리를 경험한 달인이 말하는 면접의 법칙을 알고 가면 면접을 보는 데 분명 도움이 될 수 있다.

"면접의 성공은 마무리이다"

– 커리어인의 박은미 대표

"면접의 성공 포인트는 뒷마무리이기도 하다. 끝까지 긴장을 놓지 않고 집중하여 면접관의 질문에 답변을 흐리지 않고 끝마무리를 해야 하며, 면접 후 퇴실할 때 감사의 인사표현을 통해 마지막 모습까지 아름다운 향기가 나는 지원자가 면접관의 기억에 각인된다."

박은미 대표는 면접은 뒷마무리가 아주 중요하다고 말한다. 면접의 처음에 비중을 높게 두어 준비하고 연습하는 경우가 많다. 처음에 너무 신경쓰다 보면 마지막엔 긴장이 느슨해진다든가 집중을 제대로 못해 어수선하게 끝내는 경우가 있기 마련이다. 하지만 "끝날 때까지 끝난 게 아니다" 마지막까지 최선을 다하는 모습을 보여 주면 좋은 느낌을 줄 수 있고, 퇴실할 때 "감사합니다"라고 정중하게 인사표현을 하고 나간다면 좋은 인상을 줄 것이다. 뒷모습도 또 하나의 얼굴이기 때문이다.

"면접의 평가는 면접자가 하는 게 아니라 면접관이 하는 것이다"

– 커리어랩의 이동준 대표

"면접 부담으로 포기하고도 싶겠지만 평가는 면접관의 몫이다. 절대 포기하지 말고 자신에 대한 깊이 있는 이해를 기반으로, 자신이 지원 기업과 직무에 적합함을 진솔하게 표현한다면 면접관은 분명 지원자의 특별함(Speciality)을 확인하게 될 것이다."

이동준 대표는 누구나 면접에 대한 부담이 있지만 하지 않아도 될 타인과의 비교로 상대적으로 부족함을 느낄 수도 있다고 말한다. 하지만 평가는 면접관의 몫이므로 스스로 부족함을 섣불리 판단해서는 안 된다. 혹시 어떤 말을 어떻게 해야 하는지 걱정이 되는가? 그렇다면 먼저 직무 적합성을 어필할 수 있는 나의 스토리가 무엇이 있는지, 그리고 그것이 직무에 어떻게 활용될 수 있을지, 나와 직무를 이해하기 위해 깊이 있게 파고들기를 바란다. 나와 직무의 교집합 부분, 그것이 우리가 다른 지원자와 차별화를 만들 수 있는 주요 포인트이다. 그리고 그것을 진정성을 가지고 전달해 나간다면 면접관은 당신의 특별함과 잠재능력을 확인할 수 있을 것이다. 처음부터 잘하는 사람은 없다. 부담은 내려 놓고 차근차근 준비해 나간다면 좋은 결과가 있을 것이다.

"첫인상은 사람을 간파하는 시작점이다"

– 한국외식업중앙회 경기도교육원 김성훈 과장(경영학 박사)

"마케팅 기법의 하나인 M.O.T(Moment Of Truth)를 예를 들 수 있는데, 이는 진실의 순간이 있다고 한다. 면접에서 진실의 순간은 첫인상이다. 첫인상은 굉장히 큰 임팩트를 준다. 면접자와 면접관이 대척하는 상황 접점에서 면접의 분위기가 달라질 뿐 아니라 면접의 대화에 영향을 준다."

한국외식업중앙회 경기도교육원 김성훈 과장은 면접의 시작은 첫인상에서 시작된다고 말한다. 사람의 인상으로 같이 일하고 싶은 사람인지도 알 수 있다. 면접에서는 첫인상이 그 사람의 진실의 순간을 나타내는 시작점이기도 하다. 얼굴은 영혼이 지나가는 통로이기에 면접자는 표정 관리를 잘해야 한다. 예전에는 면접자의 인상을 보고 면접자를 판단하기도 했다. 진지한 표정과 미소를 띤 자신감 있는 표정을 지을 줄 알아야 하며 끝까지 유지해야 한다는 것 또한 명심해야 한다. 첫인상은 사람을 간파하는 단서이자 시작점이기도 하다.

"신은 마음을 사람은 겉모습을 먼저 본다"

– 열린사이버대학교 서우영 특임교수

"신은 마음을 사람은 겉모습을 먼저 본다고 한다. 어찌 보면 아주 가볍게 생각할 수 있는 '복장, 선 자세, 앉은 자세, 얼굴 표정, 목소리 톤' 이런 이미지가 의외로 사람을 판단하는 데 선입견을 줄 수 있다. 많은 준비와 노력을 했는데 이런 사소한 것을 소홀히 하면 손해를 볼 수 있다."

열린사이버대학교 서우영 특임교수는 이미지는 아주 중요한 요소라고 말한다. 이미지는 내가 판단하는 게 아니라 다른 사람이 보고 느낀 감정, 생각, 모습을 말한다. 어떤 면접자는 "옛날하고 지금하고 많이 달라졌는데, 복장, 자세 같은 거 보나요?" 하겠지만 절대 그렇지 않다. 우리는 신이 아니다. 면접관도 사람이기에 보이는 이미지가 사람을 판단하는 기준이 될 수 있다. 그러니 면접자는 복장, 자세, 얼굴 표정, 목소리 톤을 한번쯤 점검한다면 면접이 시작됐을 때 면접관에게도 좋은 느낌을 줄 것이다.

"관심과 분석은 면접관에게 통한다"

– 한불화장품 김형준 대리

"면접 준비의 과정에서 가장 중요한 것은 기업에 대한 관심과 분석이라고 생각한다. 해당 기업에 대한 정보를 최근 뉴스와 전자공시 보고서를 분석하여, 현재 하고 있는 사업에 대해 브리핑할 수 있을 정도로 준비하면 기업에선 감동을 받을 것이다."

면접을 준비하다 보면 내용이 부족하여 힘들 수 있다. 내가 지원한 기업에 대해 더 면밀히 분석하여 정리해 보는 작업을 할수록, 면접 답변의 깊이가 더 깊어지고 풍부해짐을 느낄 수 있다. 해당 기업이나 매장을 직접 찾아가서 본인의 생각을 정리하는 작업도 큰 도움이 된다. 그리고 이런 관심을 통한 분석을 기반으로 준비된 답변들을 면접 전 거울 앞에서 끊임없이 반복하여, 면접 장면을 상상하는 것도 실제 면접장에서 큰 힘이 된다. 면접은 철저하게 준비한 자만이 확률을 높이는 게임이라고 생각한다.

"자신감은 각오에서 오는 게 아니라 준비에서 온다"

– 경찰 신귀현

"면접을 볼 때 자신감은 각오에서 오는 게 아니라 준비에서 온다. 철저한 준비와 노력을 했다면 면접 자리는 분명 즐거운 놀이터가 될 수 있지만 준비 없이 가다간 도살장이 될 수 있다. 자기 직업에 맞는 면접 질문을 사전에 철저하게 준비해 간다면 면접대응력은 올라갈 것이다."

면접의 힘은 자신감에서 나온다. 그런데 자신감은 각오에서 나오는 게 아니라 철저한 준비에서 나온다. 자기 직업에 맞는 질문은 분명 나온다. 경찰은 경찰에 관련된 질문, 소방관은 소방관에 관련된 질문, 간호사는 간호사에 관련된 질문 등 그에 맞는 생각지도 못한 돌발상황 질문들도 같이 준비한다면 면접대응력이 좋아질 것이다. 철저한 질문을 통해 준비해 나간다면 면접에 대한 자신감은 분명 올라갈 것이다.

"유창한 답변보다 성장 가능성이 있는 사람이 매력적이다"

– 페이브 곽혜정 대표

"처음부터 일을 잘하는 사람은 없다. 그리고 누구나 부족한 점이 있기 마련이다. 항상 노력하고 배우려는 자세, 매사에 최선을 다하는 자세, 결국 지금보다 '성장 가능성'에 초점을 맞추고 어떻게 회사생활에 임할 것인지 진솔하게 말하는 순간 면접관은 인간적인 매력을 느낄 것이다."

페이브의 곽혜정 대표는 면접에서 객관적인 평가를 위해 지원직무와 관련된 질문을 많이 하는 편이고, 이에 유창하게 답변을 잘하는 사람이 있으면 분명 끌리기도 한다고 말한다. 하지만 사회의 초년생으로서 완벽할 수는 없다. 현재는 다소 부족하더라도 자신의 희망 직무를 위해 어떤 노력을 해왔는지, 그리고 취업 이후 어떻게 성장하고자 하는지를 소신 있게 이야기하는 면접자가 있다면 기업의 대표로서는 더 마음이 간다고 한다. 면접을 준비할 때 단순히 '면접 합격'만을 생각하고 질문에 대한 '유창한 정답'을 찾기보다 자신의 '성장 가능성'에 초점을 맞추어 진솔하게 답변을 준비한다면 분명 인간적으로 통할 것이다.

면접 달인의 이야기를 들어 봐도 대단한 비법이 있다기보다 우리가 알아야 하는 기본적인 내용을 잊지 말고, 철저한 준비와 노력을 기울이라는 것이다. 그리고 면접은 기본적인 틀, 즉 패턴들이 있다. 면접에서 알아야 하는 기본 패턴들을 잘 준비하고 간다면 면접이 결코 두렵지 않을 것이다.

💬 '이성호, 최명의 저자'가 전하는 면접을 잘 보는 달인의 공통점

1. 면접관이 좋아하는 패턴으로 나를 보여준다. (옷, 태도, 자세 등)
2. 면접관을 의식하지 않고 긴장하지 않으며 당당하게 표현한다.
3. 논리적이고 체계적으로 말한다.
4. 표정, 시선, 제스처, 음성이 안정감이 있으며 여유가 있다.
5. 상황에 맞게 공감가는 내용을 말한다.
6. 짧은 시간 안에 강렬하게 끝낸다.
7. 준비와 연습으로 나를 만든다.
8. 면접을 즐긴다.

03

면접 불안을 인정하는 순간
마음이 편안해진다

토론토 연구보고서에 이런 내용이 있다. '세상에서 가장 큰 공포는?'이란 주제로 조사를 한 적이 있는데 조사의 결과는 다음과 같다.

대중 앞에서 말하기	41%
고소(高所) 공포	32%
금전문제	22%
깊은 물	22%
질병	19%
죽음	19%
어두움	8%

— 토론토대학, 연구보고서

결과에서도 알 수 있지만 서양이나 동양이나 대중 앞에서 말하는 건 쉽지가 않다. 일상적인 대화는 누구나 편하고 쉽게 하기 마련이지만 대중 앞에서 말하기란 쉽지가 않다. 특히 면접 때문에 떨어질 수 있다는 심리적 불안감과 면접관에게 평가를 받는다고 생각하니 더 두렵고 힘들게 느껴진다. 하지만 나만 그런 게 아니다. 다른 면접자도 똑같이 두렵고 떨린다.

면접 불안 요소

1. 성격적인 불안 : 소심, 수줍음, 완벽주의, 예민한 성격
2. 상황적인 불안 : 권위적인 면접 분위기, 내 순서가 다가올 때, 앞뒤에 능숙한 면접자, 생각지도 못한 질문 상황, 준비 부족
3. 경험적인 불안 : 과거 면접에서 실패한 경험

다른 사람이나 상황에 의한 불안도 있지만 결국 나 자신이 스스로 만드는 불안이 상당 부분을 차지한다.

면접 불안은 없애는 것이 아니라, 불안한 순간을 인정하고 연습을 통해 당당하게 말하면서 극복을 해야 한다. 그렇지 않으면 면접 과정 내내 곤혹스러울 것이다. 처음부터 누구나 면접에 잘 대응하기란 쉽지 않다. 준비와 노력 그리고 연습을 통해 자기 자신의 불안을 극복해야 한다.

스피치에서 불안을 느끼는 대표적인 상황 6가지

1. 평가받는 자리거나 시간 제약이 있을 때
2. 돌아가면서 한마디씩 할 때
3. 준비와 연습이 부족할 때
4. 면접관 분위기가 딱딱할 때
5. 당황스러운 질문으로 긴장할 때
6. 중간에 갑자기 말이 꼬였을 때

한 가지도 해당되지 않는 면접자는 아마 없을 것이다. 이런 원인이 생기는 큰 이유는 "완벽하게 잘해야 해", "면접관이 나에 대해 어떻게 생각할까?", "이번이 마지막이야" 등 자기 자신에게 올가미처럼 씌우는 압박감 때문이다. 이런 마음을 버려야지 면접을 볼 때 한결 마음이 편안해진다. 결국 면접에 대한 심리적 불안을 인정하는 순간 무엇을 준비해야 하는지 보일 것이며 준비와 노력, 꾸준한 연습만이 면접을 잘 볼 수 있는 지름길이라는 것을 명심해야 한다.

> ### 💬 면접 불안의 극복 방법
>
> 1. 꾸준하게 복식호흡을 연습한다.
> 2. 평상시에 자신감 있는 목소리로 말한다.
> 3. 때론 스터디를 통해 간접경험을 해 본다.
> 4. 면접에 나올 만한 질문들을 사전에 정리해 본다.
> 5. 면접 과정에 대해 상상훈련을 해 본다.
> 6. 자기 자신을 믿는다.

연습에도 방법이 있다

보통 면접을 준비할 때는 서류전형에 합격한 후 면접까지 시간이 부족한 경우가 많다. 그래서 대부분 '면접 준비'라고 하면 기출 질문과 우수 답변을 찾아보고, 그에 대한 답변을 작성해 몇 번 말로 답변을 읽어 보는 정도로 준비하는 경우가 많다. 그러나 아무리 좋은 내용의 답변을 잘 작성해 두어도, 긴장감이 흐르는 실제 면접장에서 쫄지(?) 않고, 준비한 내용을 모두 후회 없이 답하려면 직접 '표현하는' 연습을 해야 한다.

"면접 준비는 면접 체험이다!"

답변을 준비한 뒤 앉은 채로 바로 답변 연습을 시작하게 되면 '그냥 면접장에 들어가서 질문하면, 답변하고 나오면 되겠지' 하고 면접 과정에 대해 매우 단순하게 생각하게 된다. 그러나 막상 면접장에 가 보면 대부분 면접자는 대기실에서부터 분위기에 압도 당해 예상보다 긴장을 많이 하게 된다. 그리고 면접장에 입실을 할 때 인사는 어디서 해야 할지, 또 어떤 타이밍에 어떻게 인사를 해야하는 건지, 답변을 할 때 어디를 바라보면서 해야 할지 등 매 순간 사소하게 신경 써야 할 것이 의외로 많다. 그때마다 사소한 행동 하나하나를 어떻게 해야할지 신경 쓰다 보면 정작 열심히 준비했던 답변 내용은 까맣게 잊어버리기도한다.

면접은 짧은 시간 안에 자신의 장점을 극대화해서 보여 줘야 하는 매우 특수한상황이므로, 면접을 준비할 때는 최대한 실제 면접장과 비슷한 분위기에서, 직접 문을 열고 들어가서 인사를 하고 앉아서 직접 말로 답변을 해 보고, 끝난 뒤인사를 하고 나가는 전체 과정을 직접 몸으로 겪고 기억하는 것이 가장 효과적인 방법이다. 그냥 책상에 앉아 준비한 답변을 달달 외우는 방식으로 준비한사람과 면접을 비슷하게나마 한 번이라도 '겪어본' 사람은 실전에서 확연히 다른 모습을 보여줄 수밖에 없다. 지금부터는 '면접 연습'을 '면접 체험'과 같은말로 생각하고, 몸으로 연습해 보면 좋겠다. 이 책을 통해 면접 질문의 패턴을익혔다면 이제 몸으로 체험하고 기억하는 제대로 된 연습만이 남았다.

1. 효과적인 '체험식' 면접 연습법

면접을 실전과 같이 몸소 체험해 보는 연습을 효과적으로 하려면, 먼저 면접의 전체적인 프로세스를 이해하고 그 모든 과정을 연습에 포함시켜야 한다. 보통 면접 프로세스는 다음과 같이 대기-입실-인사-착석-답변-인사-퇴실의 순서로 진행된다.

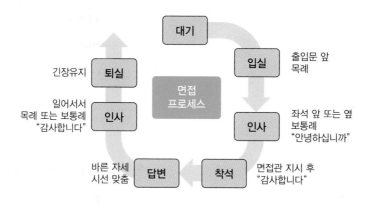

면접 연습을 할 때는 혼자서 할 수도 있고, 친구와 함께 여러 사람이 같이할 수도 있다. 실제 자신이 하게 될 면접 유형을 생각해 보고 최대한 비슷한 환경을 만들어서 연습을 해 보기를 권한다. 혼자서 면접 연습을 할 경우, 2인이 하는 경우, 3인 이상이 하는 경우에 따라 각각 연습하는 방법이 조금씩 다르다. 자신의 상황에 맞게 하되 반복해서 연습하다 보면 긴장 속에서도 얼마든지 준비한 내용을 조리 있게 전달하는 매력적인 면접자가 될 수 있다.

돈이 드는 것도 아니고, 혼자서라도 시간만 들이면 누구나 할 수 있는데다가, 효과는 말할 것도 없다. 그리고 무엇보다 안 할 이유가 없다. 당장 시작해 보자!

1 혼자 면접 연습을 할 경우

면접을 체험식으로 연습하려면 몇 가지 준비물이 있다.

> **준비물**
>
> 1. 바퀴가 없는 의자
> 2. 전신거울 또는 거울이 있는 공간
> 3. 녹화를 위한 휴대폰 및 고정할 수 있는 삼각대 또는 선반 또는 노트북이나 데스크톱 웹캠 및 모니터

(1) 연습 공간 선택하기

소음이 없고, 혼자서 조용히 집중해서 면접 연습을 할 수 있는 공간을 선택한다. 전신거울이나 거울이 있는 장소를 선택하면 좋다.

(2) 면접 장소 세팅하기

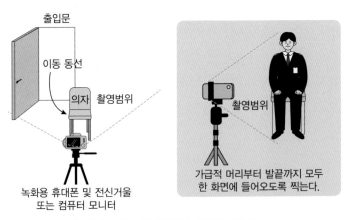

[혼자 면접 연습 시, 면접 장소 세팅하는 방법]

보통 면접 장소에 가면 면접 심사 위원석은 출입문과 마주 보고 있고, 면접자의 좌석은 출입문을 등지고 있는 경우가 많다. 그림과 같이 출입문을 등지고 의자를 두고, 면접관 자리 대신 촬영 장비를 의자와 마주 보고 두는 것이 실제 면접장과도 비슷하고, 이동 동선상 편한 배치가 된다. 바퀴가 없는 의자를 놓고, 의자 앞에는 전신거울을 둔다. 벽에 고정된 거울이 있다면 두세 걸음 떨어진 곳에 의자를 마주 보도록 놓은 후 앉았을 때 머리부터 발끝까지 다 보이도록 거리를 조정한다. 만약 거울이 없다면, 비대면 화상 회의를 위한 프로그램이나 플랫폼에서 기본적으로 녹화 기능까지 제공하는 경우가 많으므로 컴퓨터나 노트북에서 ZOOM과 같은 프로그램과 캠을 켜두고 모니터에 나오는 자신의 모습을 보면서 연습해도 좋다.

미리 준비한 면접 질문 목록을 거울이나 모니터 옆에 잘 보이도록 붙여 둔다. 거울을 이용한다면 삼각대를 세우거나 휴대폰을 놓을 수 있는 선반 등을 두고 휴대폰을 설치한다. 이때 출입문과 좌석이 모두 화면에 잡히도록 위치를 잡아야 나중에 녹화된 화면을 리뷰할 때, 인사하는 모습, 앉아 있는 자세 등을 모두 볼 수 있다. 되도록 의자에 앉았을 때 머리부터 발끝까지 모두 화면에 잡히도록 미리 몇 번 시험 녹화를 해 보고 위치를 잡는 것이 좋겠다.

면접장을 모두 세팅했다면, 이제 녹화 버튼을 누르고, 본격적으로 면접 연습을 시작해 보자.

(3) 입실

녹화 버튼을 누르고, 문밖으로 나간 뒤, 문을 닫고 실제 면접 대기 장소라 생각하고 면접 대기 과정부터 시작한다.

마음의 준비가 되면 '똑똑' 노크를 하고 "들어오세요"라는 말을 들었다고 가정하고, 3초 정도 뒤에 문을 열고 들어간다. 곧바로 문을 닫는다.

(4) 인사

면접에서 인사는 매우 중요하다. 인사만 잘해도 성공한다는 말이 괜히 있는 게 아니다. 들어올 때, 앉을 때, 나갈 때 적절하게 인사만 잘해도 좋은 인상을 줄 수 있다. 답변을 아무리 잘해도 인사를 적절하게 하지 못하면 좋은 인상을 줄 수 없으므로, 인사는 신경 써서 연습하도록 하자.

문 앞에서 카메라를 면접관의 얼굴이라 생각하고 바라보면서 밝은 표정으로 15도 정도 가볍게 허리를 기울여 목례(目禮)한다. 여기서 '목례(目禮)'는 목을 숙이는 인사가 아니라 '눈'을 바라보는 인사를 말한다. 소위 말해, 눈도장을 찍는 것이다. 목이 아닌 허리를 숙이되 밝은 표정과 함께 시선을 맞춘다는 느낌으로 하는 것이 좋다.

의자까지 걸어가서 의자 앞, 또는 옆에 선 후 미소를 유지하면서 "안녕하십니까" 하고 소리 내어 인사를 한 뒤, 45도 각도 정도로 허리를 적당히 숙여 인사한다. 허리를 기울였을 때 잠깐 멈췄다가 일어나면 훨씬 더 정중한 느낌을 줄 수 있다.

목례	보통례
15도	45도
출입할 때	의자 앞에서
시선맞춤	정중하게
인사말 없이	인사말 한 후에

[면접에서의 인사 방법, 목례와 보통례의 차이]

(5) 착석

인사까지 했으면 그냥 '털썩' 앉으면 된다고 생각할 수 있지만, 그렇지 않다. 실전에서는 바로 앉기보다는 면접관이 "앉으세요"라고 말하기 전까지는 앉지 않는 게 좋다. 인사를 한 후 계속 서 있으면 면접관이 한 번 더 올려다보고 "앉으세요"라고 말할 가능성이 크다. 이때, 웃으면서 "감사합니다" 하고 인사를 한 후 자리에 앉는 것이 좋다. 연습 때도 "앉으세요"라는 말을 들었다고 가정하고 "감사합니다"라는 인사말을 한 후에 앉는 것이 몸에 배도록 반복 연습을 하자.

앉은 후에는 의자에 기대지 않되 허리와 어깨를 펴고 앉는다. 여성의 경우 정장 치마를 입었다면 손을 모아 허벅지 중간쯤에 두고, 남성의 경우에는 차렷 자세에서 바지 옆선에 두었던 두 주먹을 각각 허벅지 중간쯤에 올려두면 된다.

입실 후 착석까지는 아주 짧은 시간이지만 면접자의 이미지가 결정되는 매우 중요한 순간이 될 수 있으므로 반복해서 연습해 보는 것이 좋다. 그리고 밝은 인상을 줄 수 있도록 항상 미소를 띠는 것도 잊지 말자.

(6) 답변 연습

준비한 질문에 대해 차례대로 답변한다. 답변하면서 실수를 하더라도 녹화를 끊지 말고 다시 처음부터 답변을 하면서 계속 이어나가도록 한다. 답변이 끝나면 "이상입니다"라고 말하면 여러 명이 함께 면접을 볼 때 끝맺음을 분명히 할 수 있어 도움이 된다.

목소리와 발음

실제 면접이라고 생각하고 평소에 말하는 것보다 좀 더 큰 소리로 배에 힘을 주고 또박또박 정확한 발음으로 이야기한다. 연습에서는 좀 과하다 싶을 정도로 큰 목소리와 정확한 발음으로 이야기해야 실전에서 적당한 목소리와 발음으로 나오는 경우가 많다.

시선 처리

실제 면접장에서 시선 처리는 어떻게 하는 것이 좋을까? 보통 면접관이 여러 명일 때 면접 심사 위원석의 배치를 보면 가장 가운데 자리를 상석으로 두고, 가장 직급이 높은 사람이 앉는 경우가 많다. 따라서 나에게 질문을 한 면접관을 가장 많이 바라보면서 답변을 하는 것이 좋지만, 질문을 하지 않은 면접관도 한 번씩 바라보되, 가운데 앉아 있는 면접관을 조금 더 많이 바라본다는 느낌으로 시선 처리를 하면 좋겠다.

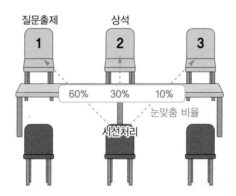

그리고 나에게 질문이 오지 않을 때도, 면접관을 바라보고 있는 것이 좋다. 초점을 흐리거나 아예 다른 곳을 보지 않도록 주의한다.

연습을 할 때는 거울 속의 자신의 얼굴을 보면서 하는 것이 좋은데, 생각보다 이게 쉽지 않을 것이다. 면접장에 가서 면접관의 얼굴을 보면서 이야기를 하는 것 역시 쉽지 않으므로 의식적으로 노력해 보면 좋겠다.

표정, 자세, 제스처

밝은 표정을 유지하도록 노력해야 한다. 흔히 답변할 때는 밝게 웃다가 답변이 끝나고 다시 자신에게 질문이 돌아오지 않으면 표정이 어두워지는 면접자가 왕왕 있다. 자기도 모르게 자신의 긴장감을 드러내는 것이다. 따라서 연습을 할 때 처음에는 거울을 보면서 자신의 표정이나 제스처, 눈빛 등을 관찰하면서 연습을 하는 것이 좋다.

연습을 하다가 익숙해지면 거울을 치우고, 앉았을 때 정면이 되는 얼굴 높이의 벽면이나 가구에 면접 질문을 붙여 두거나 한 물건만 정해 놓고 그것을 바라보면서 연습을 해도 좋다. 거울 없이 녹화를 하면 또다른 긴장감이 생기므로, 있을 때와 없을 때를 모두 연습해 보자.

(7) 퇴실

실제 면접장에서도 퇴실을 할 때 긴장을 풀고 한숨을 쉬거나 탄식을 하며 나가는 경우가 종종 있다. 이 역시 평가에 반영될 수 있으므로, 끝까지 긴장을 늦추지 말자. 끝났다고 가정하고 자리에서 일어나 "감사합니다"라고 소리 내어 인사를 하고, 역시 45도 정도로 허리를 적당히 숙여 인사한다. 문을 열고 나가는 것까지 녹화를 한다.

(8) 리뷰 및 반복 연습

녹화 중지 버튼을 누르고 자신의 행동과 표정, 말투, 답변 내용 등을 보며 개선해야 할 점을 기록한다. 그리고 취업 스터디를 하고 있거나, 함께 취업 준비를 하는 친구, 또는 학교 내에 컨설팅을 받을 수 있는 선생님 등 피드백을 받을 수 있는 사람이 있다면, 영상을 보여주고 리뷰를 받아보는 것도 좋다. 미처 내가 생각하지 못한 부분에 대해 이야기를 들을 수 있기 때문이다. 2~3번 반복한 뒤, 익숙해지면 거울을 치우고 녹화를 한 번 더 하고 다시 리뷰를 해 본다. 이렇게 3번 이상은 연습을 해 보는 것이 좋다.

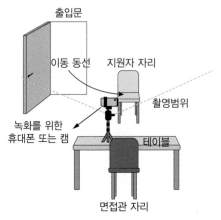

출입문

이동 동선　　지원자 자리

촬영범위

녹화를 위한
휴대폰 또는 캠

테이블

면접관 자리

[2인이 함께 연습할 경우 면접 장소 세팅하는 방법]

(1) 함께 연습할 대상 찾기

누군가와 면접 연습을 함께 할 수 있다면 훨씬 도움이 될 것이다. 그러나 주의할 점은 너무 친한 사람과 하다 보면 웃음이 터지거나, 중간에 흐름이 끊기는 등 진지하게 진행하기가 어려울 수 있으므로, 너무 편하고 친한 사람보다는 어느 정도는 예의를 갖춰야 하는 사람과 함께 하는 것이 좋다.

(2) 면접장 세팅

면접장을 세팅할 때 면접관 자리 앞쪽에만 테이블을 놓고, 면접자 자리에는 의자만 두도록 한다. 테이블이 있는 경우에는 심리적인 안정감을 주는데, 실제 면접 장소에는 테이블이 없는 경우가 더 많기 때문이다. 면접관과 지원자가 여러 명이라면 사람 수만큼 의자와 테이블을 더 준비해서 진행하도록 한다. 녹화할 때는 면접자의 정면 모습이 녹화되도록 면접관의 앞쪽에 카메라를 설치하고 면접관 역할을 하는 사람이 컨트롤 하는 것이 좋다.

그리고 면접자가 출입구에서 입실해 인사를 하고 앉아도 걸림 없이 머리부터 발끝까지 모두 화면에 잡히도록 세팅하는 것이 좋다. 나중에 리뷰를 할 때, 긴장하면 자신도 모르게 발을 떤다거나 하는 무의식적인 습관들을 확인하기 위해서다.

(3) 입실, 인사, 착석 연습

면접자는 면접장 밖으로 나가서 대기한다. 면접관이 녹화 버튼을 누른 후 "들어오세요!"라고 크게 말하면 면접자는 문을 열고 의자 앞으로 들어와 선 후, "안녕하십니까" 하고 소리 내어 말하고 45도 정도로 허리를 적당히 숙여 인사한다. 면접관이 "앉으세요"라고 이야기하면 면접자는 "감사합니다"라고 인사한 후 앉는다.

(4) 면접 답변 연습

면접 답변 연습은 혼자서 할 때와 같은 방식으로 하되 미리 정해둔 순서대로 면접관이 질문을 하고, 답변하면 된다. 이때에도 실수를 하면 다시 처음부터 답변할 수 있도록 서로 배려해 주고, 면접이 진행되는 동안에는 피드백을 하거나 끼어들지 않도록 한다. 좀 더 난이도를 높이고 싶다면 꼬리 질문을 하거나, 마지막으로 하고 싶은 말 등 실제 면접에서 나올 수 있는 질문을 추가로 해도 좋겠다.

(5) 퇴실

면접이 끝나면 입실할 때와 마찬가지로 자리에서 일어나 "감사합니다" 하고 소리 내어 인사를 하고 허리를 적당히 숙여 인사한다. 문을 열고 나가는 것까지 녹화를 하는 것이 좋다.

(6) 리뷰 및 반복 연습

녹화 중지 버튼을 누르고 영상을 리뷰한다. 화면으로 자신의 얼굴을 보는 것은 매우 부끄럽고 쉬운 일이 아니지만, 그래도 몇 번 하고 나면 많은 부분이 개선되는 효과가 있으므로, 어려워도 꼭 반복해 보기 바란다. 영상을 보면서 서로의 잘한 점, 부족했던 점 등을 나누며 기록하고, 다음 연습 때 반영하도록 한다. 그리고 면접관과 면접자 역할을 바꾸어 또 연습을 해 보고 이 전 과정을 3회 이상 반복하면 긴장감이 많이 줄어들 것이다.

③ 3인 이상이 함께 연습할 경우

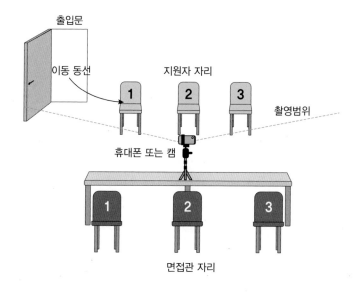

[3인 이상이 함께 연습할 경우 면접 장소 세팅하는 방법]

기본적으로 2인이 함께 연습할 때와 방법은 같으며, 위 그림과 같이 면접장을 세팅하되 의자의 수는 인원대로 가감하면 된다. 면접자들이 면접장에 들어오는 순서와 의자에 앉는 순서를 미리 정하고 면접관 역할을 하는 사람도 누구에게 누가 먼저 질문을 할지 순서를 미리 정해두면 좀 더 원활하게 진행할 수 있다.

2. 비대면 면접을 준비할 경우

비대면 면접은 보통 앉은 상태에서 인사를 한 뒤 바로 진행되기 때문에 입실, 퇴실, 일어서서 하는 인사의 과정은 생략해도 좋다. 단, 비대면 면접에서는 인터넷 환경, 오디오나 비디오 장비에 대한 체크가 필수적이며, 화면상 자신의 얼굴과 표정 등 미리 테스트해 봐야 할 것들이 분명히 있으므로, 대면 면접과 마찬가지로 사전에 체험식 연습을 해 보고 임하는 것이 좋다. 특히 AI면접의 경우 반드시 모의로 사전 연습을 해 볼 것을 권한다.

1 기기 및 프로그램 설정

비대면 면접 시, 휴대폰을 사용하는 예도 있는데, 전화가 오거나 하면 면접이 중단될 수 있으므로 웹캠이 있거나 내장된 데스크탑 또는 노트북을 사용하는 것이 좋다. 그리고 어떤 프로그램으로 비대면 면접이 진행될지 공지를 받았다면, 미리 그 프로그램을 설치하고 음성과 비디오 등이 잘 나오는지 점검해 두도록 한다. 비대면 면접 체험 역시 연습한 장면을 녹화해 리뷰를 해 볼 것을 권한다. 실제 면접이 진행될 프로그램으로 연습을 하는 것이 가장 좋지만, 만약 해당 프로그램에서 녹화가 어렵다면 컴퓨터에 기본으로 탑재되어 있는 카메라 프로그램을 실행해 연습하면 녹화를 손쉽게 할 수 있다. 이렇게 녹화하고 리뷰하는 과정을 반복하면 표정과 말투 등이 자연스러워지는 것을 느낄 수 있다.

2 주의할 점

그리고 특히 주의해야 할 점은, 면접이 끝난 직후 바로 오디오를 음소거 처리하는 것이다. 비대면 면접을 하면서 끝난 직후에 긴장이 풀려 자신도 모르게 욕설을 하거나 한숨을 쉬거나 푸념을 하는 등 혼잣말을 하는 경우가 종종 있는데, 오디오를 켜두면 이 역시 좋지 않은 영향을 끼칠 수 있다. 연습하면서도 이 부분이 아예 습관이 되도록 신경을 쓰도록 한다.

05

이미지트레이닝(Image Training)을 하면 순간대응능력이 좋아진다

많은 면접자가 면접을 볼 때, 면접장 안에서만 잘하면 된다고 생각하지만 실제로는 그렇지 않을 수도 있다. 취업포털 리쿠르트에서 57개 대기업을 대상으로 조사한 결과, 22.8%가 '면접 대기시간을 평가 항목으로 둔다'고 응답했다. 많은 인사담당자와 매체 등의 이야기를 종합해 보면, '조용히 자신이 제출한 자기소개서나 답변 내용을 읽어 보는 사람', '회사 홍보자료를 읽고 있는 사람' 등 진지한 모습의 지원자들이 나중에 면접에서 좋은 평가를 받는 경우가 많다고 한다. 그러나 대부분 면접자는 대기시간을 중요하게 생각하지 않는 경우가 많고, 긴장을 아예 풀고 있거나 면접장의 분위기에 압도되어 너무 경직되는 예도 있다. 이 짧지만 결정적인 귀한 면접 대기시간을 잘 활용해 긴장도를 낮추고 자신감을 향상할 수 있는 좋은 방법은 없을까?

💬 **이미지트레이닝(Image Training)**

우리의 뇌는 상상과 실제를 잘 구분하지 못하는 특징이 있는데, 레몬을 쪼개어 한입 베어 무는 상상만 해도 입에 침이 고이는 예가 그것이다. 이미지트레이닝은 우리 뇌의 이런 특징을 활용한 것으로, 스포츠 선수들이 훈련을 하면서 올림픽 등의 경기에 출전하기 전, 자신이 성공적인 경기를 하는 장면을 마치 한 편의 영화처럼 처음부터 메달을 받는 순간까지 머릿속에 생생하게 떠올리는 훈련을 말한다.

'이미지트레이닝(Image Training)'은 사실 스포츠 선수들이 이미 100여 년 전부터 사용해 오던 스포츠 심리기술이다. 우리나라의 국가대표 선수들도 이 훈련을 실제로 하고 있다고 한다.

1. 김연아 선수의 사례

실제로 김연아 선수가 무릎 부상이 심해서 실제 훈련을 하기 어려웠던 적이 있었다. 이때 자신이 과거에 했던 경기를 녹화해 둔 영상을 보면서 경기장에 입장하는 순간 들려오는 관중들의 환호성 소리, 시작 전 첫 포즈를 잡은 후 자신의 호흡, 점프와 착지 동작을 할 때 클로즈업 된 스케이트 날의 모양, 경기가 끝난 후 메달을 목에 거는 순간까지 매우 구체적으로 자신의 경기를 상상하는 이미지트레이닝 훈련을 했다고 한다. 부상이 심해 출전 자체가 불투명했으나, 부상을 회복한 뒤 이미지트레이닝 덕분에 눈에 띄게 기량이 좋아진 김연아 선수는 실제 경기에서 실수에도 전혀 흔들리지 않는 경기력을 보여 주면서 은메달을 거머쥐었다.

2. 뇌졸중 환자의 재활 치료 사례

이미지트레이닝은 실제 물리적인 훈련보다 더 탁월한 효과가 입증되어 뇌졸중 환자의 재활 치료에서도 활용되고 있다. 신체의 한쪽이 마비된 뇌졸중 환자를 두 그룹으로 나누어 한 그룹은 실제 물리적인 재활 치료를, 한 그룹은 건강한 성인이 계단을 올라가는 모습을 영상으로 보여 주며 자신이 계단을 어려움 없이 올라가는 상상을 하게 하는 이미지트레이닝을 실시했다. 일정 기간이 지난 후, 계단을 올라가도록 했더니 물리적인 재활 치료를 한 그룹보다 이미지트레이닝을 한 그룹이 훨씬 더 계단을 잘 올라가고 마비된 부분도 기능이 많이 활성화되었다고 한다.

면접에서도 이미지트레이닝을 통해 자신의 본래 역량을 훨씬 더 탁월하게 만들 수 있다. 보통 많은 면접자가 면접 대기 중에 불안과 긴장 속에서 어떤 질문을 받게 될지, 뭐라고 답변할지를 걱정하면서 자신이 준비한 답변을 계속 되뇐다. 그러나 불안감을 가지고 면접장에 들어가면 좋은 인상을 주기 어렵다. 지금부터는 면접 대기 중에 성공적으로 면접을 보고 당당하게 걸어 나오는 '기분 좋은 상상'을 해 보는 건 어떨까?
다음과 같은 방식으로 이미지트레이닝을 연습해 보도록 하자. 면접 연습을 할 때도 이미지트레이닝 훈련을 한 뒤 녹화를 하면 한결 더 나아진 화면 속의 자신을 확인할 수 있을 것이다.

[효과적인 이미지트레이닝 방법]

1	집중단계	눈을 감고 깊이 심호흡을 3회 정도 한다. 긴장감을 낮추는 데 도움이 된다.

↓

2	입실 및 인사 모습	1) 어느 정도 마음이 편안해지면 면접장에 노크를 하고 들어가는 상상을 한다. 2) 문을 열고 들어가서, 문 앞에서 인사를 한다. 면접관의 얼굴을 하나하나 본다고 생각하고 나름대로 상상을 한다.

↓

3	답변 모습	3) 의자 앞에 서서 정중하게 인사하고 자신 있게 웃는 자신의 얼굴 표정을 상상한다. 4) 다음은 앉아서 답변하는 자신의 모습을 영화를 보듯이 생생하게 머릿속에 그려 본다. 눈, 입 등 표정과 반듯한 자세, 자연스러운 제스처, 여유로운 말투 등 하나하나 상상한다. 5) 나의 답변을 듣는 면접관의 밝은 표정과 고개를 끄덕이는 모습, 웃는 모습도 상상해 본다. 이때 면접 답변의 내용보다는 전체적인 면접장의 분위기와 사람들의 표정 등을 더 집중해서 상상하는 것이 좋다.

↓

4	문제 해결 모습	6) 혹여 받지 않았으면 하는 어려운 질문이 있거나, 모르는 질문이 나오는 등의 위기 상황도 상상해 본다. 그리고 그 질문에도 순간적으로 진솔하게 잘 대응하는 모습을 상상해 본다. 7) 면접관이 수긍하며 고개를 끄덕이는 모습도 상상해 본다.

↓

5	긍정적인 결과	8) 인사를 하고 면접장을 나서는 모습, 홀가분한 기분과 밝은 표정을 상상하면서 그 기분을 느껴 본다. 9) 며칠 뒤 합격 문자를 보고 기뻐하는 순간을 상상하면서 기쁨을 만끽한다.

↓

6	자기암시	마음속으로, '나는 후회 없이 면접을 본다. 나는 자신 있다. 나는 합격한다'와 같은 긍정적인 자기 암시를 되뇐다.

↓

7	빠져나오기 단계	1) 다시 심호흡을 3회 정도 하고 눈을 뜬다. 2) 이미 합격했다고 생각하고 그 기분을 느껴 본다. 3) 입꼬리를 위로 올리고 웃는 표정을 유지한다.

↓

8	실전 면접	실제로 면접장에 입실한다.

면접에서 이러한 이미지트레이닝을 활용하면 순간적인 대응능력을 높이는 데 효과적이다. 면접에서 모르는 질문이나 대응하기 어려운 질문을 받았을 때, 성공적으로 대처할 수 있을 것이라 믿고 연습을 한다면 그렇지 않을 때보다 훨씬 효과적일 것이다. 스스로가 면접 질문에 잘 대응하고, 자신감 있는 태도로 임하는 모습을 지속적으로 상상하면서 긍정적인 기분을 유지하다 보면, 자신감도 향상될 수 있다. 면접도 어떻게 보면 '면접자가 자신에 대해 얼마나 믿음을 가지고 있는가'를 평가하는 것일 수 있다. 자신에 대한 믿음이 있는 사람에게 기업은 믿고 일을 맡기려고 하기 때문이다.

면접에서 발생하는 어려운 상황들을 우리가 통제할 수는 없지만, 나 자신은 변화할 수 있다. 지속적인 이미지트레이닝으로 자신의 장점을 최대한 표현하고, 위기에 대응하는 능력을 높여 보자.

06

면접 지원자가 가장 많이 하는 질문 20

Q01 면접이 처음인데, 준비 기간이 며칠 남지 않았다면 무엇부터 준비하는 것이 좋을까요?

A01 면접 예상 질문 및 답변 준비, 모의 면접 연습(녹화), 이 두 가지만 잘 준비해도 충분합니다. 우선 어떤 면접이든 자기소개, 직무에 대한 강점/약점, 지원동기 및 포부는 기본 질문입니다. 이 세 가지 유형의 질문에 대한 답은 자신 있게 말할 수 있도록 준비합니다. 그리고 자신이 이미 제출한 이력서와 자기소개서에서 '이것만 물어보지 않으면 합격인데…' 하는 내용이 있습니다. 예를 들어 학점이 낮다면 학점이 왜 낮은지에 대한 질문이 나올 가능성이 크므로, 그 내용에 대한 답변을 준비합니다.

보통 면접 준비자들은 답변 내용만 준비하고 면접 준비를 마치는 경우가 많은데, 입실해서 퇴실하는 과정까지 모두 포함하여, 반드시 준비한 답변을 소리 내어 답하는 과정을 몸소 겪어 보고 녹화해서 직접 보는 과정을 반복하기를 권합니다. 혼자서도 할 수 있고, 짧은 기간 안에 긴장감을 낮추고 자신감을 높이는 방법입니다.

Q 02 긴장하면 목소리가 너무 떨리는데, 이럴 때는 어떻게 해야 할까요?

A 02 누구나 긴장하면 목소리가 떨릴 수 있습니다. 그럴 때는 긴장이 되는 상황이 익숙해질 때까지 연습하는 방법이 가장 효과적입니다. 예를 들어, 친구와 면접 스터디를 한다든지, 가족과 질의응답을 한다든지, 수업시간에 지원해서 발표한다든지, 이런 긴장되는 상황을 많이 접해 보면 점차 목소리가 안정될 수 있습니다. 그리고 시간이 날 때마다 복식호흡을 꾸준하게 연습한다면 목소리 떨림 현상은 많이 좋아집니다.

Q 03 모르는 질문이 나왔을 때, 어떻게 대처해야 할까요? 모른다고 해도 되나요?

A 03 모르는 질문이 나오면 당황하기 마련입니다. 그럴 때 간혹 아무 말도 하지 않고 가만히 있는 면접자들도 있는데 그러면 면접관은 자신감이 없고 소통이 안 되는 사람, 입사 의지가 부족한 사람으로 평가하게 됩니다. 면접에서는 답을 몰라도 무슨 말이든 일단 대답을 하는 것이 좋습니다. 세 가지 방법이 있는데, 첫 번째는 "잘 모르겠습니다."라고 답하는 방법, 두 번째는 "잘 모르겠습니다. 그러나 업무를 하면서 그 부분을 공부하고, 습득할 수 있는 기회가 주어지면 좋겠습니다."라고 덧붙이는 방법, 세 번째는 "그 부분에 대해서는 잘 모르겠습니다. 그러나 ○○ 부분에 대해서 말씀드려도 괜찮겠습니까?"라고 제안하는 방법이 있습니다. 상황에 맞게 대처하되 진솔하게 답변하면 도움이 될 것입니다.

Q04 면접 답변을 열심히 준비했는데, 면접장에 가면 긴장이 돼서 잘 생각이 나지 않습니다. 어떻게 해야 준비한 면접 답변을 잊지 않고 이야기할 수 있을까요?

A04 답변 준비를 할 때 답변을 모두 적고, 그 내용을 달달 외우는 방식으로 준비하는 면접자가 많은데, 이렇게 준비하면 면접 경험이 많지 않은 경우 면접장에 가서 머릿속이 하얗게 '리셋'되는 경우가 있습니다. 이런 경험을 한 적이 있다면, 면접을 준비하는 방법을 바꿔 보라고 권하고 싶습니다. 면접 준비 시 답변을 모두 종이에 적기보다는 핵심 키워드만 적어서 어떤 내용을 답할지 생각해 보고, 나머지 내용은 말로 연습해 보면 좋겠습니다. 어느 정도 연습이 되면 키워드를 적은 종이를 보지 않고 말로 연습해 보고 그 내용을 녹화해서 좀 더 자연스럽게 말할 수 있도록 합니다. 그리고 면접 직전에 심호흡을 크게 하는 것이 많은 도움이 됩니다.

Q05 취업 스터디를 하는 것이 면접 준비를 하는 데 도움이 될까요?

A05 우선 취업 스터디를 하는 목적과 기간, 구성원이 중요합니다. 1년 동안 '전반적인 취업스펙 향상'을 목적으로 하는 취업 스터디 그룹보다는, 한 달 동안 '토론 면접 스킬 향상'을 위한 취업 스터디 그룹이 훨씬 도움이 될 수 있습니다. 그리고 학생들로만 구성된 취업 스터디 그룹보다는 현직자나 컨설턴트 등 전문가가 포함된 취업 스터디 그룹이 훨씬 도움이 됩니다. 목적 달성이 분명하게 눈에 보이는 자격증 취득이나 어학 점수 향상과 같은 목적의 그룹이라면 학생들로만 구성되어도 좋지만, 자기소개서나 면접의 경우 지원자의 직무나 기업에 따라 평가 기준이 모두 다르고, 또 같은 기업에 지원하는 학생들끼리 모이면 알고 있는 정보를 숨기기도 합니다. 따라서 면접 준비를 목표로 한다면 지원직무와 기업이

비슷한 사람끼리 취업 스터디 그룹을 구성하되 조언을 해줄 수 있는 전문가를 포함한다면 도움이 될 것입니다.

Q06 면접에서 거짓말을 해도 되나요?

A06 약간의 과장이라면 괜찮을지도 모르지만, 없는 사실을 거짓으로 이야기하는 것은 추천하지 않습니다. 예를 들어 자격증 취득을 위해 매주 3회 정도만 공부했지만, 매일매일 했다고 이야기하는 것과 아예 자격증 취득을 시도조차 하지 않았는데 공부했다고 이야기하는 것은 다릅니다. 수도 없이 많은 사람을 보아온 기업의 인사담당자들은 몇 개의 연결 질문만 해 보아도 표정과 말투에서 거짓인지 아닌지 대부분은 알아챕니다. 그러니 끝까지 거짓말을 할 자신이 없다면 솔직하게 답변하는 것이 안전하다고 할 수 있겠지요. 간혹 너무 솔직하게 이야기해서 손해를 보는 경우가 있는데, 예를 들어 취미를 물었을 때 솔직하게 온라인 게임이라고 답변하는 것보다는 운동 등으로 이야기하는 것이 더 좋은 이미지를 만들 수 있으므로 이런 경우에는 자신이 감당할 수 있는 선에서 적절히 이야기하는 것이 좋겠습니다.

Q07 무조건 정장을 입어야 하나요?

A07 결론부터 말하면, 기업에서는 대부분 무난한 정장을 선호합니다. 면접은 짧은 시간에 사람을 평가하는 특수한 상황이고, 복장은 '조직과의 융화'를 보는 코드이기 때문입니다. 그래서 너무 튀지 않는 복장을 선호하는 것이고, 첫 만남이니만큼 예의를 갖추는 의미에서도 무난한 정장을 입으라고 권하는 것입니다. 간혹 회사에서 지정하는 복장이 있다면 거기에 맞춰서 준비하면 됩니다.

Q08 일대일 면접은 해본 적이 있는데 다대다 면접은 경험이 없습니다. 다대다 면접을 볼 때 특히 주의해야 할 점이 있을까요?

A08 다대다 면접에서는 '집중력', '경청하는 태도', 다른 지원자의 답변에 흔들리지 않는 '강한 멘탈', '면접 자세'가 매우 중요합니다. 다대다 면접에서는 일대일 면접과는 다르게 다수의 면접자와 함께 면접을 보기 때문에 비교평가가 이루어집니다. 그리고 공통 질문에는 손을 들어 답변의 기회를 얻어야 하는 경우도 있고, 다른 지원자의 의견에 대해서 어떻게 생각하는지 물어보기도 합니다. 그러므로, 면접관의 이야기뿐만 아니라 다른 지원자의 이야기도 귀담아들어야 하며, 다른 지원자의 의견에 대해 어떻게 생각하는지를 물을 때는 '앞서 말씀하신 지원자 분의 의견도 ○○의 측면에서는 훌륭하다고 생각합니다. 그러나, 제 의견은…'과 같이 반드시 다른 지원자를 존중하는 표현을 먼저 한 뒤에 자신의 의견을 이야기하는 것이 좋겠습니다. 그리고 공통 질문이 나왔을 때는 답변이 다소 부족하더라도 먼저 손을 들고 답하면 자신감에서 좋은 평가를 받을 수 있으므로, 최대한 손을 들고 답변의 기회를 얻는 것이 중요합니다.

Q09 다대다 면접에서 다른 지원자에 비해 질문을 많이 받지 못했는데 당락에 영향이 있나요?

A09 질문의 개수가 당락과 크게 연관성이 있다고 보기는 어렵습니다. 면접 자리에서 질문에 대해 충분히 답변하였을 때, 더는 추가 질문을 하지 않는 경우가 많고, 답변이 충분하지 않았다면 추가 질문을 더 할 수도 있습니다. 따라서 질문의 개수보다는 답변이 얼마나 충실하게 이루어졌는지가 중요합니다. 다만, 답변할 때 너무 단답형의 답변을 많이 하지는 않았는지 생각해 보아야 합니다. 면접관이 질문했을 때 지원자가 단답형

으로 대답을 하면 처음에는 추가 질문을 몇 번 하지만, 그런 답변이 반복되면 질문의 의도를 잘 파악하지 못하고 소통이 어렵다고 판단되어 더 질문하지 않는 경우가 있기 때문입니다.

Q10 면접 때마다 항상 똑같은 질문을 받는데, 어떻게 해야 할까요?

A10 면접을 볼 때마다 같은 질문이 나온다면, 지원자가 일하는 데 부정적인 영향을 주지는 않을지 우려가 되는 부분을 묻는 것일 가능성이 큽니다. 예를 들어, '체력이 약해 보이는데'라든지, '인상이 날카로워 보이는데'와 같은 질문입니다. 이러한 질문을 반복적으로 받는다면, 다른 면접 자리에서 또 같은 질문을 받을 가능성이 큽니다. 따라서 나의 첫인상에서 약점이 될 만한 부분이 있는지를 체크해 보고 면접 이미지에 변화를 주는 것이 도움이 됩니다. 예를 들어 왜소한 체격에 체력이 약해 보인다는 질문을 자주 받는 지원자라면 목소리를 크게 키운다든지, 인상이 날카로워 보인다는 질문을 자주 받는다면 꾸준히 웃는 연습을 한다든지 해서 개선을 하면 도움이 될 것입니다.

Q11 직무 관련 경험을 어떻게 할 수 있나요? 만약 없다면 어떻게 답해야 할까요?

A11 학생으로서 할 수 있는 직무 관련 경험은 대표적으로 직무와 관련된 직종이나 분야의 인턴, 실습, 아르바이트, 공모전 등이 있습니다. 그리고 현직자와의 인터뷰, 관련 분야에 종사하는 사람이 쓴 책 읽기 등의 간접 경험도 충분히 도움이 될 수 있습니다. 그리고 기업에서 일하는 것도 결국 '여러 사람이 함께 같은 목표를 달성하기 위해 협력해서 일하는 것'이기 때문에 직무 관련 경험이 없더라도, 팀 프로젝트, 학과 학술제, 전공

관련 학습 동아리, 학과 행사 등과 같은 경험을 이야기하면서 직무와 연결한다면 좋은 답변이 될 수 있습니다. 또한 당장 직무 관련 경험을 하기 어렵다면, 입사 후에 자신의 직무 설계나 포부에 대해서 이야기하는 것도 좋은 답변이 될 수 있습니다.

Q12 단기간에 취업을 준비해야 하는데 좋은 방법이 있을까요?

A12 단기간에 취업을 준비해야 한다면 준비 기간이 짧은 만큼 목표를 명확하게 설정하는 것이 중요합니다. 우선 급여 및 연봉, 일을 하는 시간, 기업 문화 등 자신이 일을 하는 데 있어서 가장 중요하게 생각하는 가치관들을 수치화해 적습니다. 채용정보를 검색하여 자격요건 등을 보면서 현재의 스펙으로 진입이 가능한 채용정보를 10~20개 정도 찾아 봅니다. 그리고 그 채용정보를 분석해 자신이 적었던 내용과 비교하여 차이를 확인하고, 타협점을 찾아 기준을 정한 후 지원할 기업의 범위를 5~6곳으로 좁혀 봅니다. 그리고 채용 일정이 빠른 곳부터 지원하되 '묻지마식 지원'이 아니라 어떻게든 면접까지 가는 것을 목표로 지원직무와 기업을 철저히 조사해서 서류를 작성해 '제대로' 지원해야 합니다. 특히, 지원동기를 홈페이지에 있는 내용을 복사해 짜 맞추기 식으로 적기보다는 진짜 기업에 대한 진솔한 관심과 간절함을 담아 작성하면 면접에 갈 가능성이 커집니다. 물론 상황에 따라 다르겠지만, 같은 스펙의 지원자가 있다면 좀 더 간절한 지원자를 뽑기 마련입니다.

Q13 자기소개를 길게 하면 좋나요?

A13 통상적으로 기업에서 시간을 따로 정해 주는 경우가 아니라면 1분 정도로 준비하는 게 좋습니다. 다만 연습을 할 때는 45~50초 정도로 약간

모자라게 준비하면 실전에서 시간을 맞추기가 좋습니다. 그리고 공무원의 경우에는 30초 정도로 짧게 하는 것을 선호하는 편입니다.

Q14 면접이 너무 빨리 끝나는 경우도 있나요?

A14 시간이 정해진 면접은 정해진 시간 안에 끝나는 것이 맞겠지만, 그렇지 않은 면접에서는 면접이 지체되어 뒤로 갈수록 면접시간이 짧아지는 경우가 있습니다. 간혹 기업에 따라 면접자의 답변이 훌륭해서 더 들을 필요가 없을 때 면접이 빨리 끝나기도 합니다.

Q15 다대다 면접에서 "이 중에 누구를 뽑으면 좋겠습니까?"라는 질문을 받은 적이 있는데 대답을 못했습니다. 이럴 때는 어떻게 대답하면 좋을까요?

A15 사실 이 질문은 면접자들이 모두 쟁쟁해서 누구를 뽑아야 할지 면접관도 고민이 될 때 하는 질문입니다. 이럴 때 겸손의 미덕을 발휘해 다른 면접자를 뽑아야 한다고 답하는 경우도 종종 있는데, 그래도 자신을 뽑아야 한다고 끝까지 밀어붙이는 게 좋습니다. 다만, "다른 지원자 분들도 이러한 면에서는 모두 훌륭하시지만, 그래도 ○○만큼은 제가 가장 자신 있고 적격자라 생각하기 때문에 제가 되어야 한다고 생각합니다."와 같이 다른 지원자의 좋은 점들을 칭찬하면서 자신의 합격을 주장한다면 현명한 답변이 될 수 있습니다.

Q16 휴학이나 졸업 유예와 같이 취업 준비 기간에 공백기가 있다면, 면접에서 그에 관한 질문이 나왔을 때 어떻게 답변해야 할까요?

A16 면접에서 공백 기간이 있는 지원자를 선호하지 않는 이유는 도전정신, 자신감, 경험 부족 등을 우려하기 때문입니다. 공백 기간을 가질 수밖에 없었던 합리적인 이유(가족부양, 학비 부족, 본인의 질병 등)가 있거나 뒤늦게나마 취업에 도움이 되는 활동을 했고 성과가 조금이라도 있었던 경우에는 지원하는 기업과 직무에 맞도록 연결 지어 진솔하게 이야기하면 되겠지만, 대부분은 그렇지 않은 경우라고 생각됩니다. 공백기가 있었다면 어떤 면접에 가더라도 관련 질문을 받을 가능성이 큽니다. 그러므로 답변 준비를 기회 삼아 자신에게 공백기를 가진 진짜 이유가 무엇인지 물어보고 답을 찾으면 좋겠습니다. 짧게나마 준비할 수 있는 기간이 있다면 그동안 현실적인 목표를 세우고, 단 며칠이라도 그에 맞는 직무 관련 경험을 제대로 한 뒤, 느낀 점을 답변으로 준비해야 도전정신, 자신감, 경험 부족의 우려를 잠재우는 답변이 될 수 있습니다. 거짓말을 하는 것보다 더디고 어렵더라도 그것이 가장 빠르게 기회를 잡을 수 있는 길이라 생각됩니다.

Q17 면접에서 너무 떨리는데, 청심환을 먹는 게 도움이 될까요?

A17 사람마다 청심환의 효과가 차이가 있습니다. 청심환을 먹으면 머리가 멍하고 나른해지고 자신이 어떤 말을 했는지 모를 정도로 효과가 지나친 사람도 있지만 심적으로 안정이 된다는 면접자도 있습니다. 만약 너무 떨린다면 면접 전에 미리 먹어보고 자신에게 어떻게 작용하는지 살핀 후 복용하기 바랍니다. 그리고 청심환에 의지하는 것보다 면접 장소에 가서 깊게 복식호흡을 한다든가 귤, 초콜릿 같은 것을 먹으면 긴장이 어느 정도 완화되기도 합니다.

Q18 면접 볼 때마다 입이 너무 마르는데, 어떻게 할까요?

A18 입이 마르는 경우 너무 긴장해서 위산이 역류해서 그럴 수 있고, 커피를 많이 먹으면 탈수증으로 마르는 경우도 있습니다. 그럴 때는 입으로 호흡하지 말고 코로 호흡하는 것, 충분한 수분 섭취를 하는 것이 도움이 됩니다. 너무 차가운 물보다 미지근한 물을 권합니다. 그리고 신맛이 강한 레몬이라든가 오렌지를 먹으면 침샘에 자극을 줘 입이 마르는 것을 덜어 줍니다.

Q19 면접관들이 개인적인 질문(힘이 없어 보이는데, 화장이 너무 진한데 등)을 하던데 어떻게 대답해야 할까요?

A19 사실 이런 질문을 받으면 면접자로선 얼마나 기분이 나쁠까요? 이런 질문을 하는 경우 면접자의 상황대처 능력을 보려고 하는 면접관도 있지만, 눈에 보이니 바로 말하는 면접관도 있기 마련입니다. '이런 얘기까지 들어야 하나?'라고 감정적으로 생각하게 되면 얼굴에 표정 변화가 그대로 드러나게 됩니다. 이렇게 되면 결국 자신에게 불리하겠지요. 처음 본 면접관에게 너무 감정적으로 대처하기보다는 면접 자리이니 보다 이성적이고 긍정적인 마인드를 갖는 게 좋습니다. '상황대처 능력을 보려고 하는구나'라고 생각하고 유연하게 대처하는 것이 본인을 위해 좋습니다. "죄송합니다. 주의하겠습니다.", "열심히 하겠습니다." 등 상황에 따라 할 수 있는 말을 적극적으로 해 보는 것도 좋습니다.

Q20 면접 지도를 받으면서 컨설턴트 선생님들의 조언이 다른 경우에는 어떻게 해야 하나요?

A20 면접자로서는 간절한 마음으로 다양한 선생님들에게 조언을 구하는 경우가 있습니다. 똑같은 조언을 해주면 좋은데 사람마다 보는 관점이 달라 컨설턴트 선생님마다 차이가 있을 수 있습니다. 면접자와 성향이 맞고 믿음이 가는 컨설턴트 한두 분의 조언을 듣고 면접 준비를 해야지 혼동이 적습니다. 잘 모르겠거나 이해가 되지 않는 부분이 있을 경우 적극적으로 질문하는 자세로 임한다면 분명 좋은 결과가 있을 겁니다.

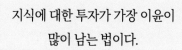

지식에 대한 투자가 가장 이윤이
많이 남는 법이다.

- 벤자민 프랭클린 -

질문을 알면 면접이 보인다

개정1판2쇄	2024년 12월 02일 (인쇄 2024년 11월 11일)
초 판 발 행	2022년 03월 10일 (인쇄 2022년 01월 27일)
발 행 인	박영일
책 임 편 집	이해욱
저 자	이성호 · 최명의
편 집 진 행	박유진
표지디자인	김지수
편집디자인	김지현
발 행 처	(주)시대고시기획
출 판 등 록	제10-1521호
주 소	서울시 마포구 큰우물로 75 [도화동 538 성지 B/D] 9F
전 화	1600-3600
홈 페 이 지	www.sdedu.co.kr
I S B N	979-11-383-5280-2 (13320)
정 가	17,000원